农民的新命

（修订版）

赵树凯 著

商务印书馆
创于1897 The Commercial Press
2018年·北京

图书在版编目（CIP）数据

农民的新命 / 赵树凯著. —修订本. —北京：商务印书馆，2018
ISBN 978-7-100-16250-0

I. ①农… II. ①赵… III. ①农民—劳动力流动—研究—中国 IV. ①F323.6

中国版本图书馆CIP数据核字（2018）第134319号

农民的新命
（修订版）
赵树凯 著

商 务 印 书 馆 出 版
（北京王府井大街36号 邮政编码 100710）
商 务 印 书 馆 发 行
三河市尚艺印装有限公司印刷
ISBN 978-7-100-16250-0

2018年8月第1版 开本 710×1000 1/16
2018年8月第1次印刷 印张 23

定价：85.00元

导言：农民的终结与农民的开始

晚近以来，“终结”成为社会科学研究的热门话题，不同领域的学者宣称历史的终结、民族国家的终结、意识形态的终结、政治的终结等。但正如英国学者安德鲁·甘布尔（Andrew Gamble）指出的：“那些终结论的倡导者并不认为现代社会将会灭绝。他们所宣称的不过是理解这个世界的某些旧的方式、某些旧的行为模式以及某些制度正在走向终结，新的正在取代他们或者说已经取代了他们。”①

在农民研究方面，法国学者孟德拉斯也提出了“农民的终结”。他认为，传统意义上的自给自足的农民已经不存在了，目前在农村从事家庭经营的是以营利和参与市场交换为生产目的的农业劳动者，这种家庭经营体从本质上说已属于一种“企业”。一言以蔽之，传统意义上的农民正走向终结。②

传统的生产方式和经营模式上农民走向“终结”，似乎是现代市场体系演进所带来的普遍性后果。但如果将“农民的终结”放入中国独特的政治社会语境中，那么在此之外，又有着更为深长的意味。因为“农民”在中国，不仅附带职业和生产方式的特征，也指向特定的社会身份和权利义务关系特征。这种制度身份或者社会体制的终结，是中国“农民的终结”中更加意蕴丰富的问题。

---

① 〔英〕安德鲁·甘布尔：《政治与命运》，胡晓进、罗珊珍等译，江苏人民出版社 2003 年版，第 11 页。

② 参见〔法〕孟德拉斯：《农民的终结》，李培林译，社会科学文献出版社 2010 年版。

《诗经》有言“周虽旧邦，其命维新”。中国的农民正在走出旧体制给予他们的身份歧视和限制，传统意义上的中国农民目前正在体验和展现这种“旧邦新命”。因为传统农民身份的终结、新的公民权利的获取，并不仅仅是现代市场和现代社会的变迁所致，而更重要的，是与现代国家的构建（state building）密切相关。“农民研究”也因为当下农民的际遇而具有了更多的思考维度和更大的想象空间，成为理解诸如政权构建、公民身份、权利结构等众多根本性问题的切入点。

一、历史情境与农民的命运

农民的命运是一个历史命题，由特定的历史所塑造。其中，政治既是限定农民命运的重要主体，又是农民试图改变命运时所求诸的重要手段。

中国历史上，农民的社会地位并非从来就低。在古代关于“士农工商”的“四民”之说中，相当长的历史时期内，从政治和社会权利看，“农”仅仅次于“士”。在没有世袭贵族的情况下，“士”从“农”来，也就是说，政治精英和文化精英是从农民或农民的后代中产生的。汉魏九品中正制度的前期即是这样，那时的举荐制度其实主要是从普通的农户家庭中选拔人才。“上品无寒门，下品无世族”，是九品中正制度腐败以后的情况，用现在的话说，是因为干部选拔制度腐败、既得利益集团垄断权力导致的。科举制度兴起以后，农民的弟子重新成为官僚队伍的主要来源。在一些朝代里，“工”和“商”没有资格参加科举考试，而农民则有。“朝为田舍郎，暮登天子堂”，相较于中世纪的欧洲，中国的科举制度保障了社会上层的开放性。不少研究者认为，这种精英阶层的开放，是对中国传统社会超稳定结构的重要解释。①

农民除了接受既定的政治秩序，也试图通过政治参与来改变自身命运。从古到今，农民都是中国改朝换代的直接推动力量或者说是决定力量。改朝换代的动荡过程，也是农民命运分化的过程。在这样的历史过程中，农民大致可以分为三种命运：第一种命运是，连农民也做不成，直接成为朝代更迭的人工成本。那些在改朝换代过程中丢了身家性命的农民，不管他们保有怎样的追求和信念，都仅仅是牺牲或祭品而已。比如太平天国导致了江南地区人口剧减，有的地方甚至十室九空。第二种命运是，上升成为农民之上的“贵人”，进入社会统治集团。这是那些参加了“打江山”也得以“坐江山”的农民。这些人基本上成为农民的新主宰，也许还在想着农民，但是自己的统治和享受才是最重要的。远一点的如朱元璋、洪秀全之类，晚近也大有人在。第三种命运是，继续做农民，但是境遇得到改善。每次剧烈的社会动荡过后，土地兼并会缓和，财富悬殊会缩小，甚至会有轻徭薄赋的政策出现。

所有那些挺身而出反抗既定秩序的农民，也属于鲁迅所言“为民请命”之人，不过请命的方式与官员不同，他们是以更惨烈的方式进行的，甚至付出了生命的代价。显然，他们是值得尊敬的。哪怕其在主观上是为了自己，客观上也为同类人挣得了权益。从这个角度看，今天那些为讨工资表演跳楼的农民工、为某种申诉以自残相逼的上访者，其行为都有一定的公共价值。因为，这是用特殊方

① 如美国社会学家罗兹曼（G. Rozman）即认为，通过科举制度实现社会流动，降低了社会不满，减少了社会不安定因素，为中国古代的政治、经济、文化发展提供了安定的环境。参见〔美〕吉尔伯特·罗兹曼：《中国的现代化》，国家社会科学基金“比较现代”课题组译，江苏人民出版社 2003 年版，第 156 页。

式的斗争来维护和争取更多人的权益。但是，如果弱势群体常常依靠这样极端的方式才能取得政策改进，那么，这显示了现存制度有明显缺陷。

农民肯定是因为对现实不满才走向反抗、直面牺牲。他们轻易不会做出这种选择，因为这样的行为成本高、风险大。这种用极端途径来表达和捍卫利益的方式，不论对于农民个人还是社会全体，不论对于政府还是民众，都是“双输”。怀着不满的农民之所以“舍生”以取“正义”，其原因还在于他们没有别的选择，制度上没有给他们留下有效的参与渠道来影响政治。如果什么地方农民的利益诉求表达还需用剧烈牺牲的方式——无论是群体性冲突还是个人化的抵抗，那么，这个社会的制度一定有很大问题，一定会潜伏着危机。在民主和法治比较健全的现代社会，这种争取权益的过程应该更加平和，代价可以更小。

从中国近现代革命的历史看，农民在战争中的作用是显见的，他们的介入决定了战争的胜负，决定了新政权之“鹿死谁手”。农民为什么会成功地被动员？这是很多研究关注和探讨的问题。通常的解释是，战争满足了农民的土地要求，农民是为土地而战。但是，考察革命进程，最能满足农民土地要求的是土地革命时期“打土豪分田地”，但是这个时期的大革命却失败了。正如中学教科书所说“轰轰烈烈的大革命失败了”，但如此“轰轰烈烈”，又怎么会“失败”？此外，中国共产党的力量迅速扩大，主要是在抗战时期，而这个时期基本上没有执行土地革命的政策。20世纪六七十年代，美国学者查默斯·约翰逊（Chalmers A. Johnson）[①] 在研究中国革命时就提出了这个问题，并试图从民族主义的角度做出新的解释，认为日本入侵所

① Chalmers A. Johnson, *Peasant Nationalism and Communist Power: The Emergence of Revolutionary China, 1937-1945*, California: Stanford University Press, 1962.

激发的农民的民族主义是促成共产党革命成功的关键因素。另一位美国学者马若孟（Ramon Myers）也提出了这样的问题。十多年前，本人曾在斯坦福大学胡佛研究所与马若孟讨论，他也认为，诘问非常有力，但新的解释则说服力不足。哈佛大学教授裴宜理（Elizabeth Perry）也曾将中国革命中农民动员方式的特征概括为“情感模式”。[①]但是，这仅仅是指动员的方式方法，仍未触及动员的内在机理。

历史上很多宏大的农民集体行动仍难解释。如太平天国运动的主力是农民，同样，剿杀太平天国运动的曾国藩湘军也由农民构成。这两种对立力量的内部动员机制又究竟是什么？解释历史确实非常困难，不论是当局者还是旁观者。因为历史过程芜杂纷乱、气象万千，历史的内在逻辑难以辨清。首先，从事实本身来看，即便是当时当世，也有误读误解，甚至以讹传讹；对于后来后世而言，更是众说纷纭，难辨其真。宋人王安石在《读史》一诗中说：“当时黮黯犹承误，末俗纷纭更乱真。”其次，即便事实是准确的，但事实背后的因果机制、事实之间的内在联系和演化机制，要探求则更难。所谓“糟粕所传非粹美，丹青难写是精神”。难怪有人感叹：历史没有真相，只有道理。因此，在历史课题面前，即使无法达到陈寅恪先生所言“了解之同情”的治史态度，至少也应抱持一颗谦谨敬畏之心，抱持一种开放的立场，使得在杂芜万象中不断接近“真相”本身成为可能。这种开放的态度由两种要素构成：第一是尊重所有人思考和表达的自由。任何人都不能、也无法垄断对于历史的解释。所有人的共同努力探究，才能更接近历史的真相和内因。第二是保证分享信息的自由。垄断解释往往以垄断信息或者说封锁信息为手段。各种历史信息的充分流动，使人们得以在开放的信息中探索和思考、研究和发现，才能有

① 参见〔美〕裴宜理：《重访中国革命：以情感的模式》，李冠南、何翔译，载刘东主编：《中国学术》2001年第4辑，商务印书馆，第97—121页。

社会思想的丰富和进步。

二、“被动参与”与“被参与”：上层视野中的农民

进入20世纪下半叶，当国家意识形态宣传农民获得解放的时候，其实农民很快陷入了新的困境，走上了被“集体化”的道路。这种困境的形成，有着历史渊源。

新中国成立以来，围绕农民问题有若干政策路线的纷争。比如，合作化问题、人民公社问题、60年代初期包产到户问题、“四清”和“社教”问题，“文化大革命”中关于走资本主义道路的问题、农业学大寨问题，等等。这些问题都是从上层路线斗争中发起的，最后波及农民。仔细考察这些所谓的路线斗争，可以发现，有许多问题其实原本与农民无关，或者说是上层本身的种种权力斗争在把农民作为武器。在不少时候，农民被迫脱离自己正常的生产生活，被裹挟进上层的政治纷争——一会儿让农民批刘少奇，一会儿批林彪，一会儿又批“四人帮”，这中间还穿插让农民去评《水浒》、批宋江，让农民去批儒、评法之类。直到现在，农民仍然常常被推进一些不明就里、艰涩玄奥的“学习”、训导活动中。上层权力斗争在农民身上展开，变成了农民遭殃。农民在这个过程中是被“玩弄”的对象。农民屡屡被迫卷入政治游戏，却被排斥于游戏规则制定过程之外。这是一种不正常、不合理的农民与政治的关系。

反思国家政策与农民的关系，其实教训不仅出现在人民公社时期，不仅发生在改革开放之前，改革开放以后也走过不少弯路。比如在对待乡镇企业、对待农民进城务工、对待农村的土地流转等事务上，都有过若干政策失误。之所以这些问题反复发生，是因为还

有更大、更深层次的问题在意识形态领域没有解决，在制度设计上没有解决。

从农民到农民二，农民走出乡村进入城市，根本上说是农民对于旧秩序的反抗或者冲击。如何处理这个问题，对政府是个考验。是秉承既有政策让农民不出来或者少出来，还是顺应农民要求改革旧的社会管理体制？20世纪90年代的相当时期内，政策导向是限制甚至“歧视”农民工的。虽然，当时政府的诸多提法和口号相当动听而响亮，但是，其实际行为却显示出，政府的既定思维还是试图改变农民，而不是改革制度。在这种思维看来，是农民又不听话了，甚至又犯错误了，需要管教。

这种限制歧视的思维定式具有深刻的意识形态背景，根本点在于对农民权利的抽象肯定、具体否定。本人记得，十多年前，有领导人在内部会议的讲话中指责农民，说农民不安心种地、盲目流动，特别是在火车站横躺竖卧，很难看，强调应该采取措施。这种观点与当时一些市民对农民的指责如出一辙。一些市民提出要限制农民进城，理由是农民工衣帽不整，随地吐痰，影响市容。这也是每有大型活动和节日就清退驱赶农民的重要思想基础。对城市政府来说，强调城市公共交通紧张、水电供应紧张、公共治安不好，把诸多问题都归结为农民盲目“进城”。随后，则是指责农民进城抢夺了城市职工的就业岗位，似乎城市失业问题也是农民造成的。各种限制歧视性的政策规定在所谓“有序流动”、“有组织流动”、“减少盲目流动”的嘹亮口号下纷纷出台。正是借着这些政策的张目，针对农民工的罚款收费，甚至剥夺人身自由的收容遣送开始风行。

问题在于，是城市的市容和观瞻重要，还是农民的生计重要？如果农民工有宾馆住，何苦要露宿车站和街头？进一步说，是城市的市容重要，还是农民的人身自由重要，凭什么为了城市人的节日或者政府的重要活动，就要限制农民的进城自由？再如，为了不形成城市贫民窟，主张限制和清理进城农民。有人甚至认为，中国之所以没有出现贫民窟，就是限制农民进入城市的功劳。形式上，中国的城市的确没有出现如印度和拉美国家那样的集中、露天的贫民窟，但是，这并不表示中国的城市里就完全没有“贫民窟”。城市的地下室、城乡结合部的农民房，也许可以被称为“中国特色的贫民区”。城市化是不可避免的历史过程，伴随而来的是农民进城。要在城市谋生，寻求立足之地，这种过渡性的低廉住宅也就是必然选择。而城市政府究竟被动排斥还是主动协调规划，将会带来截然不同的后果。

三、权利空间与政治过程：农民的理性

一个村庄土地承包的故事，曾激发了本人对农民选择权的长期思考。

从1978年开始，到1982年夏天，农村家庭承包制已经推进了四年，基本上普及到了全中国。但是，在本人家乡，人民公社制度纹丝未动。这里是胶东半岛，是国内比较发达的农村，除了20世纪60年代初期，基本上没有发生吃不上饭的情况。这里的农民颇引以为豪，经常挂在嘴边的话是：“我们胶东比较富裕。”以本人观察，不论基层干部还是普通农民，绝大多数人对家庭承包不以为然。农民也知道别的地方在搞“大包干”了，但并不认同。不少村民见到我就说：“你在党中央政策研究部门工作，要向中央反映一下，包产到户不能一刀切。我们这里经济发达，搞大集体就挺好。”在当时，烟台地区的上上下下，在反对“大包干”问题上相当一致。最终山东省委不得不通过调任新的地委书记、改组地委领导来强力推进“大包干”。秋收的时候还是集体，秋种则已经分户了，人们开始在自己

的土地上种麦子。

“大包干”以后的第一个春节，我回家探亲，关于土地承包仍然是议论的话题。不少村民有怨言，说上边不该一刀切分地，说人民公社制度本来也是不错的，政府不应该强迫改掉。当时，面对村民的抱怨，我没有自己的看法和主张。我也不知道在我们这样的村子，土地是应该分户承包，还是应该继续集体统一经营。第二年我再回家过春节时，基本上没有人抱怨分地了，而且，谈到这一年的光景，话语间常常说起土地家庭经营的好处来。我问一些村民：“原来不是反对分地吗？”回答是：“人民公社搞习惯了，以为分开就不好。”我说：“如果现在要再搞回人民公社呢？”他们说：“那可不行！现在多好，粮食打得多，人也自由，再回到人民公社根本受不了。”

这个故事耐人寻味。如果片面强调分地的经验，就会坚持认为这些农民落后，需要教训甚至强迫，这就像一些地方提出的“逼民致富”。但如果全面审视这个问题，结论恰恰相反：在特定时间条件下，农民们也许真不知道自己需要什么，或者说，不知道哪一种制度安排对自己最有利。但是，如果有了选择的自由，有了反复摸索和试验的权利空间，他们就会逐步清楚，就会做出正确的决定。精英理论的秉持者坚持认为，精英比农民更知道农民的需要，要设计一套制度让农民接受，农民不顺从就是落后保守的表现，需要强制就范。然而，实践告诉我们，只要农民有充分的选择自由，有决策权力，他们很快会知道自己需要什么。

值得注意的是，即便是“正确”的东西，也不可以对于农民进行强制。因为，在没有被农民认同和选择之前，谁也不知道这样的制度是否正确、政策是否有效。不论改革前还是改革后，农村政策方面出现的失误都可以归结为一点，就是不尊重农民的选择权利，甚至以种种听起来冠冕堂皇的理由来剥夺农民的权利和自由。

改革的过程已经证明，人民公社制度是根本上不可行的制度设计。问题在于，这个制度的最初产生，也并非来自上层领导人的想象杜撰。同样，对于“文革”有直接导源作用的农村“四清”，本身也来自个别地区的工作经验。许许多多业已被证明错误的说法和做法，都是从一些地方的所谓“农民创造”中发现并提炼出来、进一步推广的。但是，从根本上说，问题并不是出在农民身上，而是出在上层领导，是上层在对待农民的态度和做法上出了问题。

这里的关键是，基层农村的“创造”本身需要甄别。有许多所谓农民创造和要求假借农民之名，是某种力量把农民“绑架了”。即便在个别地方，对于是否是农民的要求和创造还不能辨别，那么，只要有了根本上尊重农民的制度，那些强加到农民头上的做法和说法，虽然仍然难免产生，但是，起码可以保证那些坏的东西无法大规模地兴风作浪，甚至持久为害。

在“大跃进”过程中诞生的“人民公社”经验，也许对于个别地方的农民来说，未必是个错误，因为单就个别地方来说，未必搞不成“人民公社”。现在仍然有个别村子还坚持人民公社的管理体制。或者说，即便搞不成也没有关系，再改回来就是，如果农民尝到了苦头自然会自己纠正。问题在于，个别地方的“发明”被上层认定为“历史的方向”。这是第一个错误。实际上，“历史前进”的方向或者“历史的规律”是没有那么容易判定的。接下来是更大的错误，就是强制推进这些理念和制度设计，不准别的选择有可能存在。正是在这样的社会背景下，农民外出就要被作为“盲流”严厉打击，就是“资本主义尾巴”，农民的身份自由被剥夺了。今天，人民公社作为一种具体的制度安排已经被废除，这种制度背后的思想理论基础或者说意识形态基础正在消解，但是还远未泯灭。

我们说农民具有伟大的创造力，也并不是说每个农民都有伟大的创造力。就农民整体来说，肯定是伟大的力量，因为这个群体的共同选择代表了历史前进的方向。这个所谓“方向”，是说如果不是农民的选择，历史根本没有别的方向可走，换言之，其他的方向必然是失败的。问题在于，我们怎么知道什么是农民的选择？或者说如何知道这是农民做出的根本性选择？就特定时期来说，也许农民自己也不知道选择什么，或者该做出怎样的选择。解决这一问题的根本办法是，把选择的权力交给农民，只要有了选择的空间和自由，在反复的试验摸索中，农民肯定知道自己最需要什么，并且知道怎样满足自己的需要。

对农民来说，选择的自由何其重要，在反复的摸索中，能够纠正失误，找到正确的办法。个人的自由，包括身份自由、职业选择自由、迁徙自由、表达自由等，又是何等重要。有了这些自由权利，社会才能充满活力。这其实不是理论，而是生活常识。可以想象，如果没有人民公社的解体，农民没有生产经营和从业自由，就不会有这么多从土地上走出来的千千万万创业家，就不会有从民工流动中成长起来的千千万万管理和专业技术人才。那么，是否可以设想，随着制度的进一步开放，自由权利的进一步增加和落实，不仅在经济领域，而且在政治生活和公共治理中，也会有更多的精英从农民中产生，从土地上崛起。政治权利的扩展和充实所带来的政治清明，必将如同个人自由所带来的经济繁荣一样，焕发出勃勃生机。

四、亲民：领袖与体制

考察若干年来上层政治运作与农民的关系，一个突出的问题是，在决定有关农民事项的政治议程中，农民自己却没有说话的机会和发言权，农民硬生生地被“代表”了，成为“政治”的陪衬，成为种种“说教”的聆听者和被迫接受者。现在，从农民的角度看，这些说教运动已经走向了反面。农民已经或者正在失去耐心。于是，我们看到，基层的若干所谓“教育”、“学习”运动演变成了政府系统的自导自演、自说自话。发生这些变化的根本原因在于，初步享有自由权利的农民已不再是过去的农民，或者说，是新的农民正在改变基层的政治生态。

现在的关键在于，需要建设一种体制，使得农民与政治的关系，建立在协调有效的利益表达和权益保护的机制上。这种体制应该有这样的特点：第一，农民的利益要求能够顺利地进入政治过程；第二，政治生活的纷纷扰扰并不将农民裹挟进来。比较理想的情况应当是，在高层政治活动中，比如代议机构内部或者党派之间，可能因为某些政策主张不同而发生争执，出现观点冲突甚至在政治场合出现不雅观的场面，但是，这并不影响普通民众的生活。上层政治家可以为了如何更好地贯彻民意而斗争不已，甚至频频换人，但民众依旧按部就班地工作生活。与此同时，由于有有力的利益表达机制，民众的需求能够通顺地被制度吸纳和反映。这是一枚硬币的两面。在民众与上层政治之间，既有清晰的隔离带，也有很有效的沟通渠道，民众既能享受丰富的个人权利和自由空间，又能够有效影响甚至主导政治领袖和政治生活。

不论在过去还是现在，底层的农民构成了基本的民间社会，但是，传统民间社会和现代民间社会显然在政治结构中的位势不同。传统的民间社会隔绝于国家政治过程，无法参加到政治过程之中，朝廷里的事情农民是无法过问的。而现代民间社会，依然独立于国家政治过程，但是能够有效参与政治过程，或者说政治当局高层的活动是应该而且可以被基层干预和制约的。这也就是一般意义上的“民间社会”与“公民社会”的根本区别。在现代民主国家，在权力和利益的分配格局中争斗其实也很激烈。然而，正是由于存在有效的利益表达机制，其利益冲突的协调过程才是均衡的、制度化的、良性的，其结果才能是温和的、可预期的。

经验显示，农民在不同时期的境遇，往往与领导人的“亲民”品格及其表现直接相关。因此，人们呼唤“亲民”的领导人的出现，敬重“亲民”的领导人。但是问题在于，“亲民”的领导人和“亲民”的政府并不是一回事。显然，有“亲民”的领导人很好，但是，有“亲民”的制度更好。领导者个人的去留是不断变化的，稳定的制度才是可以依赖的。而且，如果制度不“亲民”，会导致领导人无法“真正亲民”，因为会有一个庞大的官僚体系在充当他和“民”之间的障碍。根本上，亲民不应该是一种领导人的个人风格，而应该是政府的政治品格。这种品格从根本上不是来源于政治领导人的内心善良，而是来源于政治体制。如果一个政治体制的根基是建立在民众权利基础上的，民众利益表达在政治上有畅通的制度渠道，那么，这种政府必然是亲民的。因为是“民”的政府，自然会“亲”民。一般而言，民主政治条件下，领导者本人在重要政策议题上的个人风格并不明显，因为所有重要政策需要整合民意代表乃至社会公众的意见，政府领导者的个人作用并不是关键因素。但是，如果政府制度本身缺乏民众根基，个人集权程度比较高，那么领导人个人的品格和良心才会显得非常重要。在集权或者是极权体制下，统治者个人的良心或偏好，对民众的命运影响很大，民众必然期待“亲民”的领导人。但是，这种领导人的出现就像古人所期待的“青天”一样，是偶然的、缺乏制度基础的。范仲淹评价滕子京守巴陵郡的政绩，曾说他带来了“政通人和”，但事实上，只有“政通”才能“人和”，只有建立亲民的政治制度，才是根本的解决之道。

老子曾经说“民之难治，以其智多”，所以“古之善为道者，非以明民，将以愚之”。这显然是一种愚民政策主张。新中国成立以来的农村政策历程，最重要的就是“以知治国”、开放农民的表达渠道和自由空间，真正建立起保障农民选择自由的制度体系。

五、“农民的终结”与农民工

农民工的出现是中国“农民的终结”过程的集中体现。如果说，土地分户经营是农民在农村内部对于旧体制的抗争，那么，农民的流动则是农民对于城乡分割的身份歧视制度的抗争。正如美国学者苏黛瑞（Dorothy J. Solinger）所说，是“中国农民为公民身份而战”[①]。

二元体制中农民的身份困境，在农民工出现以后被充分展露。在农村内部，或者说如果不外出，那么他们的身份困境经常被掩蔽，因为，周围都是制度上身份相同的农民。大家都一样，往往掩盖了制度的不合理。但是，当他们带着原来的身份进入城市，有了与城市人权利的比对，有了与城市体制的直接互动，这种不合理才突现出来。从这个意义上可以说，农民工的权利状况就是全体农民权利状况的直接反映。

以“孙志刚事件”为转折，2003 年以后，中央政府和地方政府关于农民工的种种歧视限制政策规定逐步取消。现在，在不少城市连暂住证也取消了，有的改为居住证，有的规定满足一定条件即可成为城市的市民。农民工的就业、工资、社保等方面的权益也日益受到重视和肯定。这些政策改善大大提升了政府在农民中的信任和威望。问题在于，这些经济权利需要政治保障。已经进入城市的农村人怎样参与城市公共管理，既让这些新的移民能够认同城市是自己的城市，又

① Drothy J. Solinger, *Contesting Citizenship in Urban China*, Berkley: University of California Press, 1999, p. 3.

让城市政府有责任和义务倾听其利益诉求，这不仅关乎新移民的权利保护，更重要的是关乎城市乃至整个社会的新的政治整合。如果解决不好这一问题，将会带来社会的分裂和对立。这种对立本身是由不合理的制度安排人为造成的，其对立后果也是政治性的。近两年，在广州、北京等地的新生代农民工犯罪，也被称作“二代移民”的价值错乱，就凸显了这样的问题。

农民工难以市民化，不得不在农村与城市之间流动，这不仅凸显了制度的不合理，同时，也启发了农民对既有体制的不满，并且教会了农民如何反抗与斗争。流动是一所“大学”，使农民获得了新的生活理念、法律知识、维权艺术和组织实践。经验显示，回到村庄的外出农民是最有创造性的，不仅善于创业，而且也勇于和善于同地方政府谈判或组织抵抗。市场化和流动，其实锻造了一代新的农民。这是富于反叛或者说敢于表达的一代。作为一名政策研究者，笔者从二十几年前就开始关注和访谈大量农民工，今昔比照的一个强烈印象便是，农民工中出现了显著的代际差异。这种差异其实不做专门研究也可以从日常生活中发现。

所谓“代际差异”，即新生代农民工与父辈农民工，在自我认同、社会认知、政治态度、权利意识、就业选择、意见表达等方面存在的差异。归结起来看，新生代农民所体现的独立、自主、平等不同于父辈，更加具有进取性或者说进攻性。这是由他们成长的时代特征决定的，也是由他们自身独特的社会处境决定的。在全球化、信息化的时代条件下，年轻的农民不仅有多种方式接触和了解城市，甚至对外国也有越来越多的了解。他们观察问题的角度和标准已经有了国际的参照系。从他们自身来看，新生代农民工是生活在城市与农村夹缝中的人，自身定位模糊，不以城里人或农村人定位自己，却追求生活方式、物质享受和精神需求的升级。新生代农民工有明显的新特征：受教育程度高于父辈农民工，职业期望高于父辈农民工，权利意识和政治效能感高于父辈农民工，工作耐受力低于父辈农民工，对社会有失公平现象承受力低。他们在吃苦耐劳、逆来顺受方面的品性则普遍不如上一代。从消极的角度批评，可以说是“富贵不知乐业，贫困难奈凄凉”。但是，换一种视角来看，新生代农民工是更加强调自己权利的，在他们身上出现了一种新的意识形态和新的政治文化。这是一代全新的人，不仅代表了新的生活方式，也有新的社会认知，新的政治态度。新生代农民工的出现，本身就昭示了农民命运的新开始。

新生代农民的生活观念与政治态度往往令人惊异。这从“民工荒”的问题上可见一斑。平心而论，现在沿海地区企业的工作条件和待遇，整体上比 20 世纪八九十年代已经有了很大改善。为什么那个时候的农民工纷纷涌入，而现在却不愿去了？一些政府官员和企业老板对此甚为不解，甚至要指责现在的农民工过于挑剔、好逸恶劳。通常说的“新生代农民工不能吃苦”，此话不谬，但是，这意味着什么却值得探究。我们没有理由要求他们像父辈一样，在恶劣的工作环境中吃苦耐劳，在盘剥与歧视中忍气吞声。当谈起“民工荒”时，新生代农民工有自己的看法。他们不承认“民工荒”的存在，爆满的是火车，裁员的是企业，哪里有什么“民工荒”？更有甚者，直接说“民工荒”实属天经地义，是企业的报应。很多加工行业的农民工称工厂为“黑心工厂”。加工行业倒班是正常工作需要，但农民工通常都是连班倒，工资则长期在低水平徘徊。有农民工认为，“民工荒”实质为“奴隶荒”，对于奴隶般的生活，他们当然应该选择离开，不要指望他们像父辈一样继续做奴隶。这些言辞失于尖刻，但是，其中不乏深意。某种意义上可以说，“民工荒”算是一种变相的罢工。有的民工在网络上发出帖子，要“全国工人团结起来，宁可失业，不进血汗工厂”。可见，“民工荒”是农民工争取权利改变社会现实的觉醒。新生代农民工渴望生活与发展的选择权。新生代农民工正在重新审视农民的社会角色与位置，重新确认自己的权利。新生代农民工敢于挑战权威、挑战社会，而且敢于付出代价和牺牲。农民的新开始由此可见端倪。

孟德拉斯在20世纪六七十年代考察法国农民的新生代时，就发现了新农民与旧农民的重要区别，他指出：“人们会禁不住地确认，归根到底，这种代际冲突是一种文明冲突。”① 与旧农民相比较，新农民的态度与旧农民的意识存在根本的和全面的冲突，没有任何妥协的可能性。在孟德拉斯看来，这种意识形态的冲突并不是政治派别的冲突，但具有同样的政治性，因为它是意识形态的，提出的问题在本质上是政治性的。孟德拉斯认为，这个群体的权利要求和原有的政治法律结构发生了冲突，他们的个人成功受到市场机制和经济权利的制约，于是，这就造就了他们崭新的政治态度和政治行为。“实际上，这是世界观的冲突：一些人认为，道德和哲学的原则必须支配行动，现实应该服从观念；另一些人则认为，境况制约着行动，应当为行而知。”这两种态度蕴涵着两种哲学和两种理解世界的方式。美国政治学家亨廷顿关于拉美国家移民二代的观察，也有类似的发现和论述。

六、“农民的新命”：公民化

就个体而言，当一个农民只要还是另类身份的农民，他在政治上就没有前途可言；从整体而言，当整个农民群体脱离了这种另类身

① 〔法〕孟德拉斯：《农民的终结》，李培林译，社会科学文献出版社2010年版，第255页。

份，则农民不再是农民，或者此农民不是彼农民。因此，从这个意义上说，中国农民是注定没有政治前途的，或者说他们的这种政治前途就是不再是农民。所以，农民的政治前景或者政治解放根本上就是农民作为一种另类社会身份的终结。这个终结的发生过程，根本的动力是农民自身的变化，准确地说是农民的公民化。

不论是农民工本身的变化，还是乡村内部农民的变化，都体现着农民这一群体的变化，意味着新一代公民的成长。通过这种变化，可以捕捉到新农民作为一种新的社会政治力量的悄然崛起。这为中国的市民社会或者说公民社会奠定了广泛基础。在当下，我们已经可以处处感受到新生代农民的新变化。农民的政治认同和文化观念正在发生变化。比如，老一代农民对于计划生育政策中的粗暴和严厉，基本上采取了理解和忍受的态度，但是，新生代则全然不同，不仅不能忍受工作的粗暴，而且公开指责一些具体的政策规定“侵犯人权”，进而给予公开抵制。这已经让计划生育工作者感受到了新的困难。显而易见，新一代农民对于国家的态度正在改变。在他们那里，国家传统的政治意识形态基本瓦解，进入了“去政治”的时代。这其实不是脱离政治，而是一种新的政治态度。他们根本不理会过去那套“主义”、“道路”体系的话语逻辑。这并不是他们不关心政治，更不是他们不懂政治。相反，他们更加懂得什么是自己的“政治”。他们蔑视高谈阔论的“政治”，蔑视装神弄鬼、故弄玄虚的“政治”。他们已经容不得“政治”来忽悠自己。这是新政治的社会基础，也是新政治的希望所在。新生代的政治态度和行为，更加世俗也更加理性，对于国家政治生活提出了更多挑战，也蕴涵了更多的变数。

新生代农民更加务实，更加理性，更加崇尚自由和平等。他们对政府的理解其实建立在对现实生活的感受上。这包括非常具体的问题，比如付出劳动能否有合理的工资，能否及时足额拿到工资。如果劳动之后连工资都拿不到，那么，再好的政治宣言也等于零。类似的问题还有：进入新的工作环境能否有比较适宜的居住场所，而不是处于恶劣的居住条件；子女能否与父母生活在一起，并且在父母的工作所在地接受教育；能否获得基本的卫生医疗服务；能否获得一定的养老保障；等等。实际上，这对政府提出了基本公共服务均等化（或者大致均等化）的要求。这些其实就是他们实实在在的权利主张，是他们对政府态度的最重要的考量因素。政治家提出了什么样的“崇高理想”和“响亮口号”，他们其实并不在意。

新生代农民的生活要求或者说权利主张，不论属于经济权利还是社会权利，其实都绕不开政治问题，即必须通过政治权利的落实来解决。新生代农民的成长，本身即为新公民的成长。不管在社会体制上是否被作为市民接纳，他们的要求和行为逻辑在本质上都是市民化的要求。这种市民化的要求根源于他们对于自由平等的理解，在一定程度上可以说植根于天赋人权，而不是基于国家的政策和制度给他们规定了什么权利。如果他们的这种要求得不到承认，他们就会本能地抵制和反抗这种制度和政策。

政治权利的核心则体现在农民与政府的互动关系之中。笼统地说，农民与政府的互动方式可以分两类：一类是良性互动，他们的意志可以有效地反映给政府，有畅通的信息沟通渠道，也有有效的权利表达机制。这取决于政府是否真正是他们的政府，或者说，政府的权利是否真正来源于他们，政府是否能有效积极地反映他们的意愿。另一类是非良性互动，他们不得不通过抵抗甚至一些破坏性行动来表达自己的意志，政府通过这些抵抗来知悉他们的要求，甚至通过他们的破坏性行动来调整政策和行为。我们看到，当下的政策改进逻辑中，就有一些非良性互动的特征。这个问题的演变方向也是两个。非良性互动或者向良性互动转化，或者是这些非良性互动因素不断积累，直至于爆发。要促使其由非良性互动向良性互动转化，其中的关键则在于政治民主。

就城乡发展来说，如何推进民主政治是个重大问题；就农民工来说，政治民主问题也同样突出。在城乡分割二元体制的夹缝中，农民工分外痛苦。这些离开了原来经济社会文化网络的群体，他们的权利维护和表达体系相对脆弱，他们很难参加所在城市社区的民主活动，又无法参加原来农村社区的民主活动，更缺少工会等组织机构，无法有效地表达利益要求。在新的城市社区，他们不仅需要建立新的社会文化认同，而且需要建立新的政治认同。这样，他们的行为和预期才有稳定性和持续性。从社会文化的角度看，他们需要把这个新的地方认定为是自己的“家乡”，才会融入这个地方的生活。从政治的角度看，他们需要把流入地地方的政府认定为自己的政府，才会有良好的政治预期和政治行为。如果他们没有办法有效地参与监督这个地方的政府决策和运行，那么，他们就不会把这个政府看作是自己的，或者说无法建立新的政治认同。在缺乏政治认同的基础上，他们与政府的互动就有更多的不协调甚至破坏性。

解决二元体制不仅仅需要新的社会政策，如城乡统一的社会保障和就业等政策，也需要统一的政治体制，实现原市民与新市民政治权利的一致，二元体制的根本解决是政治解决。解决这个问题的根本方法，就是尽快实现选举权利的流动。在一个地方工作生活十几年而无法成为选民，这种原居民与新居民的分裂是政治性的。关于人口迁移中的选举问题，国际经验有很好的解决途径。中国的情况不论多么复杂特殊，只要认真研究探索，不难找到解决之道。

七、公民身份：从公民权利到政治权利

现代民主国家的社会基础是“公民”。从西方18—20世纪的历史来看，公民身份的凸显和落实，乃是民众之市民社会与国家之间冲突博弈的结果，其中不乏诸多纷繁复杂的社会运动。马歇尔总结的西方“公民身份”的演变过程展示，“公民”这个包含了公民权利、政治权利和社会权利的“三位一体”的概念，它所对应的三重权利的实现过程是从基本权利（公民权利）开始，逐步扩展到参与政治的权利（政治权利），直至20世纪又逐步扩展到享有经济和社会福利的权利（社会权利）。在18世纪，随着市民社会理念和现代公民自由概念的兴起，最先产生了公民权利（civil citizenship），意在强调法律面前人人平等、个人的自由，言论、思想和信仰自由，以及财产自由的权利，通过法院机构来加以保障。19世纪，在追求公民权利的不断斗争之下，政治权利（political citizenship）出现并取得长足进步，其含义在于参与政治的权利扩充，核心是普选权的实现，通过代议制机构来加以保障。最后，到20世纪，公民普选权落实，政治权利得到运用，在代议民主制下，自然产生了社会权利（social citizenship），即强调公民享受一定水平的经济和社会福利的权利，并通过教育和社会公共服务体系来加以保障。①

“公民”是无所谓乡下农民或者城市市民的，公民在制度面前是平等的，他们具有平等的发展机会和选择权利。对于中国农民而言，农民“公民身份”的追求体现于改革开放以来，追求经济发展和富裕生活的自由权利，从最初的“盲流”、“遣返”、“民工潮”到现在

① 〔英〕马歇尔：《公民身份与社会阶级》，载郭忠华、刘训练编：《公民身份与社会阶级》，江苏人民出版社2007年版。

的“民工荒”，他们用辛勤的双手实现了经济地位的改变和自由。不可否认，逐步健全的城乡社会福利体系对农民参与和分享社会发展成果提供了可能。然而，这种缺乏以政治权利为基础的“赐予”式的社会身份权利，是存在问题的。为什么城市政府更在意自己治下市民的教育、住房和养老等问题，而农民工子女流入城市无法获得与城市市民平等的教育，农民工住房条件无法保证，养老保障迟迟难以全国流动，等等，因为对城市政府，农民既无法用手投票，也难以用脚投票，因为在现有的制度框架下，城市政府的政治合法性和政绩并不来自这些人。而个体的、缺乏组织性的农民无法通过既有的利益表达渠道去反映和传输自己的正当利益，无论是基层政府还是高层政府。“政治权利”的缺失是这一问题的根本原因所在。

可以预见，争取和维护政治权利，进而保障公民权利和社会权利，将是未来农民发展的方向所在。如何实现政治权利，如果没有妥当和良性的渠道，那么激烈的斗争和博弈将不可避免。一般来说，“权利的获得总是斗争的结果”。农民正在觉醒，他们在与既有制度的拉锯战中实现着从传统“农民”到现代公民的转变。这种历史性的转变，正是我们期待的“农民的新命”。

八、农民的新命与农民研究的使命

政策变革的推动力量是什么，精英主义的解释疏忽了民众的力量。正如米格代尔指出的：“迄今为止，我们关于农民对外交往的模式的研究状况就是这样。社会学家和政治学家通用的变革模式认为，那些有足够知识的人导致了变革，经济学家则认为，那些有足够资金投入的人导致了变革。上述这些观点都没有意识到变革是一个动态的历史过程。他们所考虑的那些因素只是在农村发展历史的某个片断上才有重要意义。他们的观点所以有这种不足，原因就在于他们过于相信个人是超历史和超社会的观点。”[①] 本人认为，研究政治和政策的演变，根本是要关注农民的力量。现在，我们观察中国乡村的社会变迁和制度进步，必须从今天的农民身上寻找力量，寻求答案。

米格代尔曾经感叹：“农民为什么参与国家政治这个基本问题，几乎被近年来关于农民辛迪加和农会等的研究文献所忽略了。”[②] 其实，在今天的中国，这同样也是一个被忽略的问题。多年来，我们的研究都集中于双层经营、股份合作、专业合作、公司加农户、农业产业化等经济议题，却鲜少从政治角度研究农民的权利表达，也很少关注农民对于国家的政治参与，似乎农民与政治的关系就仅体现在村庄内部自治上。确实，农民不会说那些朗朗上口的政治术语，但是，并不是他们没有自己的政治态度和政治理解，更不是说他们没有自己的政治权利要求。新生代农民的表现，将会有什么样的政治后果，其实是我们需要关注和研究的重要问题，或者说是中国当前的重大问题。

在中国，农民研究并没有成为一门学科，农民研究也没有必要成为一门学科。但是，农民研究需要大力推进，需要多学科研究力量的汇集，才可能有所突破。中国现实的纷繁复杂和变化多端，让研究者目不暇接，甚至穷于应付。对于研究者来说，我们不仅需要学习既有的研究，而且需要走出既有的研究，否则就在既有的研究中淹没了自己。

尽管中国有历史悠久且数量庞大的农民群体，但是，从农民研究的进程和成果来看，西方显然走在中国前面。因为这种研究是与整个社会科学的发展进程相一致的，首先是研究方法的先进，然后才有理论成果的产出。西方学术界的研究主要集中于农民行动逻辑方面，也可以说集中于农民与政治社会变革的关系领域。如詹姆斯·斯科特

---

① 〔美〕米格代尔：《农民、政治与革命》，李玉琪译，中央编译出版社 1996 年版，第 124 页。

② 同上书，第 13 页。

(James Scott)关于马来西亚农民的研究[①]；波普金(Samuel L. Popkin)关于越南农民的研究[②]；裴宜理关于中国农民的研究[③]；查尔斯·梯利(Charles Tilly)关于欧洲和东南亚农民的研究[④]；孟德拉斯关于法国农民的研究[⑤]；等等。在这个研究领域，有许多孜孜不倦并且卓有建树的学者，产生了许多经典。这些研究在探索农民的发展变化线索和规律方面，积累了众多成果，也对中国的农民研究产生了重要影响。当我们梳理、欣赏、评判这些研究成果的时候，一方面仰慕和赞赏，思想受到激发，另一方面，也难免有不解甚至不满，或者说有更多的迷惑——今天的中国农民，究竟与中国的政治是什么关系？其命运变迁的路线到底指向哪里？联系中国农民的历史和现实，特别是探索特定制度文化条件下的农民问题，令人感到，理论何其苍白单薄，生活何其丰厚博大。

中国农民不同于欧洲农民，不同于拉美和南亚农民；现代中国农民也不同于古代中国农民，甚至改革前的农民也不同于改革后的农民。在这些新变化面前，所有既往的理论并非无用，但往往缺乏解释力。尽管研究可以常有所得，实际上却永远被问题所困扰。不仅因为既有问题还没有解决，更重要的是，现实社会本身的迅速变化总是超越了研究者的追踪能力和现有理论的解释能力。

中国的改革既是对农民的解放，又将农民身份的尴尬暴露无遗。

---

① 参见〔美〕詹姆斯·斯科特：《弱者的武器：农民反抗的日常形式》，郑广怀、张敏、何江穗译，译林出版社 2007 年版。

② Samuel L. Popkin, *The Rational Peasant: The Political Economy of Rural Society in Vietnam*, University of California Press, 1979.

③ 参见〔美〕裴宜理：《华北的叛乱者与革命者：1845—1945》，池子华、刘平译，商务印书馆 2007 年版；Elizabeth J. Perry, "Rural Violence in Socialist China", *The China Quarterly* (103), pp. 414-440。前者研究中国近代农民造反如何发展为革命运动，后者则是分析 1950 年代到 1980 年代中国农村冲突的演变。

④ 参见 Charles Tilly, *From Mobilization to Revolution*, Reading, Mass.: Addison-Wesley, 1978。

⑤ 参见〔法〕孟德拉斯：《农民的终结》，李培林译。

农民问题凸显了中国政治发展的困境。当下的中国社会和中国政治，正孕育着巨大的深刻变化。我们不知道农民将在其中扮演什么角色，将在这个过程中经历什么样的改变。有研究认为，中国的乡村社会正在出现失序甚至无政府状态，联系到社会财富的高度集中和政府本身的问题，这是一种不稳定征兆。那么，中国社会将如何演变，在这种变迁中农民将有何种表现，都需要持续的认真观察和探究。

中国农民正站在新的历史起点上。农民问题在中国的解决，就是中国农民的终结，也是中国农民“新生”的开始。福山在《历史的终结》中，借用黑格尔对人和历史的理解，认为自由民主制的社会使人获得了普遍的相互承认，人们“被承认”的需求获得充分满足，历史已达至目的地而将不再发生变化。作为中国农民，他们真正“被承认”的需要将怎么实现？而这对于更宏大的中国社会和中国政治又意味着什么呢？这正是本人的研究关怀所在。

九、关于本书内容

本书以当代中国农民的历史命运为核心关怀，以改革以来的农民流动即农民工问题为基本内容，以实证观察和行为分析为主要方法，着力于解剖提示农民与国家政策之间的互动关系及其内在逻辑。三十年来围绕农民工问题的政策过程显示，虽然“三农”问题被提到了很高位置，但是，政府体制本身存在严峻障碍，政策思想深处仍然受到严重禁锢。解决农民问题既需要体制创新，也需要新的政治思想启蒙。从根本上说，农民工问题的解决过程，就是中国农民的公民化过程。这个公民化过程的完成，即为中国背景下旧农民的终结和新农民的开始。

本书以“农民的新命”为主题，全书分 4 章，31 篇。“导言”部分集中论述中国农民在当代政治经济条件下的历史命运演变，并力图探究这种命运遭际的体制机理，重点分析改革以来的大流动所展示的农民命运。

第一编“新步履”，主要讨论农民如何冲破体制藩篱、迈开离乡离农的脚步所蕴含的政治社会内涵和经济后果，分别讨论作为人权的流动权、流动的组织机制、流动的发生过程、流动对于乡村经济的影响、流动对于农民自身的挑战等。

第二编“新生存”，主要讨论农民进入城市后的生活状态，涉及就业环境、生活环境、子女教育、社会交往等方面。这些观察显示，农民在扭曲的城乡关系中，展现了他们创造新生活、开辟新机会的巨大创造力，突出地表现在他们在子女教育的问题上。同时，也可以看到农民进城后面临的深刻困惑和体制挤压。

第三编“新治道”，主要讨论农民流动对政府政策和城市管理的挑战。政府对于农民的流动既无思想准备，更无制度空间。因此，政府的管理不仅陷入尴尬，而且振振有词地限制打压。这个农民与政府抗争、农民在抗争中推动政策进步的复杂过程，或明或暗，时急时缓，透视出政策演变和政治发展的某些内在规律。

第四编“新纪元”，主要讨论农民流动进入新世纪之后的新发展。不仅分析了 2003 年以后新的执政理念为基础的政策转折，而且展示了 2008 年国际金融危机以后农民工问题的新特点。比较改革之初，最大的变化是农民新生代的成长，新生代具有全新的意识形态和权利诉求。这是政府和企业所没有想到甚至是不愿意看到的。农民变了，这应该成为观察研究社会政治发展的基本立足点。

目　录

1

新步履

1.1 流动的羁绊[①]

改革以来，劳动力市场发育明显滞后，主要是受制于传统的意识形态。现在，旧理论已经突破，“劳动力市场”已获正名。但是，围绕如何培育劳动力市场，仍然存在若干需要重新认识的理论观点和政策问题。当前，在规范市场的旗帜下，出现了一些与市场体制方向相背离的政府行为，成为农民流动的羁绊，需要引起重视。

现在的农民流动，是农村劳动力自发地进入劳动力市场，也是自发地构造劳动力市场。在这个意义上，可以说农民流动是中国经济市场化进程的重要推动力量。农村微观经济体制的变革，使农民既有了自主经营承包土地的权力，也有了离开土地外出就业的权力。这种权力通过区域流动转化为进入劳动力市场的自由，这种自由是城乡经济富有活力的重要源泉。巩固和发展改革的成果，就应当保护农民的这种自由。从深层来看，农民的这种自由还不完整，城乡分割的社会身份管理还约束着农民，所以，深化改革要逐步改变城乡有别的身份制度。

一、“外出务工许可证”的产生

近几年，在一些地区出现了一种农民外出务工许可制度。凡是想外出务工的农村劳动力，要按照规定到县乡政府有关部门提出申请，

---

① 此文原系内部调研报告，后刊于《中国农村经济》1994 年第 2 期，原题为《让农民自由流动——关于“外出务工许可证”的调查与思考》。

办理“外出务工许可证”（简称“务工证”）。据有关部门介绍，在输出地，如审批部门认为申请者无明确的就业目标，可以劝阻其外出并不予发证；在输入地，用工单位凭务工证招工，无证者不予招用。这种现象主要发生在华东、华南和西南地区的几个主要农村劳动力输出输入省区。在此基础上，有的部门进一步提出，农民外出乘火车，也要凭务工证才可购票。务工证制度正被某些传播媒介作为改革创新之举加以宣传。前不久，我们到外来农村劳动力比较集中的广东省珠江三角洲地区，作了初步调查。

据估算，广东省现有外省劳动力 650 万人，加上省内县市间流动的共约 1000 万人。外来劳动力主要集中在珠江三角洲地区和广州、深圳、珠海等大中城市。由于没有统计资料，也由于劳动力流动分布的复杂性，广东省究竟有多少外来劳动力持有务工证和有多少企业（包括零散的用人单位）实行凭证招用，现在无法比较全面地描述。我们调查的主要形式是访谈，范围主要在广州、佛山、中山、深圳等地的国有企业、三资企业、乡村集体企业、个体私营企业、基层政府。在中山，市农委负责人讲，要求乡镇企业用外来工须持务工证，但乡镇企业本身情况复杂，有多少企业执行这种规定还说不清楚。佛山的同志也如是说。我们走访了一家明确规定外来劳动力要有务工证的大型企业——佛山电器照明有限公司。这个公司有员工 5000 人，其中多数是外来打工者。来自赣南的称在本地开务工证收费 200 元，广西的称收 60 元，湖北的称收 40 元。在佛山，我们还走访了两家企业，一家是内地与香港合办的铝厂，员工近千人，三分之一左右是外来打工者；一家是台资的织袜厂，员工 500 人，外来务工者 100 多人。厂方负责人说不需要务工证。铝厂一位来自湖南衡阳的小伙子说，他的家乡办证要 60 元，所以干脆不办。在南海市里水镇，镇长说这个镇的外来劳动力有 1.5 万人之多，来这里务工不需要务工证，只要有身份证和未婚证（或节育证）就可以。我们还走访了若干家个体私营企业，雇佣务工者都不需要务工证，甚至也不需要未婚证（或节育证）。在广州市和深圳市，我们调查了几家大宾馆、商场，若干家餐馆、酒家、服装店、小商店，招工都不需务工证。如广州的广东迎宾馆、深圳的晶都酒店，分别是三星和四星级宾馆，招工都只需身份证和未婚证。广东迎宾馆的客房部主管说，据他所知，广州的宾馆招工都不需务工证，但未婚证（或节育证）是要收的，因为这关系到企业能否完成计划生育考核指标。迎宾馆白云楼的一位女服务员说，她一年半以前从长沙郊区来广州，先后在几家酒家、餐馆打工，都只需身份证。一个月前来迎宾馆，才知道要有未婚证。

写信让家里办，前几天父亲来信说在乡里办个未婚证要交 100 元，问是否可以不办。她说没有未婚证宾馆不发奖金，又写信让父亲一定要办。至于务工证，她说没有听说过。

我们的初步印象是，从企业来看，部分公有制企业，特别是乡村集体企业，是在实行务工证制。但仅仅是一部分，比重无法估算。而非公有制企业，特别是各种个体私营企业，像小餐馆、酒家、服装店、小商店，则不收务工证。是否有个别企业收，不得而知，从地区来看，佛山、中山等地有实行务工证制的，而深圳、广州等大中城市没有遇到收务工证的情况，广州的开发区企业招工也不需务工证。

评价一种制度安排是否必要和恰当，不能仅看初期实施效果。一种好的制度安排，开始可能在实践中扩张的效果并不理想，但它仍然可以是一种好的制度安排，而且生命力会不断增强。一种不好的制度安排，开始可能在实践中有非常强大的扩张能力，但它仍然是一种不好的制度安排。如人民公社化数月内席卷全国，但并不说明它是历史的正确选择，因为这种体制的爆炸性扩张主要依赖于行政力量的强制性推动。因此，评价务工证制度，也不能以现有多少企业和地方推行为标准。更重要的是，通过分析运作过程对社会经济发展的实际影响，看它是否体现了市场化的改革方向，是否有利于市场经济体制的建立，特别是劳动力市场的健康发育。

二、农民在花钱买“流动”权

农民外出务工证制度已受到某些部门的肯定。我们也曾认为它是一种减少盲目流动、促进有序流动的好办法。但是，在有了初步的调查研究以后，结合农民和企业的反映，从建立市场经济体制的内在要求出发重新审视，就感到是不应该肯定的了。进一步说，它可能是农村劳动力进入市场的一种人为障碍。

务工证的出现有其客观背景。大量农民跨区域流动产生了巨大的社会震荡。首先是铁路交通部门不堪重负，运力有限，无法顺利疏散，造成爆炸性聚集。其次是输入地区难以招架，超量涌入，无法尽快获得工作机会，一时无业游动者甚多，引致一系列问题。全社会特别是政府为之不安。某些输入地和输出地的政府部门共同探讨解决问题的办法，遂有“务工证”制度：输出地区经过审批后签证放入，输入地凭证招工就业，使劳动力的供给和需求基本均衡，从而避免农民的盲目流动。

现在看来，这种办法用心可谓良苦。如果农民外出就业的主要机制是政府有计划安置，也必定屡试不爽。但现在企业制度环境变了，仅从用工角度来看，一方面随着企业组织形式的多元化而出现企业用工方式的多元化，在市场体制下，企业用谁不用谁，用什么人不用什么人，是企业的权力，如果适用者无证，无证者适用，那企业怎么办呢？另一方面，农民流动并不只是要进某个企业找到一个位置，有相当一部分在自己创造就业机会，实际上是自己雇用自己，不需谁来招工。在这种现实下，务工证在实践中的挫折难以避免。

务工证的设计初衷就有很大的局限性。面对农民流动，它仅是一种应付办法。因为它的着力点是通过限制农民的流动自由来达到缓解民工潮涌动的目的。这种以限制为中心的政府行为，忽略了农民自改革以来获得的身份自由，也忽略了改革以来企业的用工自主，虽然有其一定的积极作用，但基调是消极的，与市场化的就业方向不一致。

尽管有一部分输入地政府部门和输出地政府部门呼应起来推行这种制度，但控制力非常孱弱，能够影响的就业地域也非常有限，从输出地来说，外出的农村劳动力大都对此不予理睬，身份证一揣，舍家而去，不到迫不得已，不肯去过“办证”这一关。从输入地来说，有关政府部门干预较强的企业往往勉强为之，无法直接干预的企业不予理睬。有一些基层政府和自治组织则认为是多此一举而拒绝配合。这样一来，自然无法起到当初预期的那种积极减少盲目性流动的作用。从珠江三角洲一些乡镇来看，这几年盲目涌入人口减少，主要是流动农民已经有了自我调节，而不是务工证的作用。

务工证的积极作用没有有效发挥，而消极作用却出人意料地凸显出来。这就是它直接地带来了农民损益损失。因而，在有些地方，农民不是一般地反感，而是强烈地反对。这是因为：

第一，加重了农民的经济负担。输出地区主要是一些经济欠发达省区，农民本来收入低，负担重，有些甚至尚未解决温饱。这些地方的农民外出，大都是为了谋生。在这种情况下，一些地方政府部门用办证权高价收费，借“实现有序流动”之名，行“捞取部门利益”之实。访谈的农民说，自己出来闯，能挣多少钱还不知道，就要先拿出百八十块，实在不讲理。有的农民说，小孩子上学都供不起，办个证就要这么多钱，太让人心疼了。

第二，侵犯了农民的就业自主权。人民公社过去对农民实行行政性的身份管制。改革以来农民获得了自主支配自己劳动力的权力。是就地务农，还是异地务工，这是农民作为独立的商品生产经营者的基本权力。因为有了这种权力，农民才能在许多领域大显身手，才能超前构造一块市场经济。现在又想用许可证制约农民，外出要审批，办证要交费，这等于逼着农民花钱买“流动”权。这显然是培育劳动力市场的障碍。如果硬规定农民进入劳动力市场还要由政府部门审批，实际上是不承认农民是自己劳动力的主人。

据一些农民工反映，在他们那里办务工证不需要审批，唯一的条件是交费，完全是花钱买证。农民去哪里，做什么，发证部门一概不问。这种未进劳动力市场，先进务工证“市场”的做法，事实上政府部门把自己提出来的办证理由否定了。

三、政府工作的着力点

有的地方介绍推广务工证的好处，一是通过审批登记可以掌握外出务工农民的情况，二是通过审批控制可以减少盲目外出农民数量。实际上这两条作用都是有问题的：（1）如果为了掌握情况，就不是报批“许可”问题，而仅仅是备案登记。如果只是登记备案，也无须到政府部门，只要到村委会和村民小组就可以了。（2）审批发证部门凭什么来判定哪些农民是盲目外出，哪些不是盲目外出，并据此决定发证和不发证。你可以说农民是盲目外出，农民可以说不是盲目外出。要知道，农民比谁都不愿意盲目外出，因为只有他自己为盲目性承担后果。另外，进入劳动力市场本身就有某种盲目性，没有一定的盲目性，也不称其为市场经济。盲目性就是市场风险，市场机制的活力也同这种盲目性内在地联系着。盲目性体现着探索性、创造性。要没有任何盲目性，除非政府给安排一个就业位置。既然政府安排不了，那只有靠农民自己带着一定程度的盲目性出去寻找和创造新的就业机会。可见，如果沿着务工证的思路管理农民流动，劳动力进入市场的权力就操纵在一些政府人员的主观臆断上了，劳动力市场的发育只能是畸形的。

农民走出去就业，这是在创造劳动力市场。目前的这种劳动力市场，是最有活力、最广泛的劳动力市场。全国有五六千万农民在流动中就业，其中绝大多数是在农民自发创造、自我开拓的这种市场上实现的。中国这么多农民，政府没有办法靠计划调配去解决就业问题。现在农民自己搞了这个创造，是一个历史性的贡献。

当然，从有些地区来看，确实存在着劳动力过度供给的问题，并造成一些经济和社会矛盾。但是，不应当用传统的管理办法去解决发展市场经济中遇到的问题。在市场经济条件下，劳动者是自身劳动力的主人，劳动力在市场交换中实现自己的使用价值，只应当接受市场的检验和选择，而不应当接受政府部门的选择。政府部门硬要先来选择，实际上是一种没有依据的选择，或者说只能是一种长官意志的选择。用行政手段直接决定一部分劳动力可以进入市场，一部分劳动力不可以进入市场，实质上是用长官意志去剥夺一部分劳动力进入市场的权力。这样的劳动力市场是一种缺乏公正的市场，不能实现真正的竞争。

解决部分地区劳动力过度供给问题，政府工作的着力点应当是培育市场信息体系，为农民提供信息服务。

劳动力个体如何流动，在劳动力市场中属微观决策问题，应当由劳动者本人、也只能由劳动者本人来解决。这是只有劳动者本人才能解决好的问题。因为，只有劳动者本人最了解自己的情况和追求，并且要为自己的决策负最终责任，为自己的盲目性付出全部代价。劳动者最关心怎样以最低的成本获得最优的就业机会，决策也最慎重。

市场体系庞大细密，变化多端，劳动者本人的决策要以一定量的信息为判断依据，仅靠个体的力量无法解决这个问题。市场经济条件下，政府的作用就是解决市场主体办不了或办不好的事情。现在，农村劳动力流动中劳动者办不了或办不好的头一件事情就是信息问题。如果政府不去办劳动者个人办不了或办不好的事情，而去办劳动者办得了也办得好的事情，无疑是一种本末倒置。不做信息工作，而去审批发证，名义上在减少盲目性，实际上是增加盲目性。

面对农村劳动力跨区域流动这个重大的现实问题，政府部门最应该做的事情是信息服务。具体些说，就是利用对经济全局的调控优势，利用现代化的传播手段，利用比较完整的政府和非政府组织体系，监测市场动态，分析市场走向，提供市场信息，为劳动者的个体决策提供良好条件。有了比较好的信息流动，劳动者就会自主决策，劳动力流动的盲目性自然就会减少。

四、改革旧的管理体制

农村劳动力流动直接造成的社会问题主要有铁路运输紧张、计划生育失控、治安案件增多等。这些问题当然应当正视，但这不应当成为动用行政手段限制农民流动的理由。

铁路紧张，出路在于想办法扩大运力，为整个经济的发展，包括农村劳动力流动提供交通保证。如果暂时运力跟不上，需要采取一些适当的限制办法来缓解压力，那就应当多方面限制，不能只限制农民。漫漫铁路，芸芸众生，出差开会者可，观光旅游者可，唯独农民出来谋生糊口不可，这在道理上是说不过去的。每当经济增长速度一快，铁路的“瓶颈”制约就突出出来，但是人们并不指责待运物资太多。现在坐车的农民一多，铁路客运一紧张，就指责农民，这也是没有道理的。

流动增加了人口管理难度，应当进一步研究如何完善流动条件下的计划生育工作，包括与户口制度的改革一起考虑，改革现在的人口管理体制，既方便农民，又达到控制人口的目的，有一个地方计生部门搞孕检，硬是逼一个70多岁的老太太跑到几百里以外把在外务工的儿媳妇叫回来，还作为经验来介绍，这分明是折腾农民，为什么不能采取灵活些的办法呢？

解决这一系列矛盾，一个重要的思想方法，是要农民流动适应旧的管理体制和工作方式，还是改革旧的管理体制和工作方式去适应农民流动带来的新情况。治安问题也是这个道理。

农村劳动力流动是市场经济发展的必然。流动导致某些方面的失序，这可以说是改革的一种社会成本。首先需要调整的不是农民，而是政府的管理体制。

（1993年10月）

1.2 流动的动力[①]

关于农民流动原因，现有的一些研究分析，大都是从外部进行的，主要集中在宏观层面，诸如区域发展不平衡、城乡居民收入差别、农民的收入预期提高等等，回答的是“农民为什么要外出”的问题。现在，我们面临的问题是微观的，即：“为什么有的农民外出，有的农民没有外出？”探讨这个问题不能只有宏观的数字推断，应当深入到外出农民群体本身去寻找。

在不同类型的地区，流动的基本生活背景是有差别的。东部江浙一带与中部的安徽、河南、江西等地都有较大规模的农民外出，但不同的是，前者是发达和相对富裕条件下的流动，后者是欠发达和相对贫穷条件下的流动。前者往往是为了追求更发达而出去，后者往往是为了摆脱欠发达而不得不出去。由于背景不同，就业选择方向也不相同。如外出的江浙人一般以从事独立的生产经营活动为主，外出的中部地区农民则以从事雇佣性体力劳动为主。

从流动的微观主体来看，农民外出的家庭和个人方面的成因、动机、条件的差异更为复杂纷繁。结合本项课题调查的数据结果和个案材料，我们试图对农民外出的内部成因作出新的分析。

---

① 本文系国务院发展研究中心农村部课题研究报告。该课题的实地调查于 1995 年 3 月至 5 月在江苏省吴县、无锡县、武进县和上海市长宁区进行，共访谈外来农村劳动力 706 人，形成有效问卷 688 份和个案报告 120 篇。

一、发展型外出

外出不是迫于家庭生活本身的压力，而是出于致富和发展的欲望。就本人主观感受来说，不外出也可以保持比较稳定而且能够持续提高的生活。我们把回答外出原因时说“生活不困难，外出多挣些钱”和“出来见见世面，寻找更好的发展机会”的两类人归结为“发展型”，其中持前一种回答的175人，占25.9%，持后一种回答的165人，占24.3%，二者合计为50.2%，也就是说，有半数左右的农民外出属于发展型（见表1）。

表1 农民外出原因划分

外出原因	发展型外出		生活型外出	特殊型外出			
	1	2	3	4	5	6	7
有效样本数（人）	175	165	292	5	1	0	38
百分比（%）	25.9	24.4	43.2	0.7	0.1	0	5.6
合计	50.3		43.2	6.4			

说明：1. 生活不困难，外出多挣些钱；
2. 出来见见世面，寻找更好的发展机会；
3. 生活困难，外出挣点钱；
4. 和村干部有矛盾，在家受欺；
5. 没有计划生育指标；
6. 躲避债务；
7. 其他。（以下同）

发展型外出主要是三种人：

一种是在家乡就有一定技能或者善于生产经营的人，如技术较好的木工、瓦工、电工，甚至汽车司机，经营能力较好的小商小贩等。一般来说，他们不出来，在原地农民中收入和生活水平也相对较高。所以出来，是因为发达地区的工资高，或者经营利润高，发财发展机会更多。所谓“生活不困难，外出多挣些钱”，主体是这部分人。这里所指的生活困难或者不困难，问卷本身并无数量标准，回答者本人也不量化为收入数字，而主要是一种主观感受，但是这种感受并非凭空而来，依据便是本户在家乡的相对生活状况和收入水平。

一种是年龄较小，文化较高，一般还没有成家，甚至刚离开校门不久的年轻人。这部分人一方面没有家庭生活负担，出来以后大多是自己挣钱自己用；另一方面文化程度较高，对未来生活有较高较多的期望。所谓“出来见见世面，寻找更好的发展机会”的主体是这部分人。这部分人中有的从来就没有务过农，或者虽然务过农，但对务农职业毫无兴趣。不少人声称，宁肯在外流浪，也不愿回去种地。从其家庭背景来看，有的家庭生活条件较好，甚至相当富裕，外出纯是个人要寻求某种成功，有的家庭条件并不好，甚至还比较困难，但因为不是家庭主要成员，所以家庭的困难抑或不困难，都不是由他直接承受，也不构成影响其外出的主导因素，追求个人的发展才是其直接的主要动力。这部分知识型青年人具有比较清醒的社会地位意识和个人实现观念，认为用制度的力量把中国人分成权利地位不平等的“城市人”和“乡下人”是不公平的。他们不仅把外出作为一种谋生手段，而且作为实现地位提高的一种现实努力，视为对导致权利不平等身份体系的挑战。

还有一种是在家乡无事可做，土地经营不需要，又没有非农就业机会，才出来务工或经商。这种人往往本身文化素质不高，发财致富或实现个人成功的想法比较模糊，出来是因为相对单纯的就业需要。有的人说，“在家没事干才出来”，“村里年轻人大都出来了，我不出来，别人会说我没有出息”，这种情况在流动者中占一定比例，但因为问卷中无此问项，所以无从判断其大致的总量规模。这种外出虽有某种被动性，但不是受到直接的生活压力，所以我们仍将其归为发展型。

关于一个假设问题的回答可以验证确实存在相当数量的发展型外出。访谈中有一个问题："如果你外出前有 5 万甚至 10 万元的存款，是否还出来？"应当说，对于一个普通农户，特别是中西部地区的农民来说，拥有如此数量的存款已经可以衣食无忧，甚至享受小康了，但是，有 45.6% 的人回答"仍然要出来"。至于为什么，具体的回答多种多样，如"钱当然越多越好"，"外边挣钱机会多"，"要干一番事业"，有的甚至说"有 100 万也还要出来"。可见，他们看重的是更好的发展机会。

二、生活型外出

外出是基于直接的生活压力，具有某种被迫性，即由于家庭或个人生活方面遇到某些困难，为了摆脱这些困难选择了外出就业。如果说，发展型外出的激励主要是人口迁移理论中的"拉力"因素，那么，生活型外出则主要是"推力"因素。生活型外出者对于外出原因的首项回答是"生活困难，外出挣点钱"。持这种回答的调查对象占总量的 43.2%。个案分析显示，生活型外出主要有两种情况：

（一）家庭温饱难以解决，为温饱而外出。相当一部分农民来自欠发达地区的贫困县乡，其家庭尚未解决温饱，或者没有稳定脱贫，如安徽的阜阳，河南的信阳、商丘，四川的万县、达县等地区的一些农户，尤其是其中一些山区、多水旱灾害地方的农民，相当一部分属于这种情况。来自这些地方的农民大都说，家乡很穷，生活很苦，不出来不行。

一些苏北的农民说，如果不出来，孩子上学的钱都交不起。有些农户原本温饱已经解决，但是由于天旱水涝等原因，生活重又回到温饱线下，如 1994 年淮北、河南等地大旱，粮食减产甚至绝收，有的农民吃饭发生困难，遂大量外出。我们访谈时听到农民这样说，出来后能填饱自己的肚子就是收获。又如 1995 年西北一些地区大旱，严重的地方颗粒无收，并无外出打工传统的宁夏西海固、甘肃定西地区也出现了大量农村劳动力外流。我们在内蒙古的河套地区遇到一批批来自这些地区的农民，其中相当一部分是第一次出来，首要目标是解决温饱。据定西地区有关部门统计，1995 年 6 月份全区有 30 万农村劳动力外出，占到全区农村总劳动力的 35%（《中国劳动报》，1995 年 8 月 10 日）。

从这些地区来看，流动就业实际上是农民追求温饱、抗御自然灾害的一条重要途径。在这种情况下，流动既是部分农村农户经济危机的产物，又直接缓和了这种经济危机，缓和了社会矛盾，避免或者最大限度地减少了恶性事件的出现。

（二）温饱不成问题，但是收入增长困难较大，生活水平面临下降的威胁，外出是为了抵御这种威胁。出现这种情况，主要原因是近几年中西部地区的农民收入增长缓慢，负担过重，提留统筹及各种集资摊派过多，农用工业品涨价过快，粮棉等农产品价格相对较低，通货膨胀等。也许从公布的统计数据来看，这些地区的农村人均纯收入是逐年上升的。但是，有两个问题往往被忽视：第一，一省或一地区范围内平均数字的提高掩盖了部分农民生活困难和相对经济地位下降的事实；第二，即使这部分农民的收入水平有所增长，但是与其生活期望相比仍明显滞后。

从访谈的情况来看，农民一方面承认近些年的生活水平客观上有所提高，另一方面认为日子并不如 80 年代初中期好过，不顺心的事情在增加。这部分农民经济上的相对剥夺感较强，对于现实生活的不满意程度在提高。一部分人说，不出来务工经商，稳定的生活难以维持。在回答“家中若无人出来做工，你家的生活水平与三年前相比是提高还是降低”时，有45.8%的民工回答将要下降，30.6%的民工回答差不多，23.6%的回答仍然会提高。

问卷调查显示，有近半数的人认为外出就业有助于防止生活水平的下降。可以说，相当一部分人是在对生活危机恐惧心理的驱使下走出家乡的。我们认为，分析近些年农民流动大规模发生的原因条件，除了要承认经济发展是主要推动之外，也要关注这种非正常现象的存在。

面对“如果你外出前有5万或10万元存款，还外出不外出”的问题时，有38.4%的人回答“不外出”，持这种选择的人大多数属生活型外出，即外出并不是要改变传统身份，提高社会地位，而基本上仍是从传统的农民观念出发，把外出作为满足特定条件下生活需要的临时举措。

三、特殊型外出

导致外出的直接因素是在家庭或个人生活中的一些带有偶然性、临时性的特殊事件。这些事件对于外出者大都是不愿发生的遭遇。数据分析显示，有6.4%的外出者属于这种特殊型。这些特殊事件大致可分为：

（一）外出者与乡村干部有矛盾，占0.7%。矛盾的内容是多方面的，有的是因提留摊派问题与干部吵架打架，有的是在耕地承包或调整中受到干部欺负，有的是对乡村基层组织的腐败不满，有的是因为某种原因被处罚，如罚款、扣押等。这些大体都属于负气出走，有一种“惹不起，躲得起”、“一走了之，不见不烦”的心态。

（二）计划生育方面原因，占1%。有的外出是为了超生，或者在家乡超生后外出，也有的不是超生属“抢”生，即第一胎或第二胎生育虽然都是可以批准或已经批准的，但生育过程不在批准或要求的时间之内。在这种情况下，当事人就迫不得已地选择外出以逃避处罚。访谈中遇到个别数年不回家乡的年轻夫妇，仔细询问往往有这方面原因。

（三）“其他”，占5.6%。个案材料显示，这部分情况很复杂，难以概括。大体说来，较多的是家庭已经或即将发生重大支出而现实财力不堪负担，如由于家人生病、婚丧、建房、罚款等情况而债台高筑，或者虽然尚未举债，但即将发生一些大项支出，依靠正常的家庭生产经营无法满足这种需求。在这种特殊困难下，外出务工经商便成为一种超常规的积累方式。如我们在流出地苏北某村对25户外出者的调查，就有6户是负债外出的。除此以外的原因是家庭内部矛盾或个人际遇不顺，如婆媳不和、父子不和、高考落榜、失恋、逃婚等等。

特殊原因外出从一个侧面反映了特定条件下农村社会生活中某些矛盾的尖锐化，其中农民与基层干部人员的矛盾值得特别关注。

需要说明的两个问题：

（1）关于外出成因的类型划分，只能是一种相对意义上的概括。这种相对性起码表现在两个方面：首先，具体到某一个流动就业者来说，其外出的动机成因经常是综合的、多方面的，发展型的因素和生活型的因素甚至特殊型的因素，往往交织在一起。这是由生活本身的丰富性决定的。我们判断并划分其类型，主要是看激励其外出的最直接因素是什么，本人对于外出动因的认同更偏重的因素是什么。其次，流动就业本身是一种变化发展着的生活，流动者外出的动机因素也是变化的。随着原来一些问题的解决，生活型的外出可能转化为发展型的外出，随着某些新的困难的出现，发展型的外出也可能转化为生活型的外出，特殊型外出的转化也会在情况变化中实现。我们据以判断并划分其类型的，主要是本人最初的外出动因。从目前的总体情况来看，流动就业对于流动者本人的影响，主导方面是促使生活型、特殊型外出转化为发展型外出。

（2）样本中的生活型外出与特殊型外出占到外出总量的半数左右。我们并不据此而认为全国的流动就业农民中半数属于生活型外出和特殊型外出。也许其他地区是另外一种情况，或者与这种情况有很大不同。这样一个判断只适用于特定的局部地区，即苏南上海的三县一区，而进入这个地区的农民主要来自江苏北部、安徽、河南东部和南部，还有四川东部。这几个来源地农村都是中西部经济不发达的传统农区。这些地区的资源条件差，非农产业增长乏力，农民收入低，而且农民承受的种种负担较重，引发的社会矛盾和事件较多，曾经是而且至今仍然是中央政府下大力气解决负担问题的重点地区。所以，从这样一些农村流向发达地区或大城市的农民，背上承受的生活压力更重，对于自我生活处境的评价更低，就不足为奇了。

四、外出者生活预期

流动就业的生活预期是和外出成因密切联系着的。一般来说，有什么样的外出成因，就有什么样的生活预期。但是，二者又有重要区别：第一，生活预期是流动者外出以后在新的现实条件下对未来的希冀，而不是外出前在家乡时关于外出具体目标的设想。第二，生活预期是流动者对未来生活的一种相对宏观、相对长远的期望安排，具有粗线条的规划性，而外出成因则是具体的、暂时的。关于生活预期的调查，目的是了解有了一定时期外出经历的流动者对于未来的打算。

一个直接测度外出者生活预期的问题是："你是否想长期在外面干下去？"有25.2%的人回答"想"，有53.0%的人回答"不想"，还有21.8%的人回答"说不清"。从问卷回答的数据结果来看，表示"不想"长期在外干下去的人占半数以上，但开放式访谈发现，其中有一部分人并不是真的"不想"，而是认为"想也没用"。表示"想"长期在外干下去的人，年龄越大，数量越少，其中16—25岁者占36.6%，26—35岁者占36.7%，36岁以上的占26.7%。从相关分析来看，属于生活型、特殊型外出的农民，外出大都是一种临时行为，并无长远安排，一旦基本的生活目标达到，就要回去。

一个间接测度外出者生活预期的问题是："如果你现在挣了5万或10万元钱，你准备怎么办？"有16.8%的人回答"继续在外面干"，42.9%的人要"回乡创办自己的事业"，25.6%的人要"回乡轻轻松松过日子"，另有14.7%的人表示"没有想法"。

相关分析发现，在相同的年龄组中，年龄越小的外出者希望长期在外发展的意愿越浓厚。表示"继续在外面干"的，16—25岁者占14.5%，26—35岁者占20.4%，36岁以上者有这种想法的人数便下降了，36—45岁的人尚占19.0%，而46岁以上的便下降到12.0%。表示要"回乡轻轻松松过日子"者，中年人只占39.7%，老年人上升到72%。可见，年龄越大，越想求得一种安稳舒适的生活。由此也反映出另一个问题，年龄越大，迫于生活压力而外出的人越多。表示"回乡创办自己的事业"者，青年人热情最高，有51.0%的人有这种想法。

如果把上述四种回答者分为四类人，基本判断是：第一类人可能属于比较典型的外出发展者，有在外实现更大发展的抱负和坚定的移民愿望。这些人还有一个特点，即基本上适应了异地就业生活，心理方面较少"异乡客"的落寞感，有的甚至说"已经喜欢上了当地的生活，再也不想回到落后闭塞的家乡去”。第二类人虽然有继续发展愿望，但还是选择了回乡。一方面，有部分人是要回去适当享受，也有不少人说有了本钱回去做小买卖，或者在家里办个店。另一方面，部分人对异地生活不适应，有的表示“外地再好也不如家乡”、“与当地人处不来”，也有的说“外地挣钱虽多，但太苦太累”，所以有了资本，还是要回去。第三第四两类主要是一些对未来没有更高追求的人，他们的生活预期就是能把生活过得轻松些。他们的基本生活逻辑是，去外地挣些钱，回到家乡消费，当家庭经济状况发生重大改善时，便不再出来。有相当一部分被访问者提出，“希望政府在我们家乡多办些企业，那样我们就不用出来受苦了”。外出对于他们，其实是一种无奈的选择。

（1995 年 8 月）

1.3 流动的机制[①]

农民是怎样流动的？这是一个已经引起初步注意但是描述分析还不够深入的问题。一些人简单地称之为“无序流动”、“无组织流动”、“盲目流动”。

根据本课题调查结果，我们对流动的方式进行了分类：（1）有组织流动，即外出就业是由某个正式组织来直接介绍、安排的，这些正式组织如各级劳动服务部门、各种职业介绍所，以及其他参与此项活动的政府部门、经营组织、社会团体等。（2）自组织流动，即外出就业是外出者本人调动其亲缘地缘基础上的各种社会关系资源来实现的，通过这些非正式的社会关系来获得外出就业信息、落实就业位置、解决一系列生活问题。（3）无组织流动，即外出基本上没有利用正式或非正式的组织资源，主要依靠外出者本人相对孤立的闯荡。从数量来看，农民的流动主要是一种自组织流动。

一、初次流动的方式特征

初次流动是劳动者第一次以就业为目标离开家乡。“离开家乡”的具体含义是，劳动者在职业活动中不能或基本上不能居住在户口所

---

① 本文系国务院发展研究中心农村部课题研究报告。该课题的实地调查于 1995 年 3 月至 5 月在江苏省吴县、无锡县、武进县和上海市长宁区进行，共访谈外来农村劳动力 706 人，形成有效问卷 688 份和个案报告 120 篇。

在社区的家里。

1. 初次外出的主要形式

初次外出者绝大多数“有工作目标”。有工作目标的含义是，工作岗位已经落实或者有人有单位帮助落实。回答有者600人，占87.7%，回答“无”者84人，占12.3%。

“工作目标”的获得主要依靠非正式社会关系。问卷分为四种情况（见表1）：（1）本地或外地亲友、民工帮助联系介绍，有343人，占57.9%；（2）跟随他人一同外出，有105人，占17.7%；（3）劳动服务公司等正式单位介绍、外来企业人员招工、村集体组织外出，分别为7.8%、3.9%、1.9%，总计为13.6%；（4）无人帮助自己闯荡，占6.9%。我们把前两种称为“自组织”者，占75.6%。第三种是“有组织”者，占13.6%。第四种是“无组织”者，占6.9%。另外，还有其他占3.9%。

表1　流动就业人员初次外出方式划分

外出方式	自组织			有组织			无组织	其他
	①	②	③	④	⑤	⑥	⑦	⑧
百分比（%）	31.9	26	17.7	7.8	3.9	1.9	6.9	3.9
合计	75.6			13.6			6.9	3.9

说明：1. 外地亲友帮助联系；
2. 本地外出民工介绍；
3. 跟随他人一道外出；
4. 劳动服务组织介绍；
5. 外来企业招工；
6. 村集体组织外出；
7. 无人帮助自己闯荡；
8. 其他。

初次离乡的主要方式是集体上路，结伴而行（见表2）。外出时，1人上路成行者156人，占23.0%，2人者163人，占24.1%，3人者106人，占15.7%，4人者64人，占9.5%。分组来看，1至4人结伴同行者489人，占72.3%；5至10人同行者72人，占10.6%；10人以上同行者116人，占17.1%。这种集体行动一方面是因为有共同的目的地，另一方面也有外出者内部相互照应、实现自我服务的需要。

表2 流动就业人员初次外出规模特征

规模	小规模				较大规模	
	1人成行	2人同行	3人同行	4人同行	5至10人	10人以上
人数	156	163	106	64	72	116
百分比（%）	23.0	24.1	15.7	9.5	10.6	17.1

访谈发现，单人成行者主要分两种情况：一种是一人独闯天下者，虽然没有工作目标，但敢于一个人走出去；另一种是有更明确的就业位置者，甚至具体的工作岗位正在等待他。如有的人是外地亲友已把具体工作甚至住宿条件都安排好，有的人是先期外出的同村人所在企业招工，已经代为报名。第二种情况在此类人中占了大多数。一般来说，越是就业目标不甚明晰者，越是倾向于几人结伴共同上路。

结伴同行外出者大多数操同一职业。问卷显示，71.3%的同行者到达目的地后从事同一种工作。

2. 自组织外出的内部结构

自组织外出从数量规模上可分为两类：一种是5人以下的外出，我们称其为小规模自组织，占总量的72.3%。一种是5人以上（包括5人）的外出，我们称其为较大规模自组织，占总量的27.7%。小规模和较大规模的自组织并非只有数量不同，其内在的组织机制也有不同。小规模自组织的机制特点是，外出者主要是由有亲缘关系的人带出去或介绍出去的，即虽然同为一个地缘群体成员，但相互关系更为亲近，如嫡亲、表亲、姻亲之类。从业领域一般是工厂里的零散用工，小的商业服务业用工，还有个体商贩等。

较大规模自组织的机制特点是：内部大都有一个“流动领袖”起核心纽带作用。这种领袖一般是三种人：

第一种人是建筑业“包工头”。包工头是个比较宽泛的概念，可以包括两类人：一类是大包工头，即独立承包某项小工程的经营负责人，通常被称为“老板”；另一类是小包工头，即在某个包工队的工程中分包某一方面施工作业的负责人，通常被称为“带班”。一般来说，小包工头的工程项目本身没有独立性，但核算、用工、工资是相对独立的。在用工上，大小包工头的共同特点都是自己组织人力，一般首先从自己的家乡招人，在那些重要的岗位往往都是用自己亲近的人，在特殊情况下才使用非同乡人或街上的散工，没有任何招工手续，也不需登记或签订劳动合同，在这个领域，“流动领袖”与追随流动者的关系主要是一种雇佣关系。

第二种人是工业企业的招工“经纪人”。他们没有劳务中介“执照”，但属于比较专业的劳务中介者。他们主要是为城市或发达地区工厂到不发达农村招工，通过收取求职者的中介费来获得收益。收费方式有两种：一种人是一次性收中介费100元至300元，另一种是从求职者的月工资中按月扣取，一般为工资额的5%—8%。如上海的一家纺织厂，300名外来妹分属于4名这第二种“经纪人”。他们与求职者的关系是一种商业化的就业服务关系。一部分经纪人的作用正在扩展，有的工厂每月向经纪人交一定量的管理费，外来工的管理工作都交由经纪人来负责，工伤事故、劳资纠纷等都由经纪人出面解决。

第三种人是自然形成的流动带头人。这些人既非包工头，也非经纪人，而是由于流动经验丰富、社会联系较多、善于处理协调事情，或者在本村中辈分威望较高等因素，自然而然地成为带领其他人外出就业的“领袖”人物。在流动生活中，他们受到其他流动者的信赖拥戴，对特定流动群体的行为选择具有较大影响，在某些情况下甚至起决定性作用。

3. 自组织外出的核心纽带——亲缘关系

在调查样本中，有38.6%的人曾经带出过其他人。在曾经带出过其他人的264人（见表3），带出3人或3人以下的占44.9%，带出过4至10人的占34.1%，带出过11至30人的占10.7%，带出过30人以上的占10.3%。最多的带出过300人。

表3 自组织带出人数情况

带出人数	≤3	4—10	11—30	≥30
百分比（%）	44.9	34.1	10.7	10.3

人际关系网络包括多种关系类型，如邻里的、同乡的、朋友的、同学的、同事的、家族的，等等。我们发现，带动流动扩展的核心纽带是包括血缘和姻缘两种类型的亲缘关系。主要表现是，对于那些拥有较多外出就业资源的人来说，他首先带领或介绍外出的是与自己有某种亲缘关系的人。如城里的市民首先介绍农村与自己有亲缘关系的人外出，已经外出的农村人首先带领本人的各类亲属外出。所以，自组织外出在形态上十分显著的特点是家族性，如兄弟相带，表兄弟相带，堂姐妹相带，姐夫与内弟相带，等等。一般来说，只有这种亲缘圈中可以外出的人大体上都外出了，才会扩展到带领或介绍其他人外出。我们把这种自组织外出的结构与顺序特点称为“差序”性。

为什么会出现这种差序性？个案访谈显示的原因主要有三方面：（1）利益分配因素。对于流动就业者来说，外出机会首先是一种利益机会，优先介绍什么人外出有利益分配的性质。所以，拥有外出就业资源者往往首先把这种机会给予与自己关系较亲近的人，尤其是家族集团成员。(2)风险责任因素。先期外出者带动或介绍出一个人，往往意味着帮助他安排好工作生活的责任，甚至和他一起承担某些风险。人们一般只愿意为其有亲缘关系的人承担这样的责任和风险。(3)监督管理因素。具有较近亲缘关系的人，一般彼此了解，也能较好的相互信任，可以减小监督管理上的难度。比如某个纺织厂打工妹被问到为什么要先带出她的两个表妹时，她说："别人信不过，我了解她们，不会给工厂惹麻烦。"

4. 自组织外出的人口特征

我们发现，自组织对于流动者素质方面的要求具有很高的包容性，即不同年龄不同文化程度的人往往都可以通过自组织形式实现外出。有不到法定劳动年龄的孩子，也有年过花甲的老人；有高中甚至相当于大专文化者，也有文盲；有身强力壮者，也有身体孱弱者。

"有组织"和"无组织"两种外出方式对于外出者本人的条件素质则有较强的规定性。"有组织"外出的条件素质要求是外在的，一般都规定必须有多高文化，年龄必须在多少岁之间，有时甚至规定身高。无组织的素质要求则是完全内在的，一方面是探索开拓精神，另一方面是体质技能，甚至拥有的资本数量。数据显示，那些"无人帮助自己闯荡"的，80.0%属男性，65.9%年龄在20—30岁之间，50.7%属于自身有技能者。

二、再流动的方式特征

再流动是指第一次外出后的流动就业活动，既包括在外地变换从业单位或场所地点，也包括失去原有工作短期回乡后再外出寻找就业机会的。

数据分析显示，再流动的发生频率是较高的（见表4）。1992年外出者中没有变换过工作的占42.7%，变换过1次工作的30.3%，变换过2次的16.9%，变换过3次的2.2%，变换过4次及以上的7.9%；1993年外出者中，没有变换过工作的52.0%，变换过1次的23.0%，变换过2次的14.0%，变换过3次的7.0%，变换过4次及以上的4.0%。近一年之内没有变换过工作的占73.9%，变换过工作的占26.1%，其中4.4%的人变动过3次以上。在雇工群体中，有26.8%的人没有变换过工作单位，73.2%的人变换过工作单位，其中变换过1次的占17.4%，变换过2次的占23.1%，变换过3次到4次的占25.0%，变换过5次以上的占7.7%，最多的变换过9次。

表4　流动就业人员变换工作情况（%）

变换次数 / 外出年份	0	1	2	3	4次及以上
1992	42.7	30.3	16.9	2.2	7.9
1993	52.0	23.0	14.0	7.0	4.0

1. 影响再流动的因素

首先是权益受损。包括克扣拖欠工资、工时过长、劳动条件过差，甚至人身权利受到侵犯等。在雇工和有雇工经历的人当中，40.8%的人遇到过克扣拖欠工资情况，有一些人甚至工作几个月分文不得。18.59%的人有过集体罢工或辞工经历。如果不仅考虑“集体”形式的罢工辞工，个人的辞工罢工情况则更多。流动就业者在遇到劳资纠纷、感受到不公平时，首先考虑的往往不是通过各种正式渠道去交涉，而是辞工，即“退出”。实际上，“退出”是他们的一种很软弱的自我保护手段。

其次是比较利益驱动。当一个单位比另一个单位工资更高，一个领域比另一个领域获利更多，或一个城市比另一个城市就业机会更好时，如果本人具备条件，便会伺机流动。因为他们没有“调动”的程序问题，不需户口档案关系，流动仅仅是一种利益考虑，所以再流动的随意性较大。

再次是地位提高的驱动。通常的说法，是从“蓝领”向“白领”的流动。这是一种数量很少的流动。一些文化程度较高的“打工者”一边工作一边进修，创造条件，寻找机会进入“白领”行列。调查中遇到的拥有大专学历者，都是在外出就业过程中自学取得的。

2. 再流动的发生机制

再流动的发生机制与初次流动有明显不同。原有地缘亲缘基础上的人际关系网络仍在发挥重要作用。但是，新的组织机制开始形成。

首先，新的业缘关系网络成为实现再流动的重要组织纽带。外出者在异地就业活动中结成了新的业缘基础上的人际关系系统，他们较多地通过这个系统获得外部就业信息，寻找新的就业机会。调查发现，一些企业的打工者“跳槽”往往是连锁性的，只要其中的一个先到一个新单位，往往就把原来的同事们一个个都介绍过去。

其次，个人独立地利用社会化信息渠道实现再流动。流动者利用地利之便，注意街头招工启事，一些工厂、商店门口的招工牌子，还有大众媒介上的招工广告，等等，通过这些渠道发现适合自己的新岗位。在流入地，特别是在发达农村或城市地区，就业信息传播的现代性提高了，人际关系网络在信息流通中的作用减弱，在再流动中的纽带作用也降低。在这种情况下，影响个人再流动的，主要是流动者本人对于外部就业和发展机会的反应能力，而不是乡村社区内拥有的社会关系资源。

第三，正式就业中介组织的作用更加弱化。我们原来曾经认为，城市或发达地区的就业中介服务相对发达，流动者来到这些地区后进入并利用这一网络的情况也会比来源地较多。但是不然，而是更小。问卷显示，在682个有效回答者中：有490人不知道当地有专门的职业介绍组织，占71. 8%；仅有36人曾经到这种部门寻找过职业，占5.278%。这36人中，其中只有三四人通过这种组织找到了新的工作，也就是说，通过正式就业服务部门成功地实现再就业的不超过2%。调查发现，这些正式就业介绍部门本身有两个特点：一是商业性，介绍成功要收50至100元的中介费，介绍不成功也要收10至30元报名费。二是封闭性，一些政府部门办的中介机构，一般都明确规定只接待外地劳动服务机构联系的批量输入，不接待分散来求职的外来劳动力，理由是为了杜绝盲目流动。这样，那些流动出来以后又失业的外来工就被排斥在政府正式的职业中介机构大门之外了。

3. 回流的影响因素

"回流"是指外出一段时期后又返回家乡并且暂时不计划再外出的情况。

（1）家庭或本人情况变化，如家庭有牵扯，本人结婚生育，年龄增大和体力不济，这些因素是造成回流的主要原因。在沿海，尤其是一些劳动密集型的加工企业，打工妹的复员、建筑企业工人的复员，都属这种情况。

（2）就业失败。外出找工作不成，不得不返回家乡。据河南省有关部门在全省30个村抽样调查，这种回流占外出总人数的4%。也有的是工作一段时间后失业再就业无路，或者对新的异地工作生活环境无法适应，不得不返回家乡。

（3）政府管理措施的影响，一些城市对外来人口的控制阶段性趋紧，有时用行政力量清理遣返，导致一部分证件不全或者就业不稳定的人返回家乡。如北京为召开第四次世界妇女大会实行清退，使不少外地人离京。

（4）农业生产比较利益变化。如粮食或其他农产品价格变化影响部分人的流动决策。当粮价提高、耕地经营的比较效益较好时，会引起部分人返乡。去年夏天，我们在内蒙古巴盟临河市乌兰乡调查。这个乡1994年外出550人，1995年回来70人，问其原因，回答是粮价提高，种粮有可为。

（5）个人进一步发展的需要。一部分外出就业者在积累了一定的资金、技术或者管理才能后，认为在家乡更有利于开拓发展自己的事业，于是选择了回乡创业。

三、流动者的组织化需求

近几年来，政府的“组织化”努力主要体现在两个方面：一是尽力扩大“有组织”的输出份额。从一些地方来看，通过这种正式组织渠道外出的劳动力在绝对量上有较明显增长，但比起急剧扩张的劳动力流动大潮来，其相对份额并无扩大。二是推出了一些管理控制办法，主要是证件发放办法。第一阶段是在局部地区规定劳动力外出要在家乡办理外出务工许可证、婚育证，在就业地办理务工证或做工证。第二阶段（1994年末开始）是由劳动部统一规定跨省流动劳动力要在原地办理外出就业登记卡，在就业地办理外来人员就业证，证卡合一称流动就业证制度。另外，还有一些其他限制办法，如要求60%的民工留在就业地过春节，规定企业在春节后一个月内不准招工等。

样本数据显示，关于正在实行的务工证办法：15.5%的人从家乡办理了外出务工证，24.5%的人在就业地办理了务工证。关于新公布的流动就业证管理体制：34%的人表示“知道”，66.0%的表示“不知道”；关于要求春节期间尽量不回家：43.2% 的表示知道，56.8% 的表示不知道；关于要求企业春节内一个月不招工：20.1% 人表示知道，79.9% 的人表示不知道（见表 5）。由此可见，尽管传媒的宣传是极为广泛的，但并不为多数流动就业者所知晓。基本原因在于，流动农民作为一个边缘性社会群体，不论是和城市社会还是农村社会，都有相当程度的分割性，政府政策信息的传播自然也会发生较严重的阻滞。

表 5　几项管理措施的实施情况（%）

	知道此项要求吗?		如知，您认为起作用吗?				您认为合理吗?		
	是	否	作用大	作用小	没作用	说不清	合理	不合理	说不清
要求一	43.2	56.8	27.5	36.6	20.6	15.3	27.9	39.2	32.8
要求二	20.1	79.9	24.2	35.5	23.5	16.9	20.3	31.5	48.3
要求三	34	66					46	11.3	42.8

说明：要求一是指要求 60% 的民工春节期间不回家过年；
要求二是指要求所有用人单位在春节后一个月内不招工；
要求三是指农村劳动力跨省就业要实行流动就业证（卡）制度。

农民对于政府的“组织化”需求，根源于两种强烈的冲动：一是希望通过政府的“组织化”措施降低流动本身的成本；二是希望通过政府的“组织化”措施来确定流动本身的“合法性”。

谈到当前实行的流动就业证卡制度，尽管有多数人不知道，但在向他们解释了以后，有 46% 的人认为这样的规定是有道理的，11.3% 的人认为没有道理，42.8% 认为说不清是否有道理。上述三种回答，实际上是三种理解和态度：第一种认为，有证卡是一种保护，在外地就不必担心被驱赶了；第二种认为，搞证卡阻碍流动自由，对农民是不公平的，市民、工人、知识分子外出都不规定办证，为什么要单单管理限制农民；第三种认为，不知道证卡是怎么办理，所以无法回答是否合理。但是，大多数有过办证经历的农民反映，办证卡“收费太高”。从原地外出务工证的收费来看，46.3% 的办证人交费在 20 元以下，31.3% 的人交费在 21 至 50 元之间，19.4% 的人交费在 51 至 200 元，平均收费 66 元（见表 6）。新推行的“卡”、“证”合一办法，比原来地区性务工证管理要严密，但是收费也更高了。在北京，课题组负责人曾亲自带数名民工在他们家乡省的办事处办卡。河南、安徽等省的劳务输出管理部门在北京为本省民工办理外出就业登记卡，每卡收费 80 元。据在北京办理流动就业证的民工介绍，低者交 60 元，高者交 250 元。在这种高价“证卡”面前，外出农民的反应是不一样的，多数人不予理睬，得逃且逃，少数人担心被罚，咬牙交费，还有个别人，既没钱办证，又不敢混下去，只有返回家乡。

表 6　务工证年收费情况

收费情况（元） 百分比（%）	20 以下	21—50	51—200	200 以上
原籍	46.3	31.3	19.4	3.0
就业地	39.4	25.8	18.1	16.7

现在，流动就业“证”、“卡”办法正在作为政府“组织化”努力的基本措施在推行。暂时来看，可能使一小部分农民停止外出，从而减少参与流动的农民总量。但是，必须清醒地看到它存在的问题。第一，“规定”本身的问题是没有就管理部门的收费标准做出规定，为管理行为的商业化开了方便之门。第二，由于是对劳动者流动择业行为的微观管制，显然不是市场经济条件下应当采取的管理办法。市场经济的基本条件是要素自由流动。如果说在经济体制转轨、人口流动大量发生时期有其存在的合理性，但长远来看不应当成为一种体制

性措施。第三，由于不承认流动本身创造就业机会，也不承认自发的流动本质上是合理的，它本身内含的理论方法是机械的。“规定”要求所有的外出者都要先证明自己明确的工作机会，然后才准予外出，殊不知流动本身就能够创造就业。

（1995 年 9 月）

1.4 流动与乡村经济[①]

一、问题的提出

农村劳动力流动蓬勃兴起以来，较早也较多展开的是流入地的研究，流出地的研究则明显滞后。这是不难理解的，因为流动最初作为社会问题是从流入地凸显出来的。在流入地，大量外来人口的涌入产生了广泛复杂的社会震荡，原有社会生活和管理秩序受到冲击。研究者应时顺势而动，调研自然也首先由此开始。

20 世纪 80 年代末 90 年代初的一些实地研究，基本上都是在作为流入地的大中城市和经济发达的开放地区进行的，调查的规模很小，方法也不够规范。自 1993 年开始，国内有关单位开始着手较具规模的流出地调查。这几项调查有力地填补了当时研究领域的主要空缺，产生了很好的社会反响。但不足的是，这些调查所解决的仅仅是外出就业的劳动力数量、规模变迁、人口特征、收入水平、流动方式等问题，属于研究起步阶段必须掌握的基本状况，而对于一些更具深度的专门问题则无力探究。在关于流出地的研究中，几年来，一个反复被人们提及并争论，但是一直未能进行专门调查分析的问题是，劳动力流动和乡村经济发展有怎样的相互关系，具体说

① 本文原题为《劳动力流出与乡村经济——河南省夏邑县农户抽样调查分析》，系赵树凯与美国斯坦福大学丹尼斯·海尔博士（Dr. Denise Hare）合作完成。实地调查于 1995 年 10 月进行，得到河南夏邑县委书记丁巍先生支持。

来，流动作为农户发展自身经济的一项战略性选择，受到哪些因素的影响，劳动力流动怎样影响农户在流出地的经济行为，这些影响的条件、机制和绩效如何。许多人在思考这样的问题，因而这个问题便成为本项研究的立题初衷和主体内容所在。

70年代，国外的一些研究就专门分析过劳动力流动对于流出地发展具有积极而明显的影响，他们的主要解释是，劳动力外出缓解了本地劳动力剩余所形成的社会经济压力，还为本地积累了发展资本，也减少了地区内部和地区之间的收入差距。但是，后来的一些研究则提出了恰恰相反的观点。饶有兴趣的是，这样两种显然对立的结论，在中国近年的劳动力流动研究中也出现了。1996年6月，“中国农村劳动力流动国际研讨会”在北京召开，这是这个领域迄今为止在国内召开的规模最大、实地调查背景最深厚、与会专家最广泛的一次会议。在这次会上，上述两种不同的研究发现，为国内不同的课题组所支持。每一种观点都以一定规模实地调查为基础。当然，后者同样并非主流派观点。我们的这项研究，一方面力图评价劳动力流动对农户的一些重要经济活动的影响，另一方面也注重分析流动与流出地经济发展的相互作用。本报告所要分析的主要问题是：社区经济发展水平与农户劳动力流动决策的关系，劳动力流动对于农户收入的影响，流动经历对于劳动力自身收入活动的影响。我们尤其感兴趣的是，流出地社区的经济条件怎样影响农户的流动决策，以及农户的劳动力外出怎样影响流出地社区的经济增长及结构变化。

本报告依托的主要是在河南省夏邑县的调查资料。1995年10月，课题组组织11名调查员在这个县进行了为期3周的问卷调查。调查点选在地理区位距县城远、中、近不同，农民收入高、中、低不同的3个乡，每个乡又选择农民人均纯收入中上和中下的两个村，每个村按随机方法抽出50户作为调查样本户。调查期间，正值中原农村的秋收秋种时节，大量外出劳动力短期回乡帮助农忙，调查人员有条件对他们进行结构式或非结构式的访问。这就使得调查有可能得到包括流动者本人在内的被调查农户的丰富资料。

调查发现，即使在同一个县域之内，不同乡镇的劳动力流动也呈现明显的特征差异。不仅如此，劳动力外出对于农户经济活动的影响，也有较明显的差异。分析表明，虽然劳动力流动一方面为农户增加收入提供了重要机会，但是，流动并没有成为改变流出地社区经济结构的替代品，对流出地非农业经济成长的直接刺激效果，并没有显现出来，至少目前还没有显现出来。在此基础上，如果继续探讨流动与流出地乡村发展的关系，那么，析关的政策问题讨论就很有意义。

二、调查地社区特征

夏邑是卓越的历史文化名人孔子的故乡。史称，孔子曾祖一代从属宋国的夏邑迁移至属鲁国的曲阜附近的泗水。夏邑距曲阜大约有 200 公里之遥，孔子中年时曾回乡祭祖。至今，夏邑的刘店乡还有“孔子还乡祠”遗址。

夏邑县位于河南省中部之东边陲，陇海铁路南侧。从大的地理方位来看，夏邑处于河南、安徽、山东，江苏四省交界地区，东面直接与安徽省的亳州、萧县、濉溪等县市接壤，与山东的单县、曹县，江苏的沛县、铜山等县虽不接壤，亦不过几十公里。历史上，夏邑作为经济发达的中原地区的组成部分之一，曾有过长时期的繁荣，但自宋朝以来，水涝之灾频繁，土地盐碱化加剧，尤以黄河泛滥贻害为甚，从北宋初年至民国末年的一千余年中，有记载的大水灾就有 160 余次。水灾过后，旱蝗迭至，疫病流行，旧志中多有“岁大饥”、“人相食”、“饿殍遍野”的记录。与此同时，历史上的中原战乱也多横扫此地，宋代的北方民族入侵，元代的蒙古人南下，明代李自成起义，清代的太平军和捻军起义，乃至20世纪20—30年代的军阀混战，均对这一地区社会经济产生过直接而强烈的冲击。著名的捻军领袖王贯三即夏邑县人。在这样的历史条件下，包括夏邑在内的整个四省交界地区都有丰富的人口流动传统。每逢兵荒战乱，流民风起，或四散逃生，或聚众为寇，即使在正常年景下，也有大量青壮年外出打短工。由于四省交会，社会控制上多有疏漏，盗匪多发，本地区的治安管理使历代官府都深感棘手。因此，这一带的农民与中国的传统农民在谋生行为和观念上多有不同，突出的一点是他们的安土重迁情结并不浓重。

现代夏邑是一个典型的经济欠发达的农业地区。改革开放之初的1979年，全县农民人均纯收入只有97.5元，这远远低于160.17元的全国平均水平。直到1994年，夏邑虽然不是国家级的贫困县，但仍然是省级的重点扶贫县。从总体经济水平来看，河南省在全国处于中等偏下水平，夏邑县在河南省也处于中等偏下的水平。1995年，全国农民人均纯收入1577.74元，河南省农民人均纯收入是1231.97元，夏邑县农民人均纯收入是1120元。1995年，河南省人均GDP是3312.8元，夏邑县的人均GDP只有2574元。夏邑经济以农业为主，1995年全县的农业GDP即占54%，全县的非农业人口不到5%，农业劳动力占总劳动力的7%。全县的工业企业大都集中在县城，主要是一些小型的建筑材料企业和白酒厂。

从更大范围来看，在资源禀赋、自然风貌、经济条件和人文传统等方面，包括夏邑在内的河南豫东地区、山东鲁西南地区、安徽淮北地区和江苏苏北地区多有相似。基本的共同点是，属于不发达的农业区，人口密度很高，历史上天灾和人祸俱多，即使在改革以来的这十几年间，其经济发展和社会进步的进度仍然偏慢，与东部发达地区的差距呈扩大之势。所以，我们认为，在夏邑的调查，对于研究整个四省交会地带改革开放以来的农村劳动力流动与乡村发展的关系都有一定程度的典型意义。

本次调查在夏邑县的曹集乡、中峰乡和车站镇的各两个村进行。这6个村的资源状况相差较大。（见表1）

表1　被调查村情况

		人口情况（人）		耕地情况		离公共设施距离（公里）		
		总人口	劳动力	面积（公顷）	中等以上土地（%）	离乡镇	离县城	离汽车站
曹集乡	许堤口	1364	721	99.9	33	5	5	5
	彭楼	1136	600	102.4	93	1.5	7	4.5
中峰乡	吴楼	1224	805	150.7	35	2	24	1
	王营	1173	548	132.7	50	3	25	1.5
车站镇	火神阁	939	631	84.7	39	6	18	2
	秦楼	1564	802	98.8	100	2	18	0

曹集乡的许堤口村和彭楼村均靠近县城。许堤口村劳动力资源丰富，但耕地资源较少，在全部6个样本村中，该村的人均耕地除秦楼外是最少的；彭楼村的耕地资源较丰富，土地质量也较高。这两个村都靠近县城，但彭楼距县城更近一些。彭楼村到县城有柏油路，交通较方便，许堤口村则没有。曹集乡所在地没有汽车站，彭楼村离最近的汽车站大约有4.5公里，许堤口村的居民乘车则要到大约5公里外的县城汽车站去。

中峰乡的吴楼村和王营村离县城大约有20公里。中峰是离县城最远的一个乡，与同属商丘地区的虞城县接壤，乡内没有县级以上的柏油公路，也不通火车。从人口和土地方面来看，吴楼村人口比王营村多，但王营村的土质稍好。两个村都靠近乡所在地，分别位于乡所在村的一南一北。从乡驻地到王营村有一条乡政府自修的小柏油路，到吴楼村则没有。虽然这两个村离县城较远，但距离公共汽车站都较近。

最后两个样本村选在全县最发达的车站镇，分别是火神阁村和秦楼村，车站镇位于县内的西北端，横贯中国东西的铁路运输大动脉——陇海线从此经过，并在此设有一车站，该镇故此得名。所有乘火车抵离夏邑的人都要经停此地。因此，对于夏邑的劳动力外出来讲，除了小量的公路运输以外，不论是去往哪个方向的打工者，大都要由此集散。由于火车站的影响，该镇人口流量较大，工商业也比较发达。从人口和土地方面来看，火神阁村是样本村中规模最小的一个，其耕地质量也较差。秦楼则恰恰相反，在 6 个样本村中人口最多，耕地质量也最好。火神阁村距离火车站 6 公里，秦楼只有 2 公里。从县城到车站有一条柏油公路，秦楼村就坐落在公路两侧，交通十分便捷。火神阁村则位于距柏油路 2 公里处的该镇东北角，这 2 公里是一种典型的乡间土路，若逢雨季，来往甚不方便。

在 3 个调查的乡（镇）之间，虽然每个乡（镇）内部的样本村之间有若干很重要的差异，但是，从我们所要探讨的问题来看，乡（镇）与乡（镇）之间的差异比乡（镇）内部的差异更大，也更值得重视。所以，为了避免不必要的混乱，我们在数据分析和问题讨论中把乡镇作为一个独立的单位。

三、流动基本态势

夏邑县的农村劳动力外出规模较大，根据县劳动局提供的数字，1995 年全县外出劳动力总数达到 13 万人次，占全县乡村劳动力总量的 25% 左右。这样庞大的外出就业群体主要是 90 年代后迅速形成的。据估算，1990年外出5万人次，1991年6万人次，1992年9万人次，1994年12.3万人次。从流动范围来看，省内和省外就业者约各占一半，省内主要在豫西、豫北，基本行业是建筑建材和采矿业，以男性为多；省外主要在苏南地区及上海、大连等地，从业者大都集中在轻工、纺织、电子、商饮服务等领域，以女性为多。

夏邑的农村劳动力流出之所以会有如此大的规模，除了历史上本地人即不乏外出谋生传统、客观上县内受本地就业资源约束和县外较发达地区的就业机会拉动以外，尤其重要的因素是政府对于农民外出就业的积极促进。我们两度赴夏邑考察，多次与县领导人交谈。县委书记丁巍反复强调这个观点："夏邑是一个拥有百万之众的人口大县，耕地和物产资源不丰，最称得上丰富的就是劳动力资源。由于二三产业起步晚，基础薄，劳动力的就地产业转移速度较慢。因此，要把劳动力的资源优势转化为经济优势，必须高度重视劳动力的外出就业。通过这种外出就业来增加农民收入，积累发展资本，锤炼各类人才。"所以，几年来，县政府一直把劳动力外出作为发展本县经济的一项大产业来抓，不仅从舆论上号召激励农村劳动力走出去，而且采取了一系列扎实有力的促进流动的措施：1. 向各级组织提出组织劳务输出的"指标"要求，并以此考察一个单位的工作实绩。因此，在夏邑县，不仅劳动服务部门、乡村基层组织在为介绍组织劳务输出奔忙，而且县委政府各职能部门、工会妇联等群众组织也在为此奔忙。在我们调查期间，就亲眼目睹了县党史办、政协办公室的招工和输出现场。2. 探索建立保证流动健康发展的支持体系，直接向外出就业者提供多方面的服务。劳动力外出遇到交通工具方面的约束，县政府就直接出面协调，从机关企事业部门，交通运输部门调集车辆输送；劳动力外出旺季，县的主要领导人多次亲自到火车站、汽车站现场办公；外出人员在异地遇到工伤、工资拖欠等侵权事宜，县政府就责成有关部门派出干部前去解决。有一在南京打工人员无故被雇主打伤，该县派出人员为其提起诉讼，此案使当地媒界大震，轰动石头城。每年，县乡政府有关部门都向外出人员发出几千封联系信，春节期间，乡村组织外出人员开座谈会，沟通信息，了解问题，以便有针对性地开展服务。我们在调查点访谈村民时，反复听到外出人员谈及政府重视劳动力输出并积极帮助解决外出所遇到的种种问题。

夏邑县的农村劳动力外出，社会经济收益相当可观。1995 年以每个外出人员净收入 1000 元计算，全县农民就增加收入 1.3 亿元，使每个农民增加收入 150 元左右。可以想象，如果没有这项收入，当地的农民生活水平将显著下降。与调查点的村干部座谈，他们最有感触的一点是，劳动力外出户的提留统筹费用容易收取，从而省却了许多干部催交和村民拖交甚至拒交引发的矛盾冲突。对于县委和县政府来说，劳动力外出还有更令人深思的社会后果。1994 年，豫东淮北遇到百年未遇的大旱，夏邑全县秋粮减产过半，有的乡村甚至绝产，从收成分析，约有四分之一的农户到冬春季节将出现粮荒。对于政府来说，老百姓的吃饭是件唯此为大的事情，没有饭吃，不仅难谈发展，连稳定也成问题。但灾害已经形成，来年生产不解当务之急。怎么办？县的领导人一方面安排生产和救灾，另一方面下更大的气力抓“劳务输出”。县委书记丁巍提出，要把“劳务输出”作为一条重要温饱之路，用“流动”救灾，在流动中求稳定，求发展。原则就是，全县上上下下想办法抓“劳务”，“有序”要流动，“无序”也要流动，只要能开辟收入机会，不论什么样的流动组织形式都行。结果说明，这是一个非常正确而有效的选择，夏邑县农村通过劳动力流动安然度过了这个黑色的冬季。1995 年秋，我们再度见到县委书记丁巍时，他感慨无限地说，1994 年的秋冬，是一场严峻的考验，县委非常担心，如果不紧紧抓住“劳务输出”这条道，不仅第二年的农业生产安排困难大，社会的稳定也要出问题。从一定意义上说，是劳动力外出就业促进了社会稳定。

本次调查所取得的数据是1994年10月到1995年9月的农户资料。采用随机抽样方法，由调查人持卷访谈303户，取得有效问卷284份。

在全部样本户16—69岁的家庭劳动力中，大约16%的人有过外出就业经历（见表2）。“外出”的含义是，家庭成员在外出就业期间不能居住在村里，或者一半以上的日子不能回村居住。分乡来看，曹集乡的外出者比例最大，车站镇的外出者最少。大多数有外出经历的家庭只有一个劳动力外出。

表2　1995年2—9月各乡人口和农户劳动力流出情况

	16—69岁人口（人）		户数（户）	
	总数	流出	总数	有劳动力流出的户数
曹集乡	220	46	89	41
中峰乡	266	46	98	42
车站镇	257	28	97	23
合计	743	120	284	106

外出者的个人特征（见表3）。车站镇的外出者比较年轻，女性比较多，已婚者较少，受教育程度较高。曹集乡外出者中，已婚者与男性较多。对样本村这些差异的解释，需要将外出者的就业部门、农户经济背景、乡村就业结构等方面情况结合起来加以考虑。就样本总体而言，与非外出的劳动力比较，外出者的基本特点是，年龄较轻，男性较多，受教育程度比较高。这些特性与国内其他调查的发现并无不同。

表 3　流出劳动力人口特征

	平均年龄（岁）		男性比例（%）		已婚比例（%）		平均受教育年限	
	总样本	流出者	总样本	流出者	总样本	流出者	总样本	流出者
曹集乡	36	30	52	98	80	76	4.1	5.7
中峰乡	38	30	52	91	76	54	3.8	5.6
车站镇	36	25	50	82	82	43	4.5	6.0
平均	36.7	28.3	51.3	90.3	79.3	57.7	4.1	5.8

与外出者的个人特征不同，在家庭特征方面，不论是乡（镇）与乡（镇）之间，还是外出农户与非外出农户之间，其家庭特征均没有统一的差异模式（见表 4）。

表 4　外出劳动力的家庭特征

	家庭规模（人）		受赡养者人数（人）		家庭人均耕地（公顷）		家庭人均生产资料价值（元）	
	总样本	流出者	总样本	流出者	总样本	流出者	总样本	流出者
曹集乡	3.9	4.2	1.4	1.6	0.153	0.16	785	752
中峰乡	4.2	4.2	1.5	1.3	0.16	0.147	799	759
车站镇	4.5	4.5	1.8	1.2	0.147	0.133	1037	460
平均	4.2	4.3	1.6	1.4	0.153	0.147	873.7	657

也就是说，从样本分析中，我们很难总结出外出者与非外出者在家庭方面的规律性差异。一般而言，发生劳动力外出行为的家庭背景是十分富于变化的，较贫穷家庭会发生，较富裕家庭也会发生，劳动力较多的家庭会发生，劳动力较少的家庭也会发生。人均耕地因素对外出的影响也看不出来。值得注意的是，与其他乡的外出者相比较，车站镇外出者的财产积累程度较低。中峰乡和曹集乡的外出者扣除各种消费之后净收入都在 750 元以上，而车站镇的外出者只有 460 元。我们认为，可能的解释是，除了他们的平均工资较低以外，更重

要的有两点：1. 车站镇的外出者家庭经济条件较好，对于外出者收入的依赖性较小，外出者不重视积蓄收入以支持家用；2. 车站镇的外出者更年轻且具有较高文化，其消费观念也更具现代性，异地花费所占收入比例较高。

外出者平均在外工作时间为 74 天（见表 5）。这只能是一个下限的估计，因为样本中还有相当一部分外出劳动力仍然在外，而这部分人的平均在外时间显然要更长。在三个乡（镇）中，车站镇的外出者工资最低，但大多数离家前就联系好了工作。更值得注意的是，其他两个乡的外出者从事建筑业的比例较大，而车站镇只占 25%。车站镇的外出者主要从事制造业和采矿业，其次是饮食和服务业。可能的解释是，车站镇的外出者由于拥有较好的家庭条件，迫于生计原因而外出的较少，因而能够接受较低的工资，但是他们对于就业位置的选择性较强，大多数不从事最苦最累的建筑业。由于他们的外出决策比较从容，所以外出的盲目性最少，大多数离家前就找好了工作。

表 5 1995 年 2—9 月外出劳动力就业情况

		曹集乡	中峰乡	车站镇	平均
平均外出就业天数（天）		73	73	75	73.7
月工资（元）		369	327	261	319
河南省内人员就业比例（%）		41	15	44	33.3
外出前有工作的人员比例（%）		86	74	100	86.7
就业行业（%）	建筑业	80	58	25	54.3
	制造、采矿业	13	23	39	25
	饮食服务业	4	7	21	10.7
	其他	2	12	14	9.3

续表

		曹集乡	中峰乡	车站镇	平均
外出就业时间（%）	不到 1 年	50	72	50	57.3
	1—2 年	28	19	32	26.3
	3—4 年	13	7	4	8
	5 年以上	9	2	14	8.3

曹集乡外出者的突出特点是大都集中于建筑业，占 80%，而且平均工资最高。中峰乡外出者省内流动的比例最低，只占 15%，但外出前没有联系好工作的比例最高，达 74%。与此相联系的是，转换工作的频率也最高，72% 的人在不到一年内就更换一次工作。车站镇的外出者则是另外一种情况，他们较少从事建筑业，分布的行业比较均匀，而且就业时间最长，转换工作的频率最低。

通过对 3 个乡（镇）社区特征、农户经济背景和与劳动力外出状况的简单描述，我们可以形成一个基本认识，即社区特征对劳动力外出行为产生多方面的影响，既影响外出者的人口构成，如年龄特征、文化程度等，也影响外出者外出决策方式和信息收集是否充分，还影响外出者的就业机会选择如从事的具体行业、收入水平等因素。我们认为，车站镇与其他两个乡在流动表现方面的一系列差异，都是直接与车站镇经济条件与其他两个乡的差异密切联系的。在样本村中，车站镇不论是有劳动力外出家庭还是没有劳动力外出的家庭，其收入和财产水平都显著高于其他两个乡。曹集乡和中峰乡的户均年收入分别是 4307.75 元和 3964.17 元，而车站镇高达 5698.02 元，因而其外出劳动力年龄轻、文化高、外出盲目性小、就业选择性强，在外工作的环境、条件、位置较好，同时，个人收入也较低。对于我们来说，关于社区和家庭状况对于劳动力外出影响的这种判断，除了数据的直接分析以外，也形成于对农户成员的大量开放式访谈。

四、农户收入决定因素与劳动力外出

国外许多学者很重视劳动力迁移所创造的收入对农户总体收入与开支的影响。从形式上看，家庭成员通过外出就业创造的收入包括两部分，即由本人或其他人回家时随身带回的收入和在异地经邮局汇回的收入，在这里，我们通称其为劳动力外出的汇款。20世纪70年代，美国学者的一些研究注意到了外出汇款对于农户收入分配本身潜在的不平等影响，强调这些汇款主要是用于家庭的消费，而不是用于家庭生产经营活动的投资，因此，汇款进入乡村的一般结果乃是加剧了家庭间生活水平现存差异的扩大。80—90年代，一些国外学者则对以上结论提出疑问，他们运用实证方法收集了若干有劳动力外出农户与非外出农户收入支出的数据资料，通过这种微观层面的比较分析，认为劳动力的外出虽然的确增加了部分有外出农户乃至整个乡村对于消费和服务的有效需求，但是，还要看到，这种外出同时也增加了农户对于土地、教育、生产等方面项目的投资。就我们以往在其他一些地方的经验调查而言，我们更认同后者。但是，在整个劳动力迁移研究领域，汇款对于家庭收入分配的影响问题仍然存在着争议。

在本项研究中，我们力图提出并解决一个与汇款作用有关的新问题。问卷设计时，放弃了关于有劳动力外出农户的汇款收入和支出项目的专门问题。相反，我们主要把兴趣放在：对于那些把劳动力外出作为家庭收入增长主要因素并且选择了劳动力外出就业的农户来说，家庭某个成员的外出就业对于整个家庭收入活动有何影响。我们尤其感兴趣的是，与农户选择从事其他收入活动相比较，劳动力外出对于家庭经济活动有什么贡献。为了探讨这个问题，首先，我们要了解包括劳动力外出在内的农户各种经济活动所创造的收入总量及其内部结构，并运用所收集的数据资料分析三个乡镇之间收入结构的差异。其次，为了更好地理解农户为什么要选择其家庭成员外出就业而不是就地从事其他经济活动，我们将探讨农户收入的决定因素。最后，我们将分析在不同的社区之间，如果劳动力不外出而就地从事其他经济活动的劳动报酬是否存在差异。

在问卷中，农户收入是指家庭成员就地从事农业、非农业、劳动力异地务工经商所创造的收入总和，但不包括农户来自非家庭成员的收入，如亲友赠给的现金或实物。做出这种界定的目的是想分析农户在决定如何在各种生产领域中分配其劳动力时，他们所面临的条件抉择。事实上，样本中只有很小一部分农户有来自非家庭成员的收入，而且这种收入的数量极其有限。

在三个被调查乡（镇）中，车站镇的农户收入水平最高（见表6）。这是因为车站镇比其他乡有多方面的优势。

表6　农户收入水平及其来源构成

	农户平均收入（元）	每千元资本创造的收入（元）	农业收入份额（%）		非农业收入份额（%）		汇款收入份额（%）
			种植业	其他	自营就业	雇用就业	
曹集乡	4307.75	1081.89	62	10	5	8	15
中峰乡	3964.17	951.80	72	11	4	3	10
车站镇	5698.02	1314.83	55	26	10	3	6
平均	4656.65	1116.17	63.33	15.67	6.33	4.67	10.33

表6的后5项显示了3个乡（镇）农户总收入的构成。农业收入是指粮食作物收入和其他农业活动收入。在夏邑，粮食作物主要有小麦、玉米等，主要用于农户消费和交售合同定购任务，商品率较低。其他农业活动包括养畜禽、种菜、水果和林木等，产出虽然有一部分

用于自身消费，但主要在市场上出售，商品率较高。非农业收入指在当地非农业部门的自营就业收入和雇佣就业所得的工资性收入。汇款收入指家庭劳动力外出就业所得的收入。

中峰乡农户的平均收入最低，户均3964.17元，来自农业的收入份额最高，达83%，其中粮食收入高达72%。因为中峰乡位于偏远地区，交通不便，非农产业尤欠发达。相反，车站镇农户平均收入最高，户均5698.02元，其农户来自非农业的收入份额较高，为13%；自营就业收入份额也是最高的，达10%。由此可见，从就业部门来说，这个镇的农户从事个体经营者数量最高。车站镇的秦楼村有许多农户都建了塑料大棚，常年种植蔬菜，有些农户直接在镇驻地的自由市场上出售，有些农户则批量地出售给中间商，这也是该镇农户收入中除粮食以外其他农业收入份额最高（26%）的原因。火神阁则有大量农户从事废旧物品收购，是方圆几十里内一个比较有名的“收破烂村”。同秦楼一样，也是得益于区位优势，因为所收物品可以比较方便地运往车站，再由火车运往废品处理加工厂家。曹集乡农户收入中，当地非农就业的份额较高（13%），是因为该乡靠近县城，尤其是许堤口村，有较多的劳动力在县城就业，主要是在各类企业或个体工商户“打工”。与车站镇比较，曹集乡的自营就业者数量较少。

在全部样本中，劳动力外出就业所得收入即汇款占农户家庭总收入的10%。但乡镇之间的差异比较显著，曹集乡的份额最大（15%），车站镇的份额最小（6%），中峰乡居中（10%）。这一发现与我们在前面所分析的每个乡的农户成员外出比例及其工资水平等情况相符合。由此可见，当农户收入水平较低时，劳动力外出的收入在农户收入总量中占据较重要的位置。但是，这一发现不可以极而言之，即认为越是贫困的家庭，其从外出就业中获益越是最大。因为国内外劳动力迁移研究的一般发现显示，最贫穷的家庭并不最倾向于选择劳动力外出。原因在于，迁移是有成本和风险的，而最贫穷家庭承担这种成本和风险（物质方面的成本风险和心理上的成本风险）的能力较弱。在我们的样本中，中等收入水平乡即曹集乡的农户，是劳动力外出收入水平最高的，汇款收入在户总收入中所占份额也最大。这一发现似乎也验证了以往迁移研究的发现，即那些不穷不富的家庭最易于做出成员外出就业的决定。还值得注意的是，一些其他的创收活动也同外出收入水平有关，例如车站镇，由于当地有较多的收入机会，外出对于其农户的吸引力就相对弱小，与此相适应，农户成员对于外出条件的选择性就强，即外出者要求有一份职业声望较高、劳动强度较小的工作。

为了进一步探讨劳动力外出怎样影响农户家庭收入，我们根据调查所取得的农户资料，建立了农户收入决定因素模型，并以此评估样本农户的不同生产要素在每年农户收入中的边际报酬率（见表7）。

表7　影响农户收入的生产要素的边际报酬

	边际报酬（元）
农业劳动日（天）	1.17
当地非农业劳动日（天）	6.16
外出就业日（天）	3.22
最高教育年限（年）	239.13
生产性资产（1000元人民币）	278.51
耕地（1亩）	429.04

模型分析的结果基本上验证了我们的经验判断，最重要的发现是，每个农业劳动日的边际报酬是1.17元，每个当地非农业部门就业劳动日的边际报酬是6.16元，每个外出就业劳动日的边际报酬是3.22元。显然，从农户平均水平来看，在当地非农业部门工作比外

出打工收入要高。也就是说，对于一般农户来说，若只从增加收入的角度出发，如果其劳动力在当地能够进入非农业部门工作，就不会倾向于选择外出。问题在于，既然就地进入非农业部门收入更高，为什么有那么多的劳动力选择外出。基本的解释是，当地非农就业机会太少，或者说，农户劳动力就地进入非农业部门面临许多制约，如缺乏社会关系资源、无力承担资金成本、不具备相应的人力资本存量等。从总体上讲，是当地非农产业的不发达导致大量劳动力外出就业。当然，促进农户成员做出外出选择的不仅是收入因素，也有其他方面的因素，如增加人力资本，还有一些非经济因素，如家庭和社会生活中的矛盾，这些外出成因不属于本报告的讨论范围。

我们对于样本户各种生产要素边际报酬率的评估，没有包括这种边际报酬在不同社区间的差异。在通常情况下，由于地理位置、耕地质量及其他条件的不同，不同乡村的生产要素报酬尤其是劳动力投入的报酬是会有差别的，我们在模型中分析了这一因素。但分析的结果显示，在不同的乡村之间，劳动边际报酬差异并不显著，不超过10%。差异最明显的，仍然是如表7所显示的三种不同类型的劳动活动。

对农户收入决定因素的分析表明：1. 劳动力外出对于家庭收入的贡献份额在村与村之间是迥然不同的，但是，不同乡村之间外出劳动力的边际报酬率基本相等；2. 农业劳动边际报酬率之低说明了样本乡村都存在大量的剩余劳动力，但是，劳动力就地进入非农业部门就业存在种种障碍。由此，我们可以看出农户选择劳动力外出时所表现的清醒的经济理性。这也从另一个角度说明，农户劳动力就地进入二三产业的制约实际上就是乡村经济发展的制约。

五、劳动力外出与农户经济行为

家庭成员的外出就业，首先而且直接影响农户的现实收入水平。与此相联系，更具深度的问题是，这种某个成员的外出就业是否也影响农户在当地的经济活动及收入机会。

一般认为，劳动力外出不仅增加家庭收入，而且有助于农户在流出地提高收入潜力，使农户从而有较强的力量在当地开辟收入来源。当然，从表现形式来看，外出对于农户的这种影响是多样化的。最突出的是汇款的使用方向，正如前面所提到的那样，对于汇款是增加家庭消费抑或支持生产性投资，以及它们相互间的关系，一直存在不同意见。

姑且先不深究汇款的使用方向，在我们看来，应当给予特别重视的是农户成员外出期间的人力资本积累及其转移问题。流动就业使外出者时时面对新机会、新观念和新的社会联系，很自然地导致人力资本存量的增长。这种增长的结果，使得他们不论是在流入地还是在流出地，对于机会的反应能力都比以往有所提高。因此也就具有了更强的创造收入的能力。从更广泛的社会背景来看，当这些外出者返回家乡后，他们所积累的人力资本还会扩散给其他的社区成员，包括他们的新观念、新技术，甚至新的社会网络资源，都可能在家乡得到更大范围的传播。通过这种传播又可以使其他人分享从事新的经济活动的机会。

劳动力外出对农户增加当地收入机会的影响程度，可以由外出对农户在当地从事的各种经济活动的影响程度推断。撇开其他相关因素不谈，如果发现有过劳动力外出经历的农户比没有外出经历的农户具有更多的传统农业以外的经济活动，我们就可以断定原先的劳动力外出对于农户在当地开辟更多收入机会产生了非常积极的作用。当然，一般而言，农户经济活动的更加多样化，可能是劳动力外出导致的资金积累和人力资本积累的结果，也可能是其他一些尚未被认识的因素的结果。劳动力外出与农户经济活动多样化是否存在这种内在的必然联系，是一个很值得加以研究的问题。

全部样本户中，大约50%的农户至少有一个家庭成员曾经外出就业或者正在外出就业（见表8）。我们对“外出就业”的界定是，一年当中持续在外工作1个月以上，年份的区间是1985年至1995年10月。曹集乡农户69%有过外出经历，外出比例最高；车站镇最低，为35%；中峰乡居中，为51%。

表8 各乡镇农户以前的外出经历

	具有外出经历的农户比例（%）	平均外出年限（年）
曹集乡	69	5.85
中峰乡	51	3.40
车站镇	35	4.00
平均	51.67	4.42

样本中有过劳动力外出经历的农户，其平均外出经历是4年多。如表8所示，曹集乡农户外出经历时间最长，为5.85年；中峰乡最短，为3.40年；车站镇居中，为4.00年。但是，农户样本资料显示，自1985年以后，农户外出经历的时间并不是平均分布的，而是不断提高，越往后外出时间越长。大致来讲，1992年以后的农户外出，基本上是大规模而且连续发生的，而1990年以前，劳动力外出在农户总体中则是小规模发生的，也是不连续的。分乡来看，中峰乡虽然其经济状况较差，但外出的时间跨度最短，一个可能的原因是观念和信息问题。曹集乡邻近县城，车站镇位于车站，其农户的观念更具开

放性，也有较好的信息与交通条件，因而较早地发生外出。

劳动力的外出怎样影响一个农户以增加收入为目标的经济活动选择，这是我们在本部分要探讨的核心问题。所有的样本户都从事农业，户户都经营种植业，96% 的农户养牲畜。除了这两项主要活动外，许多农户也从事诸如种菜、种树、经营果园等活动。还有一部分在当地从事一些非农业经济活动，包括小商业服务业、手工业，如开小商店、摆摊、收废品、当木工瓦工等。另有一部分农户的成员在当地的集体或私营企业工作。

运用 Mul-Logit 模型，我们试图评估劳动力外出作为一种经济机制，通过促进农户家庭资金积累和人力资本积累进而促进农户在当地的农业和非农业经济活动多样化影响程度（见表 9）。

表 9　农户在当地参与农业和非农业活动的概率（%）

	条件概率		无条件概率	
	蔬菜、水果及林木种植	当地非农业活动	蔬菜、水果及林木种植	当地非农业活动
没有外出经历	29	35	27	37
有外出经历	22	17	23	17

说明：条件概率估计值根据回归结果而得；无条件概率估计值由农户调查资料而得。

为了区分先前的外出经历和后来的外出经历对于农户经济活动可能产生的不同影响，我们将农户区分为 3 种不同的类型：1. 指那些除了从事种植业和畜牧业活动以外，在当地没有从事其他经济活动的农户；2. 指那些只是扩大了农业活动（如蔬菜、水果、林木种植），但没有从事非农业活动的农户；3. 指那些在当地从事非农经济活动的农户。全部样本 284 户，其中 136 户属于第一类，70 户属于第二类，78 户属于第三类。

一个比较重要的发现是，早期的外出经历对于农户扩大在当地的生产经营活动的可能性不仅没有积极作用，而且还有消极影响。如果其他方面情况相同，有劳动力外出的农户种植经济作物的概率下降了7个百分点，与此同时，劳动力外出对于农户扩大在当地的非农业活动的负面影响更大，概率下降了18个百分点。这些分析结果说明，劳动力外出也许会阻碍而不是扩大农户在当地的经济活动。但是，十分重要的是，原先的外出经历与当前的外出状况高度相关，这两者确定的偏相关系数是0.74。对于一个农户来说，过去的外出经历对于劳动力继续外出具有较大的积极影响。

如前所述，3个乡镇的经济状况不同，劳动力外出特征差异也很大，因而我们就考虑到，劳动力外出对于3个乡镇农户生产活动产生的影响是否也不相同，具体情况见表10。

表10　乡镇经济状况影响农户参与非农业活动的概率（%）

		条件概率		无条件概率	
		蔬菜、水果及林木种植	当地非农业活动	蔬菜、水果及林木种植	当地非农业活动
曹集乡	没有外出经历	15	31	14	29
	有外出经历	19	27	20	26
中峰乡	没有外出经历	15	26	15	27
	有外出经历	10	10	10	12
车站镇	没有外出经历	47	42	41	49
	有外出经历	46	12	47	12

说明：条件概率估计值根据回归结果而得，无条件概率估计值由农户调查资料而得。

虽然劳动力外出经历对农户参与副业活动产生消极影响，但是，很明显，外出在不同社区产生的边际效益也是不同的。我们发现，在曹集乡，劳动力外出对于农户的商品粮生产有积极影响，原来有外出经历的农户从事商品粮生产的概率提高了4个百分点。另外，劳动力外出对于农户扩大非农业活动的消极影响也比较小，其概率降低了4个百分点。在中峰乡，影响模式与全部样本相似，但外出就业对农户重要经济活动扩大的影响都相当低。车站镇的农户显然最有可能使当地的经济活动多样化，包括商品粮生产和非农业活动，但车站镇的劳动力外出的经历似乎对农户从事商品粮生产的决定没有产生任何影响。但是，外出好像对农户扩大在当地的非农业活动产生了较大的消极作用，分析显示，没有劳动力外出经历的农户在当地从事非农业活动的概率最大，达42%，有过劳动力外出经历的农户在当地从事非农业活动的概率很低，为12%。

样本分析的结果表明，关于劳动力外出促进农户在当地从事多种经营活动的一般假设是不成立的。也就是说，夏邑调查的样本分析告诉我们，劳动力的外出还没有起到扩大当地农户经济活动的作用，尤其是没有直接推动当地的农户非农产业发展，不仅如此，由于大量劳动力的经济活动主要发生在社区外，反而对当地非农产业发展有一定的负面影响。需要指出的是，这种判断是有条件的。

1. 时间条件。即某个农户的劳动力外出是否最终导致农户经济活动尤其是非农业活动在广度和深度方面得以拓展，一个乡村的劳动力外出是否能在较明显的程度上启动或加快一个乡村的经济非农化进程，需要一个比较长的时间过程。从我们调查的样本乡村来看，既没有获得数据分析上的积极支持，也没有看到大量的有积极支持意义的经验事实。但是，从更长时间跨度来看，也许会出现积极支持的事实。因为，对一个农户甚至一个乡村来说，初期的外出可能有较大的为生活奔忙的成分，而随着时间的推移，资金和人力资本得到积累，这很可能导致他们在当地非农业经济活动的扩大。这样的案例，我们在夏邑调查过程中有所见闻。在另外的一些流出地，如四川，已经出现了外出劳动力回来兴办二三产业的较大势头，如有的乡镇，整条街上的门店大都是外出回来的人开办的，被当地政府称为“创业一条街”。在他们看来，外出不再是为了生活，更多是为了创业。因此，判断劳动力流出对流出地社区经济尤其是对非农业产业的影响，还应当考虑一个时间的因素，应当看作是一个历史的过程，而不是只从某几年内的现象分析出发。

2. 社区发展条件。本次调查的三个样本乡镇的发展状况不同，劳动力外出对农户经济行为的影响也不同。在车站镇，劳动力外出对农户扩大商品粮生产没有什么影响，对农户从事当地非农业活动有较大的负面影响。重要原因是，车站镇的经济较发达，当地的非农业从业人员较多，外出者多以较年轻的人为主，他们首先推崇的是到外地发展，而不是像其他外出者那样，要为家庭生计考虑，回家乡发展。在曹集乡，外出对农户的商品粮生产则有一定的积极影响，对就地扩大非农产业有较小的负面作用。重要的原因是，曹集乡经济不发达，但靠近县城，有一部分外出者有条件回到县城从事非农业活动。在中峰乡，由于地理位置的偏远，离开传统农业扩大其他产业的可能性最低，因而，劳动力外出对扩大非农产业具有负面影响。由于农户在当地进入非农业部门或者扩大农业生产受到种种制约，或者说绝大多数农户还不具备在当地实现经济活动多样化的条件，所以，只有反复选择外出，外出也由此成为农户的重要经济战略。

六、主要启示及政策意义

资料分析表明，即使在一个县的范围之内，劳动力流出的特征表现以及这种流出与乡村经济的相互影响也是多有差异的。这些差异的存在提醒我们，研究劳动力流动与流出地社会经济发展的相互关系，尤其是在较大区域范围内研究这个问题时，必须极其审慎地做出判断。因此，尽管本次调查所选择的夏邑县，作为欠发达的传统农区在中国中部乃至西部有相当程度的典型性，但是，这并不意味着本次研究的所有发现都有推断其他地区的意义。

我们认为，本项研究中富有启发意义的发现主要是以下几方面：

1. 劳动力异地经济活动的边际报酬，显著高于当地务农，远远低于就地非农业部门就业。这个判断比以往的一些关于流出地的研究有所深入，不再将外出原因的讨论局限于城乡收入差距、发达和不发达地区收入差距的层面上。这个判断隐含的提示是，对于大多数外出劳动力来说，如果有条件不出家门，就地进入二三产业，他们就不会选择外出。现实生活中，也确有大量的外出民工在接受访谈时这样解释他们的外出。进一步来看，一个耐人寻味的问题是，为什么外出的收入要明显低于就地进入非农业部门的收入？在人们通常看来，外出是收入最高的。我们在开放式访谈中获得的解释是：（1）异地就业中发生的各种费用比较高，从交通到食宿，直至办理各种手续，应付各种意外，可称高成本；（2）作为以工资性收入为主的流出地，外出劳动力中欠发、减发工资的问题既普遍且严重。根据我们在调查点村召开的外出打工人员（建筑建材业为主）座谈会上所获得的情况，总体而言，外出者实际只能拿到应得工资（与用人方协议工资或用人方已经承诺给付的工资）的三分之二左右。这种情况与城镇职工中存在的拖欠工资有很大不同，城镇职工更多是由于企业生产经营困难、效益低下造成的，而民工则更多是用人方面无故克扣，甚至欺诈，主要是劳动者合法取得劳动报酬的权益被侵犯，由此从中衍生出许多非经济性质的社会后果。因此，不论是流入地政府还是流出地政府，不论是从维护民工权益的角度还是从维护社会稳定的角度出发，都应当为解决这个问题做出进一步的切实努力。

2. 劳动力外出对于农业生产并无明显消极影响，相反，在部分乡村（如曹集乡），劳动力的外出还有益于农户扩大农业生产活动，特别是粮食生产。这个发现再一次有力地回击了舆论方面一些人对于劳动力外出误了种地的指责。在某些地方，确有与劳动力外出现象同时发生的撂荒或粗放经营现象，但是，就中国的农业和农村来看，在更大范围内，农业劳动力的边际报酬几近于零，土地上劳动力不是太少，而是太多，因而指责只是显示了眼光的褊狭。相反，一个值得特别注意的问题是，在以农业为主要经济成分的传统农区，农业生产情势对于劳动力外出的直接影响。这些影响因素主要有两方面，即政策因素（通过主要农产品及其投入品价格反映出来）和自然因素（主要是旱涝气候原因）。经验式调查发现，当政策因素决定的农业生产比较利益过低时，特别是当自然因素引起农业生产剧烈衰减时，乡村劳动力的过度外出也就应运而生了。1994 年夏秋季节中因大旱发生的大量流动即属此类情况。这种情况下的劳动力外出孕育了较多的社会经济矛盾，应当是政府倍加关注的。

3. 劳动力外出对于农户扩大在当地非农业部门的经济活动没有积极影响，相反，在多数乡村存在一定的负面作用。这个发现与通常的经验判断相吻合，即劳动力既然外出开辟了现成的非农就业机会，在一般情况下也就不会轻易回到家乡再开辟新的就业机会，至少在积累一定的资金、人力资本之前不会回来。外出劳动力主要分化为两类：一类是大多数，即拥有一个比较稳定但并无多大发展的收入机会，或者在外干下去，或者回来务工务农；一类是极少数，即有条件有能力谋求更大发展，如从打工仔到企业家，或者在异地发展，或者回家乡发展。实际上，能够对于流出地的非农业经济形成有力促进的，主要是第二类中的后一部分人。不过，这种促进是需要一个时间过程的，因为任何资本的积累都需要一个过程。现在面临的重要问题是，如果在一个有10年左右劳动力流出历史的乡村，而且这种流出对于当地非农业经济发展没有积极促进作用，那么，我们就可以说，尽管劳动力的外出是农户收入的重要来源，也是乡村社会良性运行的重要稳定力量，但是，从政府的角度来看，劳动力流出不能被看成是乡村经济发展的替代品：流出地政府可以把劳动力外出当作产业来抓，以增加农户收入，提高农民生活水平和生产投资能力，启动欠发达农区发展工业化的原始积累；但是，流出地政府不应当放松发展当地非农业经济的积极努力。因为，至少在短时间内，劳动力流出对当地非农产业发展的刺激还不是直接而显著的。所以，流出地政府应当做好两方面的工作：（1）一如既往地积极发展本地二三产业，尤其是重视改善投资环境，加快工业化进程；（2）采取有效措施，吸引外出者回家乡兴办二三产业，特别是引导扶持那些经济上的成功者回来，带动当地经济起飞。这不仅是本项研究的初步发现所引申出来的政策意见，而且也是在调查过程中发现的夏邑县所提供的重要经验。近几年来．夏邑县在这两个方面的努力是富有成效的。

（1996年7月）

1.5 农民评点“民工潮”[①]

本次调查进行于1999年5月，着重农民的社会态度特别是政策态度测量，较多地使用了主观指标，问卷内容分三个部分：外出打工形势和政府管理、农村社会形势特别是政策落实、农村基层组织特别是干部形象。本文专门讨论“民工潮”态势，是问卷资料分析的第一部分。

被调查者属于民工群体的中下层，他们从本人体验观察出发，不仅提出对于当前民工潮发展势头的评估，而且直陈异乡生活就业感受。分析发现，近两年农民外出就业冲动持续高涨，但就业环境有所恶化，外出者的内心焦虑有所增加。外出者中潜在着一个游民化倾向明显的人群，需要重视并继续关注。

一、抽样方法和样本特征

为了保证被调查者既熟悉农村情况，又了解民工生活，问卷设计规定：被调查者年龄必须在20周岁（1978年12月31日以前出生）以上，1997年和1998年在村里居住时间分别超过两个月以上，外出打工时间也各在两个月以上。

调查地点是北京的火车站，包括北京站和北京西站。这是外出农民短暂逗留比较集中的地方。根据候车民工一般喜好在车站广场集

① 本文系国务院发展研究中心农村部农民工课题调研报告。后刊于《农民日报》1999年11月16日，原题为《农民评点“民工潮”——关于818名外出就业农民的问卷调查》。

体聚集、席地而坐且相近成“群”的特性，抽样方法采用按“群”抽取。一般10人以上群体任意抽取2位，10人以下群体任意抽取1位。这种抽样方法虽然仍然属于非概率抽样，但具有了一定程度的随机性。课题组组织了15名大学生调查员，历时6天（北京站和北京西站各3天），共访谈873名民工，获得有效问卷818份。因为抽样本身的非随机特点，数据分析结论只适用于样本群体本身。

样本的户籍所在地分布在22个省、434个县、436个乡、779个村。818位调查对象中河南人数最多，达到174人，约占总数的21%；其次是四川人，约占17%；再次是安徽人，约占14%；人数较多的省份还有江苏、山东、湖北、河北、陕西、重庆、江西、辽宁、湖南等地。

样本的人口特征。从性别构成来看，男性占89%，女性仅占11%；从年龄构成看，45岁以下的民工约占总数的92%，35岁以下的青年人占72%；从婚姻状况看，75%已婚，已婚者中85%已经自立门户；从文化程度看，初中及初中以下的民工占到87%，高中文化民工占10.8%，其余为大专文化及以上。与以往的若干次民工调查的样本群体比较，本次调查样本的主要特点是：年龄略大，已婚者比例明显较高，生活阅历相对丰富。

样本的就业部门分布（图1）。49.3%从事建筑业，21.3%在商业服务领域工作，11.6%从事装修业，其余人多在工业、农业、交通运输等部门工作。从就业形式来说，56%的调查对象是雇工，24%的民工暂时无职业，10%的人是个体户，9.5%的人是散工，工作不稳定。因为调查员是依据衣着等外在表现选择抽样对象，这种样本结构与这样的抽样方法有密切关系。

样本中的绝大多数是普通村民。42人是党员，约占5%。57人曾经担任村组干部，约占总数7%。其中有24人当过村民组长，10

人当过两委（村委会和村党支部）委员，7 人当过村委会主任，3 人当过村党支部书记，另外 13 人担任过其他职务，如会计、民兵连长、团支书等等。这些村干部现从事的行业结构与抽样总体结构无明显差异。有 83 人的直系亲属是现任的村主要干部（村书记或村主任），约占 10%，其中父母是村干部的有 54 名，兄弟是村干部的有 28 人，姐妹是村干部的仅有 1 人。

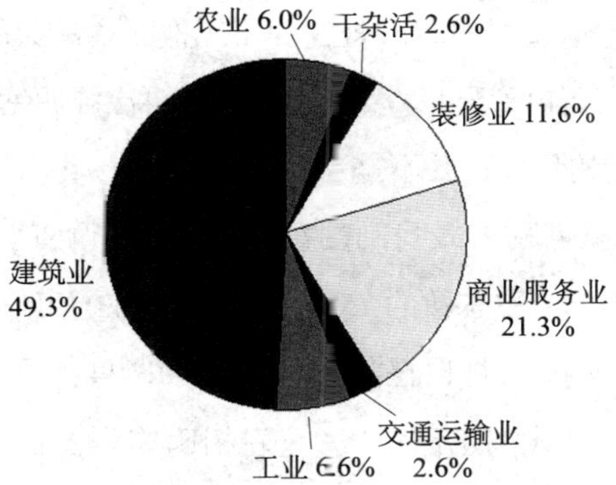

图 1　调查对象所在行业结构

95% 的调查对象家中有承包地，约 5% 的民工家里已没有承包地。仍有承包地的民工中，90% 的人出外打工之后由家中其他人耕种；8.6% 的人将承包地转给他人租种，很少有人撂荒。

整体而言，这是一批与农业仍然有密切关系的农村人口，在农村外出就业农民中属于中等和中等偏下地位的一部分，从事最艰苦的工作，是一群通常意义上的民工。

二、近两年农民外出的组织方式变化

这是一个有较长外出经验的民工群体。1990 年以前即开始外出的打工者约占样本总数的30%；1990至1995年间开始外出者，占40.6%；1996年开始外出者占9%；1997年开始外出的有95人，占11.6%；1998年开始外出的有54人，占6.6%；还有20人记不清首次外出打工的确切年份。

“第一次外出怎样找到工作的？”其中628位被调查者的工作是由老乡或亲友介绍的，占调查总数的76.8%；144人是靠自己闯出来的，占17.6%；38人是通过职业介绍所或参加人才交流会找到的，占4.6%；7人是通过看招聘广告找到了工作，占总数的0.9%；还有1人因为没找到工作而返回家乡。这一结果再次证明绝大多数打工者外出时都有一定的目标，并不是“盲流”。

“目前工作以何种方式找到的？”在818位调查对象中，有612位现在已有工作，约占总数的75%；412人现在的工作是老乡亲友介绍的，占50%；149人是自己找的，占18%；24人通过职业介绍所或参加人才交流会找的工作；7人是看招聘广告找到的；有18人是个体户，自我雇佣。目前，找寻工作方式的排序与第一次找工作一致，但是靠老乡亲友介绍的比例下降了近17个百分点，说明地缘亲缘关系对打工者帮助的重要性在下降，此时需要更多的打工者开拓社会化的就业渠道。其他方式则变化不大。

“家乡农民外出打工组织方式有无变化？”27%的调查对象认为，与前两年相比，其家乡今年打工者外出方式中经正式渠道（如工厂招工、劳动部门或正式的职业中介组织等等）的比例增加；17%的人认为该比重在下降；约21%的人认为这两年变化不大；19%的人由于种种原因并不能判断正式渠道在家乡的运作情况；更有约16%的人说家乡没有这种正式渠道。这一结果说明正式渠道的运作范围及影响力仍然有限，起码在农民看来，媒体和有关政府部门10年来致力推动的有组织外出、“有序化流动”并无显著进展。农民流动的基本方式依然是依托地缘亲缘基础上的社会网络来启动和展开。

三、近两年农民外出的规模数量变化

“与1998年相比，1999年（今年）你家乡外出打工人数有何变化？”（图2）。75%的调查对象认为增加，10%的人认为比去年减少，还有12%的被调查者认为变化不大。3%的人表示，由于在家时间较短，无法做出比较。

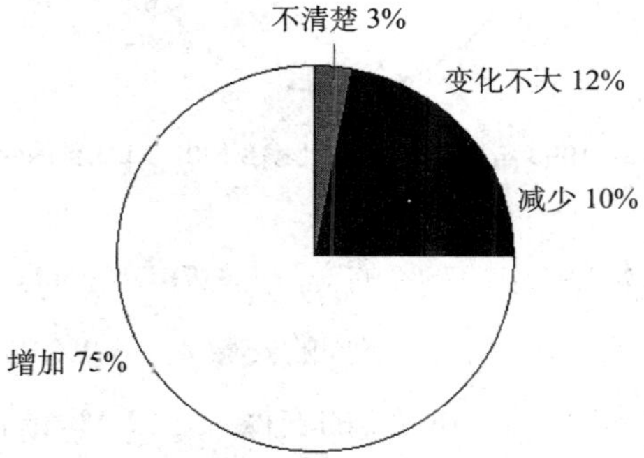

图2　1999年与1998年相比外出打工人数的变化

对于样本数量前三位的省份——河南、安徽、四川来说，大多数调查对象认为今年（1999年）出外打工人数比去年增加。约72%的安徽人、76%的河南人、80%的四川人认为今年家乡打工人数比去年增加；10.5%的安徽人、11.5%的河南人和5.6%的四川人认为今年家乡打工人数比去年减少；约15%的安徽人、10.3%的河南人、11.3%的四川人认为变化不大。这一分省变化结果与抽样总体的变化趋势大体一致。但是省份之间有些许差别，具体来看，四川人中认为逐年增加的比例最高，认为减少的比例最低。

“与1997年相比，1998年（去年）家乡外出打工的人数有何变化？”（图 3）。75% 的调查对象认为增加，8% 认为减少，14% 的人感觉变化不大，3% 的人因在家时间短而对家乡状况不够了解，表示无法判断。

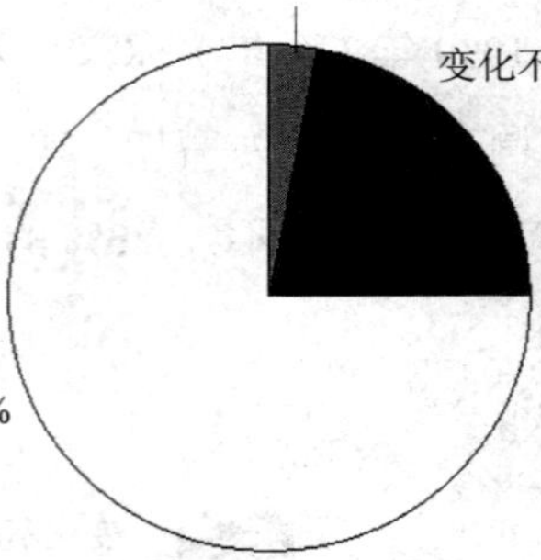

图 3　1998 年与 1997 年相比家乡外出打工人数的变化

在三个样本大省中，78% 的安徽人、78.7% 的河南人、77.5% 的四川人认为打工人数增加；3.5% 的安徽人、6.3% 的河南人和 3.5% 的四川人认为减少；约 16.7% 的安徽人、12.1% 的河南人、15.5% 的四川人认为变化不大。这一分省变化结果与抽样总体的变化趋势大体一致。省份之间略有差别，认为外出人数增加的调查对象来自河南的比重最高，其次是安徽，再次是四川。

从样本分析来看，最近三年大部分调查对象认为家乡外出打工人数在增加。

“你是否知道现在城市有较多的下岗职工？”有 756 位调查对象回答知道，占样本总数的 92.4%，7.6% 不知道。

“您认为城市下岗人员增加，对农民外出打工有何影响？”认为影响很大者占 17.3%；认为影响较大者占 17.8%；认为影响不大者占 31.2%，认为没影响者占 25.4%；8.3% 的人说不清楚对他们有怎样的影响，因为其中多数打工者并不知晓城市有下岗问题，谈不上如何影响。

不同行业的从业人员对于“城市下岗人员增加对农民外出打工的影响”的回答有一定差别。就影响指数来比较，最大的是交通运输业，其次是工业、商业服务业，之后依次是农业、干杂活、建筑业、装修业。我们认为，前三位行业的资本、技术含量较高，收入比较高，职业的社会地位也较高，是城市下岗职工再就业时最有可能优先选择的岗位，因而是城乡两种劳动力直接竞争较多的领域；而建筑业装修业的从业人员很辛苦、社会地位低、收入不高，长期以来都是外地打工者占据优势，本地人即使下岗没工作也不愿干，因此城市职工下岗对其就业构不成威胁，影响较小。

研究者的困惑。最近两年，由于宏观经济方面需求不足，城市下岗就业形势的空前严峻，在政府部门和研究界，关于外出农民规模的基本判断是“下降”，有人士甚至认为是明显下降（下降幅度超过20%以上）。我个人的判断是基本稳定或有所下降，不会是大幅度下降。由于缺乏宏观的统计数据，很难有准确判断。尽管统计部门现在有一些数字统计，但无法与前几年的数字进行比较，所以得不出有说服力的估计。现在的问题是，本次调查的农民为什么大多数认为自己家乡的外出人员比往年增加。可能的解释是，这些被调查的农民主要来自中部经济不发达的传统农区，受这两年农业减收、当地非农产业发展减缓等因素的影响，在这类地方，每年外出寻找工作或试图外出寻找工作的人员数量并不见少，甚至有所增加。或者说，在宏观经济不景气的情况下，农民的外出冲动和要求依然很强烈，甚至比前两年更强烈，因而在心理上给这些农民外出者越来越多的感受。我个人觉得，我们不可以轻易地断定农民的判断是错误的，因为他们回答的是他们身处其中的情况，或者是那些与他们比邻而居的人的情况。

对于未来三五年家乡外出规模变化的趋势预测（图 4）。58.7%的调查对象预计未来几年外出打工人数会增加；18.7% 的人预计会减少；9% 的人认为变化不大；另有 13.6% 回答“说不清楚”。

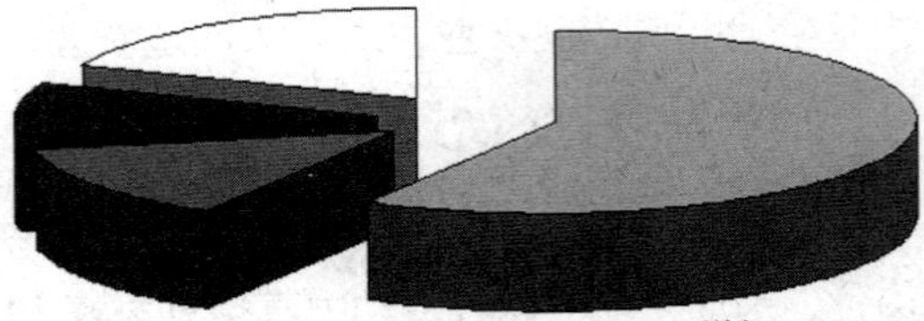

图 4 预测未来两三年外出打工人数变化趋势

从样本量超过 100 的三个打工大省——安徽、河南、四川来看，62.3% 的安徽人、52.3% 的河南人、64.8% 的四川人认为未来几年外出打工人数会增加，其中四川人对形势估计得最为乐观；19.3% 的安徽人、23.6% 的河南人和 9.9% 的四川人认为未来家乡打工人数会减少，河南人的估计最悲观；约 7.9% 的安徽人、10.3% 的河南人、8.5% 的四川人认为变化不大，省际之间差别不大；10.5% 的安徽人、13.8% 的河南人、16.9% 的四川人“说不清楚”。回答说不清楚的人中，多数人的倾向性判断是，要看未来的经济形势，如果形势好，钱容易挣，出来的人会增加，否则会减少。

开放部分的访谈显示，在谈到做出未来预测的依据是，预测会增加者较多看到了家乡农村发展障碍，主要理由是农民负担太重，种地收入不好或者土地越来越少，当地没有工业，等等，几乎没有人回答说今后几年我国经济发展将加快，因而会带动更多人外出就业。这些普通民工绝大多数不可能从宏观上来观察经济和就业形势，这是不难理解的。预测会减少者则较多看到了城市方面的工作环境不好，找工作越来越困难。

值得注意的是，如果把对于未来几年的预测与对过去几年的判断加以比较，我们发现，认为未来几年外出人数将增加者的比例平均下降了16个百分点。下降幅度最多的是河南人，达到26个百分点，突显了河南人对未来的担忧；安徽人和四川人的下降幅度接近平均值。同时，预测未来外出人数会减少者比判断过去3年家乡打工人数减少者数量上升，最多的是河南人，增加了将近12个百分点。预测与过去3年差不多者变化不大；但对未来变化状况说不清楚的人增加了约10个百分点。这也再次说明打工者对未来的预期并不明朗，不确定，不甚乐观。这可能主要是当前城市的就业竞争日趋激烈对于外出农民的预期心理造成了直接影响。

四、对城市生活和政府管理的感受评价

“你对目前工作是否满意？”在当前有工作的人中，50%表示满意，25%不满意，其余25%说不清楚“是否满意”。

分性别来看，女性比男性对工作的满意程度稍高。60%的女性对现在的工作满意。这种差别可能是由于女性比男性更容易找到合适工作造成的。

从行业排序情况看，商业服务业从业人员的满意度最高，达到50%；其次是交通运输业，达到47.6%；再次是装修业的从业人员，为36.8%；接着是建筑业，31%的从业人员对工作表示满意；以下依次是农业、工业、干杂活的，干杂活的人对其工作的认同程度最低，工作不稳定、收入低是重要原因。

政府对外地民工的管理措施主要包括：公安部门的暂住户口管理；劳动部门的流动就业证卡管理，即出省打工需要在家乡的劳动部门办理外出就业登记卡，在流入地劳动部门办理流动就业证；计划生育部门的婚育证管理及定期婚检制度，指的是未婚育龄妇女外出打工需办理未婚证，已婚妇女应办理“计划生育证”。部分城市实行的外

来劳动力准许进入的行业工种限制，如上海、北京市几年前就公布在一些行业限制使用外地工。

对城市管理的感受。与前两年相比，72%的调查对象感到城市政府对外来打工者的管理严了；6%左右的人感觉松了；14%的人认为差不多；还有8%的人说不清楚。不同职业的打工者对此有不同的反应。认为“管理比两年前严了”的人中，商业服务业的从业人员的比例最高，达到78%；其次是装修业和交通运输业人员；工人的比例最低。认为“松了”的人中工人的比例最高。这是由不同行业的性质所决定的。

行业限制的合理性评价。48.6%的人知道城市对于外来人口找工作有行业工种的限制，51.5%不知道；21.6%人认为合理，40.8%认为不合理，19.1%表示说不清楚，18.4%不肯回答这个问题。

“与前两年相比，城市对流动人口的计划生育管理有何变化？”70%认为变严了；8%认为松了；8%左右感觉一样；14%为不清楚，多为未婚或已婚单独出来打工者。

整体来看，城市对于外来打工者的管理“重收费，轻服务”，打工者除交费外，很难再获得这些部门提供的服务，例如就业指导、体检之类；只要打工者不违法违纪，以后就很少再同这些管理部门发生联系；不同城市的收费标准也有较大差距，某些地方收费偏高。这也是不少打工者明知道管理部门要求办理以上证件，但除非求职、租房或其他必需，轻易不愿办理的重要原因之一。

“与前两年相比，城市市民对打工者的态度有何变化？”30%认为变好了；25%人认为变坏了；30%的认为变化不大；15%的人说不清楚，因为一些市民对他们不错，另一些则态度恶劣，无法做出整体判断。

性别比较。认为城市市民对打工者的态度比两年前变好了的男性与女性调查对象的比重大致相当，在30%左右；而“认为态度变坏了”的人中女性比男性高出15个百分点，可能由于女性比男性更敏感更在意城市人的反应；31%的男性和20%的女性认为态度没有变化；14%的男性和12%的女性“说不清楚”。

“与前两年相比，城市工商管理人员对外来打工者的态度有何变化？”认为变好者占23.6%；认为变差的占37.7%；认为变化不大的人数与认为变好的人数相当；另有15%的人说不清楚，主要由于职业关系或其他因素未与工商管理部门打过交道。

从满意度测量来看，不论是对于城市管理部门，还是对于市民，受访民工的满意程度都没有提高，感受不满意者明显多于满意者，认为城市（指城市政府和市民）态度趋于恶化者多于认为城市态度趋于改善者，说明近几年外来民工和城市的关系并没有明显好转，甚至有所恶化，城市和民工之间的社会紧张仍然比较显著。“与前两年相比，外出挣钱的感觉怎样？”91%认为外出挣钱越来越难；只有3.3%的人认为钱越来越好挣；约4%的人认为变化不大；不足2%的打工者说不清楚，出来时间不长无法比较或是感觉钱有时好挣，有时难挣，没法定论。交通运输业从业人员认为在城市赚钱最难。交通运输业从业人员和干杂活的人中没有一位认为钱好挣了，其他行业人员的认同比例在平均值周围波动。

联系到前面那些农民关于未来几年的流动趋势预测，在90%以上的被访者认为外出工作钱越来越难赚的情况下，仍然有58.7%和9%的被访者认为未来两三年家乡外出打工人数会增加和变化不大，而只有18.7%的人预测会减少。这在一定程度上反映出农村——尤其是中部地区农村经济和就业形势的严峻，大批农民实际上是迫于农村内部的压力选择外出谋生。从人口学的“推拉”理论来看，在这种情形下的农民外出，主要不是来自乡村外部的“拉”力，而是来自乡村本身的“推”力。如果农村外部的就业增长对于这种农村内部的就业推力缺乏适当接应，推与拉之间过度失衡，可能会有相当部分农村人口被抛到正常的社会生活秩序之外。

“如果来到城市一个月没找到工作，你会怎么办？”（图5）44.9%的人打算回老家，34.5%的人选择继续找，9.5%的人准备到别的城市去闯闯，还有11.1%的人声称没有想过这一问题。如果把样本分为五个年龄段（20—25岁、26—35岁、36—45岁、46—55岁和56岁以上），随着年龄段的增长，选择回老家的打工者的比重从50%上升到66.7%，继续找工作的人的比例则从24.7%下降至11%，打算去别的城市找工作的打工者的比例从10.7%降到5.2%。

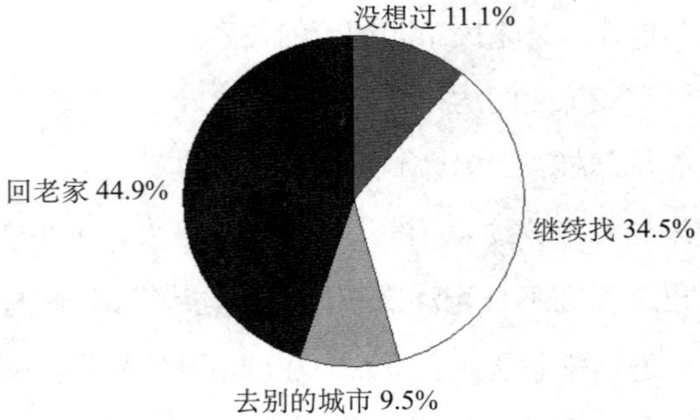

图5　如果来到城市一个月没找到工作，你会怎么办？

“如果被城管部门送上回老家的火车，你会怎么办？”（图6）41%准备自己在家住些日子然后再出来，25%的人从来没想过这个问题，22%的人趁此机会回家不再回来，约9%的人中途想办法返回，其余人等或是视当时的具体情况而定，或先回家再作打算。在外出打工的农民中，特别是那些地位较低的民工中，有过被收容遣送经历的人并非个别。

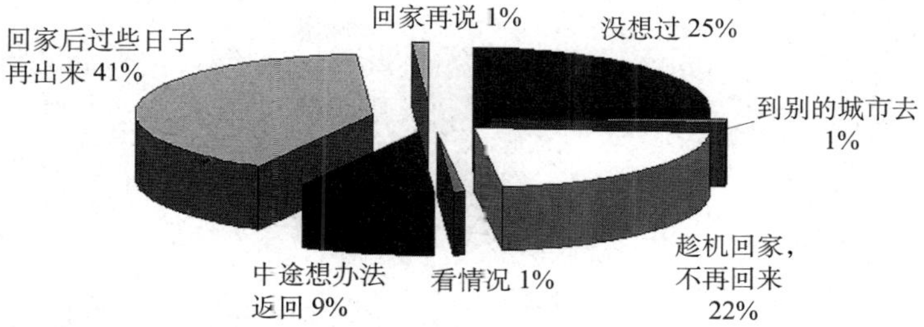

图 6　如果被城管部门送上回老家的火车，你会怎么办？

受访农民对于这样一个假设性问题的回答，又提出了一个需要关注的问题，在 90% 以上的被访者认为外出工作的钱越来越难赚的情况下，仍有约三分之一的人表示即便一个月找不到工作仍然要继续找。更值得重视的是，有 10% 的人不仅不会主动回家，而且即便被政府管理人员遣送上了返乡的火车仍然要设法中途回来，包括不惜在必要时跳火车。从正面来看，这是一群有着坚定不移的外出就业意愿的农民，从负面来看，这也是一个有着明显的“游民化”倾向的群体，如果他们不能被吸收到正当的就业潮流中去，其中一些人很可能成为不务正业的游民，成为社会上一支不稳定力量。

（1999 年 10 月）

1.6 流动的引导[①]

规模巨大的农村劳动力跨区域流动，已经成为中国改革与发展进程中的重大现实。这种流动的社会影响正在显示出来，既关系到农村，也关系到城市；既关系到经济发展，也关系到政治稳定。

农村劳动力的区域流动反映出农村经济发展正面临着深刻的内在矛盾。第一，要使农民收入持续提高已无法主要依靠农产品的产量增长。农民流动的最直接动因是收入追求，单纯的农业生产已无法满足这种收入追求。第二，要使农民收入持续提高也无法单纯依靠就地发展非农产业。近几年来乡镇企业的"资金增密"现象已导致其吸收就业能力显著下降，庞大的农村劳动力剩余部分不可能在就地兴办乡镇企业中找到出路。所以，通过流动实现异地就业是中国农民在现实困境中寻找新的发展方式的历史性举措。

农村跨区域流动劳动力的数量规模和内部结构，一直是研究工作中的大难题。去年（1994 年）以前的种种说法，大都是一些没有规范调查为依据的估计。去年春天，有关部门利用原有的农村观察点系统在全国 11 省 75 村进行了抽样调查。这次调查为我们把握分析农村劳动力流动的现状和动态提供了重要资料。

从流动现状来看，11 省 75 村调查显示出：（1）流动总量方面，农村劳动力外出比重占到农村劳动力总量的 15.0%。依此推算，全

① 此文原题为《引导农村劳动力的合理流动》，刊于《宏观经济管理》杂志 1995 年 2 月。

国 4.3 亿农村劳动力中外出劳动力达到 6400 万以上；（2）流动范围方面，出乡未出县的占 30.7%，出县未出省的占 33.1%，出省者占到 36.2%。以此推算，跨省流动的农村劳动力在 2300 万左右；（3）流动方式方面，本地农民带出的占 39.6%，由外地亲友介绍出去的占 17.2%，自己闯出去的占 31.5%。由外来人员招工外出的占 1.4%，由村集体安排外出的占 3.8%，由政府或民间职业介绍组织安排外出的占 3.5%。如果把后三种方式认定为有组织，那么，有组织的外出不过只有 8.7%。也就是说近些年来的农民流动就业主要是自发形成的。

从流动发展趋势看，11 省 75 村显示出如下特点：（1）流动规模在继续增长，但增长速度有所放慢。1988 年至 1996 年外出劳动力年均增长 18.9%，1994 年预计比 1993 年增长 12.9%，比前 5 年的平均增长率低 6 个百分点。（2）流动范围越来越大，主要是出省的劳动力在迅速增加。1988 年外出劳动力中出省部分只占 19.9%，未出县部分占 43.6%，到 1993 年出省部分就增到 36.2%，未出县部分降至 30.7%。可见，外出劳动力的就业流动半径明显扩大。（3）外出劳动力中女性比例在增大。1988 年的外出劳动力中，男女之比为 3.75∶1，1993 年外出劳动力中，男女之比改变为 2.59∶1。女性劳动力外出人数增加，一方面是受随迁因素的影响，另一方面说明随着改革开放的推进，敢于异地开拓就业机会的女性越来越多。

农村劳动力跨区域流动不仅是当前中国经济发展中的重要现象，也是整个社会生活中的热点问题。前几年，当“民工潮”初起之时，社会心理的接受程度是比较低的，舆论导向也对农民流动做过大量显然是失于偏颇的评说。但是，农民的区域流动是中国农村工业化和城市化进程中的大趋势，农民终究要按照自己的选择去行动，并不因为有几声抱怨和指责而驻足村内。现在，终于有越来越多的人冷静地看到，农民的流动是改革与发展的必然现象，是一种历史的进步潮流。

因而，思想上认可程度不断提高，各方面的指责也迅速减少，农民流动的社会心理环境越来越宽松。

但是，对农村劳动力的跨区域流动现在仍然存在种种不同认识，农民仍然受到一些显失公正的批评，突出表现在如何对待自发性问题上。现在的农民流动主要是一种自发流动。有一种观点认为应该反对自发流动，限制自发流动。如果不加分析，这种说法似乎是很有道理的。本人认为不然。

首先，到目前为止的农民流动已经解决大约 7000 万农村劳动力的就业问题，这 7000 万就业位置的 90% 以上是通过自发的方式实现的。按照“三个有利于”的标准，显然是巨大的历史功绩。如果只肯定这种流动的成果，而否定这种流动的方式，在逻辑上是讲不通的，同样，也是广大农民所不能接受的。否定自发流动，实质也是否定广大农民的历史性探索和创造。消灭了“自发”，让数千万农民在家里坐等“组织”“安排”，那又何年何月才能解决这么多人的就业问题。

其次，在市场经济条件下，在改革开放的今天，“自发”的流动是无法反对的。破除了过去人民公社的束缚，自由地外出，不论是从事职业流动还是非职业流动，都是农民的一种基本权利，不应该反对。如果硬要去反对一件根本反对不了的事情，不能说是一种明智客观的理性选择。

最后，当然，自发流动并非完美无缺。事实上，目前的自发流动也的确存在一些负面效应，如混乱现象较多、农民个人和社会的代价都比较大等。解决这些问题，关键是搞好农民流动就业信息服务，如信息提供、权益保护、基本生活需求的尽量满足等等，而不是“防止”和“反对”自发流动人口。正确的原则方针应当是肯定、坚持自发流动，引导规范合理流动。

（1995 年 1 月）

1.7 流动的社会支持[①]

“民工培训班”第一期、第二期终于办起来了。虽然每期只有三讲，参加培训的人数不过数百，甚至我们也不敢设想这种培训会有何种“立竿见影”的效果。但是，这个活动是我们进行了大量民工问题调查研究后的设想，寄托了参与这个活动的研究人员、大学生们的思考和责任感。

“民工培训班”能够直接培训的民工毕竟是极其有限的，但是，更重要的是，我们想通过它告诉人们，“他们需要帮助”。

“民工潮”的连年涌动使全社会不得不关注这些特殊的人群。他们仍被称为“农民”，他们不仅离开了土地，而且离开了家乡，成为一支越县跨省、不断流动着的劳动大军。

今天，这些刚刚离开土地和农村的“民工”，在新的社区环境职业角色中，不可避免地感受到某种迷茫和无奈，感受到各种的不适应。概括而言主要表现在两个方面：一是对于城市生活、工业文明的不适应。对于大多数“民工”来说，工业社会、城市生活的一些规则和逻辑还是陌生的，或者不知道，或者虽然知道但不认同。这样，无论是心理上还是行为上，都有一个“市民化”的调适整合过程。二是

① 1995年秋天，赵枨凯倡导并组织北京师范大学的大学生志愿者，在北京大钟寺农贸市场、天意小商品市场和牡丹园建筑工地举办了农民工培训班，讲授城市生活常识和有关法律知识等内容。当时，此类关于农民工的志愿者活动很少，这些培训受到媒体广泛关注。此文应《经济日报》记者之约而作，原题为《他们需要帮助》，刊于《经济日报》，1995年11月8日。

处理各种权益关系的不适应。在新的职业生活中，他们要面对新的各种规范化的社会关系，不论是老板还是雇主，都要面对劳动关系，如果是自营就业者，则要面对市场管理规则和工商税务人员。在这些关系面前，如何掌握和利用那些正式规范和要求，既能有效地保护自己的合法权益，又能自觉地尊重别人的合法权益，是他们在角色转换中遇到的一个基本问题。现实生活中不难见到，有些“民工”在合法权益受到侵犯时，或者浑然不觉，或者徒悲无奈，或者采取不合法的手段来自卫，甚至报复。由于这些不适应，他们在新的生活环境中，与周围利益主体的冲突明显地增加，如有时发生一些或大或小或明或暗与市民的冲突，与管理人员的冲突，或者他们之间的冲突，由于这些冲突的出现，他们也往往被看作是“不安定分子”。

我们想说的是，出现这些冲突，主要并不是民工们的过错。首先，任何一个乡村人进城都要有一个“市民化”的过程，他们无非是进城晚些而已。其次，在中国体制转轨和社会转型过程中，有大量新的规范条例正在形成，对所有的社会成员来说，都有一个不断学习的过程，譬如《劳动法》，需要学习的绝不只是这些“民工”们，对于城市生长的工人们老板们也同样需要。不同的是，“民工”的学习具有特殊的迫切性和重要性，另外，社会在这方面对民工的培训更缺少正式安排。所以，他们需要社会的帮助，而不是一味指责。应当帮助他们适应城市生活，做一个好的市民，帮助他们学会处理权益关系，做一个好的老板或雇员。这不仅是他们本身的需要，也是经济社会得以健康和谐发展的需要。这是我们从事农村问题研究，特别是近两年进行农民流动问题调查研究形成的重要认识。

（1995 年 11 月）

1.8 迈开新步伐[①]

"打工"已经成为当今中国的一种社会潮流。不仅城市人中出现了许多"打工者"，而且农村人中也出现了许多"打工者"。两相比较，来自农村的打工者数量更为庞大，处境也更加艰辛。

对于众多的农村劳动者来说，"打工"的实质是通过跨区域流动来满足就业需要，实现发展愿望。"打工者"作为一个特殊的人口群体在特定时间内的大规模聚集移动中便成为人们通常所说的"民工潮"。从更广泛的角度来看，"民工潮"就是指农村劳动者的跨区域流动就业。

"民工潮"在中国，不仅仅是一种经济现象，也不仅仅只有经济的后果。作为一种特殊社会阶段的人口移动，其社会影响是多方面的，社会评价也有较多的分歧。我们认为，"民工潮"是改革开放条件下中国农民的又一个伟大创造，正像农民创造了家庭承包制和乡镇企业一样。家庭承包制主要解决中国农业的微观经营制度问题，乡镇企业主要解决农村农民如何直接参与推动中国的工业化进程问题，"民工潮"则主要解决在城乡发展、区域发展不平衡条件下巨量剩余劳动力的就业增长方式问题。它是中国农民自己在就业困境中自己找到的一条发展道路。它的社会作用，不仅是直接增加了农民收入，有力地促进了城乡两地、发达地区和不发达地区的经济发展，而且也加快

---

① 此文系作者为杨金玑著《打工必读》一书写的序言，该书由中国劳动出版社 1995 年出版。

了中国农民自身的现代化进程，十分有力地推进了传统农民向现代农民的转化。

“民工潮”也深刻有力地推动了中国的改革，成为一种强大的改革力量。其一，客观上超前构造了一块要素市场即劳动力市场。尽管这种市场的组织化程度还比较低，但比起农村传统的自然就业和城市长期的计划就业来，这种就业方式的市场化是相当超前的。其二，冲击了城乡分割、市民与农民权利地位不平等的两种身份制度。农民是在用实际行动追求城乡人口平等发展的权利，呼唤改革旧的不合理体制。其三，农民宁肯在不平等条件下参与城市经济部门的就业竞争，鲜明地昭示了城乡两种就业和劳动体制的弊端，客观上推进了城市就业和劳动体制的改革。“民工潮”对于中国改革的这种直接贡献，甚少为人们所论及，本人认为应予强调。

当然，“民工潮”也有一些负面的社会作用。这些负面作用，有的是体制政策环境不良和社会基础服务设施制约造成的，也有的是农民工本身的问题造成的。如一部分人外出盲目性较大，或者本身文化素质较低，不适应工业文明和城市生活，或者法制观念差，不知道怎样保护自己的权益和尊重别人的权益。现在，从全社会来看，面临一个如何帮助和提高他们的问题。解决这个问题需要多方面努力，其中一个很重要的内容，就是提供能直接有助于他们外出打工的读物。杨金航同志所著的《打工必读》就是适应这种需要、应时而出的一本好书。据我所知，作为直接面向打工者的应用性著作，这是第一本。

以前，我曾看过一些有关部门编写的“务工手册”、“务工须知”之类的小册子，但其容量很小，而且内容上大都侧重于介绍管理规章，更突出管住“打工者”，而不是服务“打工者”。所以我认为，这本书从立意到构思都是富有创造性的。

杨金航同志是从事就业服务工作的基层干部，近年来主要从事农村劳动力跨区域流动就业的组织服务工作，和各种各样的“打工者”们长期相处，对于打工者有真切的多方面的了解。基于此，他产生了写这样一本书的冲动，也基于此，这本书在内容上才能具有鲜明的适用性和系统性。同时，也由于他长期以来热心于写作，才能使这本书在文字处理上通俗洗练，易读耐读。

中国目前约有七八千万农村劳动者属于在外就业的“打工者”。这是一个巨大的社会群体，解决好这个群体的问题是中国改革开放中的一个大问题，为这个群体提供多种多样、丰富多彩的服务是一项有重大意义的事业。我们希望会有更多的各界人士关心这个问题，研究这个问题，热心于帮助广大的“打工者”。

专栏文章一：民工学校[①]

最新统计表明，全国进城谋职的农民已突破8000万人。流动农民进城就业在生活习惯、衣着谈吐、技术素质等方面都急需调整和提高，加之法制观念淡薄，缺少自我保护意识，导致其合法权益屡遭侵害，或行为失控，给社会带来不良影响。所有这些都说明流动农民需要教育。

1995年2月，国务院发展研究中心农村部、中国农村劳动力资源开发研究会联合北师大的有关部门和师生创办的“民工学校”应运而生。近日，记者采访了有关部门和人士。

据中国农村劳动力资源开发研究会调查结果表明，90%左右的农民外出谋职没有政府、劳动中介等有关部门的组织，流动农民也就必然缺少就业前必要的教育和培训，从而导致了就业信息贫乏、就业能力不高。再者，农民流入城市谋职，意味着要生活在城市里，成为城市中的一员，工作和生活出现了比较彻底的转换，农民进入了一个全新的领域，各方面均会出现不适应。

“民工学校”策划人之一，打工仔王哲愚说：“我们进城打工非常辛苦，存在着许多困难，也给城市带来了些不文明的举止。我们很希望有一个学习技术和城市生活方式的机会，去适应城市的需要。”

据国务院发展研究中心农村部农民流动研究课题组调查结果表

---

① 此文系《中国市场经济报》关于赵树凯组织“民工培训班”活动的报道，刊于该报1995年10月28日。

明，流动农民中35岁以下的青年人占86.3%，具有初中和高中文化程度的分别占50.4%和11.4%。另外，43.2%的农民外出前就有某方面的技术专长。由此可见，这是一支有一定文化和技能基础的劳动队伍。

国务院发展研究中心农村部研究室主任、中国农村劳动力资源开发研究会副秘书长、“民工学校”的主要策划者赵树凯副研究员在接受记者采访时谈到，对于进城谋职的农民，我们应调整不正常的社会心态，从歧视和排挤转移到接受的正常心态。应看到进城农民对推动国民经济的发展和城市建设所做出的贡献。虽然有些农民，面对陌生的城市环境，面对个人社会角色的转换，而显得手足无措，给本人和社会带来了一定的尴尬，但是大多数进城谋职的农民本身具有的素质能接受进一步教育，改变原有的思维方式和思想观念。因此，面向广大“民工”免费招生入学、免费授课、免费提供教室的民工学校，给了农民一个受教育的机会，让他们了解党和政府的有关方针政策、法律法规，帮助他们增强法制观念和技术水平，有利于提高他们的综合素质。

赵树凯介绍说，流动农民进城谋职有很大的风险性。首先，失业可能性的存在就构成了最有威胁的风险。有资料表明，外出谋职的农民58%以上的人都曾经失业过。其次，农民流动就业大多数是以“雇工”角色出现，有79%的流动农民属于“被雇用者”。这些“雇主”和“被雇用者”的劳动关系缺少规范化和法制化，从而导致了拖欠克扣工资、工时过长、劳动条件差等问题的出现。民工学校的目的之一也就是宣传《劳动法》等有关法律法规，教会他们如何保护自己的正当权益。

对流动农民的教育，绝非是仅靠民工学校就可完成的。全社会都应引起重视，来关心和教育流动农民。这对农民及城市都将是有益的。

据国家统计局最新通报，我国今年上半年城镇失业人员达 480 万人，隐性失业（企业富余人员）2000 万人，停产、半停产企业在职失业人员 600 万人。总计失业率已达 10%，而这其中女性（尤其是中年女性）的失业率远远高于男性。面对这一不争的事实，仅靠用人单位招聘“嫂子”是远远不够的。“再就业工程”的启动，为更多的“嫂子”就业，展现出充满希望的前景。

2

新生存

2.1 政策中的农民[①]

在中国，农民问题所蕴含的社会经济内容远远比农业问题深厚，集中表现为 80% 中国人口的发展问题。农民问题的实质在于，怎样使这个在数量上占绝对优势的庞大社会群体在中国的现代化进程中充分有所作为，并充分享受现代化的阳光雨露。

过去，农民被旧体制所困，为工业化做出了巨大奉献却长期丧失发展机会，陷于困顿落后，乃至成为在就业、收入、福利等方面都迥异于城市居民的“二等公民”，成为二元经济结构和社会结构的最终受损者。这样的社会主义显然不是农民所欢迎的，也是注定无法成功的。因此，加快改革和发展，理顺城乡关系，解决农业问题，做好农村工作，始终都贯穿着一个如何正确对待农民的问题。正确对待农民是一句老话，但它应该是一句有着具体、实在的体制和政策内容的话，不只是一句在农民中做宣传的动人的口号。

现在看来，新的历史条件下要正确对待农民的基本要求应当是农民的利益受到保护，创造性得到发挥，发展机会不断增加，收入持续稳定增长。改革前没有能够正确对待农民，首先是经济体制的选择问题。农民几乎没有什么权利可言，积极性受抑制，创造精神被窒息。其次是政治气氛的寒冷凝滞。农民被视为具有自发的资本主义倾向的小生产者，对“社会主义”心怀二意，时常要受到政治上的批判和指

① 此文原题为《要正确对待农民》，刊于《农村工作通讯》杂志 1993 年 4 月。

责。还有很重要的一条是农村经济发展模式的错误决策，抑制工商，以粮为纲，毁林开荒，等等，稍有越轨，便大张挞伐。农村要靠农民去建设，在经济上政治上这样对待农民，农村发展的源泉动力何来？尽管那时上上下下关于农业的调门也很高，一会儿“全党动手大办农业”，一会儿“苦战五年建设大寨县”，声势浩大、“热”浪灼人，但因为未能正确地认识和对待农民，中国的农业并未真正热起来。

在新的政治经济条件下，如何正确对待农民仍然面临一系列新的问题。1978年12月十一届三中全会召开，距今已经十五年，十五年来农业和农民问题的冷冷热热颇是耐人寻味。1985年以前，农业生产大幅度增长，农民收入高速度增加，可以说农业也热，农民也热，政府和农民都满意。1985年到1988年，农业生产（主要是粮棉）出现徘徊，农民收入持续增加（增幅不如前几年大），可以说农业冷，农民热。政府有些紧张，农民比较满意。1989年以来，农业生产突破了徘徊，农民收入却出现了徘徊，可以说农业虽热，农民却有些冷。去年，农业丰收，农民收入也有较好增加，但近几年农村中存在的一些问题却尖锐起来。突出的一是卖粮难，年年都有卖粮难，去年更加普遍，而且“白条子”满天飞，甚至进入流通，农民已不甘于沉默；二是负担重，有的地方四面八方巧取豪夺，愈治愈烈，三令五申徒然空喊，农民怨声载道；三是农民的财产和人身权利受到粗暴侵犯，在农村基层以司法手段对待农民已不罕见，甚至出现非正常死亡。这些问题的存在导致部分农民对改革和现行政策的不信任，有的甚至直接抱怨指责党和政府，已经演化为重要的社会矛盾。在改革条件下要正确对待农民，这是迫切需要正视和解决的问题。

农村工作出现了失误，这是显而易见的。这失误就在于我们在抓农业时淡忘了农民，或者说是重视了农业生产本身，轻视了农业生产深层的农民利益和要求。比如，农村工作面对多重目标，其中农产品产量和农民纯收入尤为引人瞩目。鉴于大宗农产品的战略作用和前几年粮棉徘徊造成的惶恐，这几年政府花费了巨大的气力抓农业生产，终于突破了徘徊。与此同时，却没有采取切实措施改善农产品的贸易条件（哪怕是制止这种贸易条件的迅速恶化），农产品价格微升而生产资料价格大涨，农业生产的比较效益进一步下降，以致出现农民增产不增收的反常现象。显然，我们忽视了提高农民收入这样一个非常重要、综合性最强的工作目标。又如，农村大办非农产业，农业劳动力向非农领域转移，是中国农民在二元结构体制下寻求发展的“无奈”选择。这也正是农村现代化的出路所在。不如此，中国的现代化也就没有希望。但我们受长期重城市轻农村的思想和政策倾向影响，不能正确对待农民这种具有深远历史意义的“创造”，甚至另眼相看指责它“争”了这，“挤”了那，冲击了国有经济，搞坏了社会风气。国家经济生活一出现波折，往往首先想到指责它们，采用种种招数给它们穿小鞋。近几年乡镇企业和进城务工农民遇到的特殊困难便是有力的说明。农民在这些领域的发展机会大量丧失，直接减少了收入。再如，农民对于负担过重和各种侵权行为已不堪忍受。

问题早已发现何以泛滥至此？说到底是对一些部门和组织侵犯农民利益的行为放任姑息。尽管文件发了，会议开了，但是没有抓紧，没有抓实，形式主义而已。农民在经济和社会生活中，分散程度高而组织程度低，面对形形色色不合理的政府行为，他们的抵制能力较弱。可是，难道我们就可以因此而让他们的利益受到损害吗？许多国有大中企业日益亏损而居然可以由国家贷款照发工资奖金，名曰为了社会安定，而农民收入连年徘徊却要忍受种种强制索取，社会安定又缘何而来？

如何对待占全国人口 80% 以上的农民，能不能得到亿万农民的真诚支持，关系到改革能否全面、深入地展开，现代化进程能否加快，党的十四大提出的战略目标能否实现。目前大量新问题的出现不允许我们陶醉于改革前期的成功。农业较大增长情况下的农产品贸易条件明显恶化，农村非农化进程中农民受到不公正对待而导致部分发展机会丧失，一些扭曲的政府行为和组织行为对农民权益的侵犯打着改革的旗号在泛滥，是当前农村社会经济的突出问题。归结为一点，即农民的发展未能被放到一个适当的位置。历史的教训和现实的矛盾提醒我们，处理农业和农村问题，一定要从农民的利益出发，着眼于为农民创造更多的发展机会，切不可见物不见人，“热”待农业，“冷”待农民。

2.2 流动者的挑战[①]

1995年4月，国务院发展研究中心农村部组织了一次较大规模的农民跨区域流动调查。在二十余天时间里，二十几名调查人员深入苏南三县和上海一区的工厂、建筑工地、集贸市场和出租民房，个别访谈了来自安徽、苏北、河南、四川等地的农民工600余人，填写问卷600余份，整理个案近100个，收集农民工本人写的经历感受文章、家信几十篇。此外，调查组负责人还与县乡村有关部门、企业举行座谈二十几次。

我们的初步感受是，农民流动主要体现了改革和发展的积极成果，但在某些方面也反映了农村社会中存在的不稳定因素。这个问题是我们在过去的调研中重视不够和认识不深的。现将若干初步意见呈上，供领导参考。

一、半数以上的农民外出是为了抵抗生活水平下降

接受访谈的民工大多数都回答，如果不出来打工，生活水平将会下降，甚至无法维持。他们诉说的理由，主要是收入不丰，负担过重，包括提留统筹及各种集资摊派过多，生产资料涨价过快而农产品

① 本文系作者执笔的国务院发展研究中心农村部课题调查报告，原题为《对农民流动问题的考察》，完成于1996年5月。本文获国务院发展研究中心年度优秀调研报告奖。

价格提高过慢，物价高昂，等等。来自河南、安徽的一些农民反映，他们那里不少农户连吃粮都困难，出来以后能糊口就是很大的收获。一位来自苏北的农民说，出来过的不是人的日子，但是如果不出来，两个孩子马上就要失学，因为不外出打工就无力支付学费。

大体估算，半数以上的农民外出是为了避免生活水平的下降，而不是为了直接去实现某种更高的生活目标。这些农民绝大多数来自不发达的农村，他们选择了流动就业，在经济上具有较明显的被迫性质。也许从公布的统计数据来看，这些地区的农民人均收入还是逐年上升的。但问题在于：（1）全省或全区范围内的平均数字的提高掩盖了部分农民的生活困难或经济地位下降的情况；（2）收入虽有缓慢增长，但严重滞后于生活期望的提高，农民对现实生活的满意程度显著下降。许多人是在一种对现实生活不满意的心理驱使下，甚至是在对生活危机的恐惧心理驱迫下走出家乡的。

二、流动原因中的非正常因素较多

总体来看，经济利益驱动是农民外出的基本原因，但也交织着多种不正常因素。一些农民说，在家里不仅生活困难，而且心气不顺，不如一走了之，不见不烦。反映强烈的主要是那些年龄在25岁以上、已有家室的外出农民。他们所谓的心气不顺，一般有两个方面：一是本人或家庭感到遭受了某种不公平待遇和侵害，如耕地承包受欺、摊派收费不合理、与村干部闹纠纷，由于某种原因被罚款甚至被扣押、邻里闹纠纷甚至家庭内部闹纠纷等；二是对农村现实不满，特别是对干部腐败、风气不正有怨气。其中对于乡村基层组织干部、行政执法人员的反感最为强烈。有的说他们家乡的干部“吃共产党饭，不干共产党的事，没有一个好人”。有的说：“现在农民就怕开会，一开会就要钱，不给不行。”有的还反映要去的钱去向不明，办了工厂又垮了，但是干部富得最快。有的反映，乡村干部和地痞流氓结合起来对付老百姓。有的说：“现在老百姓真苦，讲理讲不清，斗又斗不过，他们手里有派出所，有联防队，谁敢斗？不出来不行。”几乎听不到农民工说他们家乡的基层干部是令人满意的。

对收费过多、过滥和治安混乱，农民的反映也十分强烈。有的地方向农民收“备战费”，公安部门抓人要收“误工费”，出来打工在火车站上火车除要车票外，还要缴“劳务输出费”（每人 24 元）。打工寄回家去的汇款，寄 100 元邮局只给 95 元甚至 90 元，说是扣邮费或什么集资。小偷泛滥，抢劫频繁。在访谈的农民工中有 30% 左右被偷被抢过，有的甚至每年回家都被抢一回。普遍反映家乡的治安太差，尤其是四川、安徽和苏北，在苏南和上海比较安全。有的农民说，辛辛苦苦挣点血汗钱，寄回去怕扣，带回去怕抢，一到回家时节心里就慌。

我们发现，中西部不发达地区农民大规模外出，在某种程度上也是农村社会矛盾在某些方面趋向尖锐化的产物。这种矛盾集中表现为农民和基层组织干部的冲突，也有对政府的不满与失望。这种不满与失望在一定程度上成为流动的心理动力之一。虽然抱有这种情绪的农民未必占多数，但从访谈来看，并不是个别现象，而是某种群体心态。

三、流动农民群体本身存在较多不稳定因素

从调查的几个市县来看，在当地抓捕的各种违犯治安条例和刑事犯罪人员中，外来人口基本上占 50% 以上。外来人口违法有几个特点：（1）违法内容以偷窃为主，偷窃目标主要是生活用品，如米

面、油肉、自行车、衣物等，也有偷生产工具或产品来变卖的。除偷窃外，比较严重的是斗殴，尤其是群体斗殴。（2）违法方式以团伙为主，作案大都是几个人一起，以老乡或亲友组成小团伙，具有较高组织程度。斗殴则往往从双人冲突演化成打群架，打架多数以地缘形成对立双方。（3）违法人员以无稳定职业收入的外来农民为主，较多的是拾荒者、街头待雇者、失业后四处游荡者。据吴县有关方面介绍，有较固定职业的那部分民工的犯罪率与当地人没有什么差异。治安方面表现最好的是在国有和集体企业中的民工，出现问题较多的是各类建筑装修业民工。

从发生违法行为的条件和原因来看，许多民工有自己的看法。概括起来说，他们更强调三个因素：

其一，本人经济基础比较脆弱，而要承担的各种风险费用比在家乡多得多，如在外失业、虽未失业但拿不到工资、遇到罚款没收、生病等。从访谈的民工来看，估计有50%左右的每年失业时间累计在1个月以上，70%以上的民工认为曾程度不同地遇到克扣或拖欠工资的情况，有的甚至几个月分文不得。碰到此类情况，既无失业保险，也无生活救济，又不能靠亲友扶持，以偷抢来渡过难关就可能成为没有办法的办法。有的民工很坦然地向我们阐述这条理由，甚至直接讲述自己的经历。

其二，心中积蓄着某种不平之气，有比较强烈的压抑感。或者出来前就有消极情绪，或者出来后生活不顺，或者对自身受到某种歧视性待遇感到怨恨。有的民工说“我认为一边在厂里干活，一边偷厂里的东西并不可耻”，理由是他干的活更苦更累，工资待遇却差得多。有的农民工坦率地告诉我们，有时一边干活一边破坏工具，有的建筑民工把房子装修好后，临走时故意搞坏几处。

其三，绝大多数民工在思想上认为当地的政府部门不会帮助他们，因而遇到权益纠纷或内外部冲突时，一般不找政府或有关管理部门，只相信靠自己解决问题，那就是打架。一个人不行，就找亲友老乡联合起来打，有的甚至求助于黑社会组织。有的民工说："我们是出来挣钱的，并不想惹事，但遇到事没有别的办法，没有人来主持公道，不打就得受气，不想受气就得打。"大多数打架并不是因为大事，常常是说话不顺耳，甚至方言之间有误解。动辄打架，一方面说明他们没有别的解决纠纷的渠道方式，另一方面也反映了他们内心的暴躁和失衡。

从心态来看，大约有不足20%的民工对家乡毫无留恋或者在外地完全适应；大多数民工内心世界是矛盾的，对于家乡，一方面有很深的留恋，另一方面又不满于家乡的不发达，尤其是不满家乡的基层干部和社会风气。问到他们对政府有何建议要求，多数人都提出希望把他们的家乡开发建设好，那样就可以不必出来打工受苦了。对于目前所在的发达地区或城市，一方面觉得这里工作和收入机会好，相对容易发展，另一方面又觉得在这里活得很委屈，受歧视，处在下等人的地位。

有的青年农民工借流行歌曲来表达自己的感受，"喧闹大都市，它是别人的"，"城市的路太硬，踩不出足迹"。对未来，多数人抱混着看的态度，既不想回去，也不想长期留下来，生活预期不明确。也有一小部分民工，心态已经严重扭曲，有的说："我真想忽然有一天所有的民工都走完，让这里的人尝尝没有民工的痛苦，看他们还歧视不歧视我们。"也有的说："我真想把城市炸掉，看着他们我就生气，但又不能不在这里挣钱。"

我们感到，不论从民工群体已有的社会表现来看，还是从民工群体流露的心态情绪来看，都明显有躁动和不稳定。因此，认真考虑从体制改革和政策设计入手，改善他们的发展环境，缓解消除农民工本身存在的不稳定因素，具有某种迫切性。

四、政府的“有序化”努力绩效甚微

从客观方面看，90% 以上的农民外出都是通过各种私人关系实现的，其中核心的组织资源又是家族，即第一位的流动依托是在血缘和婚缘基础上的家族成员，其次是一般的邻里同乡亲友。农民的这种自组织方式还有强化的趋势，而所谓有组织的流动份额很少，也未见明显增加的迹象。从主观方面看，外出农民对于政府有组织的一些措施要求，特别是劳动服务部门、种种正式职业介绍组织的评价很低，甚至不掩饰其恶感。一部分农民回答不知道有这些部门，知道的大都说这些部门没有用，不为农民服务，也有的说这是骗人的地方。农民外出后一旦失业，几乎没有人再通过这些部门找到工作。民工反映：一是费用高，介绍成功不成功都要收 10 元至 30 元报名费；二是即便成功，往往条件待遇与当初说定的相差很大，新的工作机会无法稳定。我们感到，这些政府或非政府的职业介绍组织严重脱离农民。

出现上述情况的原因主要是：第一，对农民来说，这些正式组织不论其所有制性质如何，从事的都不是服务活动，而是纯粹的商业活动，目的在于赚钱。在目前整个市场体系比较混乱的情况下，这些市场中介组织出现了较多的商业欺诈行为和暴利行为，使农民工望而生畏。第二，城市和发达地区的大多数政府劳动服务组织明确规定，只直接通过流出地的有关正式部门进行劳务中介活动，对在当地分散前来求职的失业农民工不予接待。理由是这样就杜绝了盲目流入。实际上，这种“关门政策”把大量来到城市工作一段时间后又失去工作的农民工推到了街头，反而增加了盲目流动的数量。现在看来，要强化政府对农民流动有序化的参与，必须在这些部门组织的改造方面下功夫。

绝大多数民工表示，还是通过同乡亲友介绍工作好，成本低，费用少，而且比较信任可靠，遇到麻烦还可以互相关照。我们认为，这种以自组织为特征的自发流动之所以会成为农民流动的主要方式，除了正式的有组织流动的作用没有发挥好外，更重要的是这种方式自身具有优越性。

现在流行一种观点，提出要反对自发流动、防止自发流动。我们认为：（1）否定自发流动是不对的。自发流动迄今为止已经解决了五六千万农村劳动力的就业问题，没有自发流动就没有现在这样好的农民就业形势，社会稳定和经济发展将会出现很多问题。（2）要防止自发流动也是不可能的。只要不回到过去的人民公社体制，只要还要建立市场经济体制，农民的这种自发流动就不可能被防止住。

政府的职责应当主要是搞活全社会的劳动力市场供求信息流通，尽量向农民提供比较充分的信息，帮助农民提高流动决策的准确性。与此同时，尽量把正式的中介服务组织办好，使他们吸引更多的外出就业农民。要让多种流动组织方式竞争，共同接受农民的选择，不能强迫农民接受服务。

五、农民流动有利于计划生育

近几年来，流动就业农民在舆论上一直背着“超生游击队”的恶名。从现象上看，也确有极少数以超生为直接目的的外出农民。但是，从总体和长远来看，流动是有利于控制人口过快增长的。其一，调查人员访谈了部分流动家庭，特别是流动就业的育龄妇女，多数人认为出来以后本人的生育意愿有变化，更倾向于少生孩子。有的出来前想生二胎甚至三胎，出来后见识了外边的世界，觉得还是少生好。其二，调查人员也访谈了一些未婚青年女性（即打工妹），这些女青年许多都已经明显地推迟了结婚年龄或者有意愿要推迟结婚年龄。一些二十一二岁的打工妹说，如果在家乡，她们大都已经结婚甚至生子，而现在还没有认真考虑，先在外干几年再说。她们从一个相对落后的生活环境进入一个相对发达的生活环境，在自觉不自觉地接受更多现代生活观念，包括婚姻生育观念也随之现代化。

突出的问题是，关于流动农民的计划生育管理缺陷较多。从流出地方面的管理状态看，一种是基本上不管不问；一种是要求定期在流入地做孕检，将检查单寄回原地乡村计生部门；还有一种是不论育龄妇女外出多远，本人都必须半年或10个月回家一次接受检查，不回去就采取严厉措施，包括扒房子、扣押家中其他人，理由是定期往回寄的检查单容易作假。这种做法主要出现在四川、河南、安徽一些地方，控制超生效果虽好，但农民的不满非常强烈。有的妇女半年之内从千里之外回家两次，不仅花费很大，甚至丢了好不容易找到的工作位置。她们怨气很大，说加强管理可以，但希望不要把农民折腾得太苦。我们认为，计划生育工作已经积累了农民较多的不满情绪，在流动人口管理上，有关部门应该统筹考虑，努力探索一种农民方便、政府放心的办法。不然，无疑会使农民的更为不满。

六、几点初步看法

1. 从农民流动大规模发生的社会基础来看，主导方面是改革开放的推进，现代化进程的加快，特别是工业化和城市化的拉动。流动在根本上体现着经济发展和社会进步。但是，也还有一个次要方面，就是改革开放和现代化进程中的区域、集团和个人分化加剧，农村许多方面的权利利益关系、资源分配关系不协调，特别是市场体制建立过程中农村基层组织行为扭曲和干部腐败趋于严重。流动是特定条件下社会问题的产物。同时，流动本身也在造成新的社会问题。

2. 流动就业农民对于旧体制的弊端有更深更多的体验和感受，因为他们的特殊地位本身比较尖锐地体现了新旧两种体制的对峙和摩擦。他们的许多不满和意见，实际上是在用另外一种方式提出进一步推进改革的要求。

3. 以往的一些调查研究和政策努力，往往较多地注意到流动过程和方式本身发生的问题，如火车汽车人太多，进城的人太多，盲目流动的人太多，等等，而较少注意到流动背后的经济和社会矛盾，以及流动农民作为特殊社会群体的内部问题。解决流动过程的问题固然可以从过程本身入手，如搞种种证卡，强化有组织，但是更重要的是首先下大工夫调整、缓和农村社会矛盾，加快不发达农村的经济发展，使更多农民有一个好的就地发展的条件和环境。

4. 从改进和加强流动过程方式的管理来看，根本问题是要让农民真切地感到，政府一系列管理行为的设计实施，既能减少他们流动就业的费用和风险，又能很好地保护他们的权益，而不要让农民感到既束缚了人身自由，又增加了经济负担。解决这个问题的关键，是管理和规范好那些对农民流动负有直接管理职责的政府管理部门的行为，防止政府行为企业化、商业化。无锡、吴县等地简化手续，合并环节，严格限制收费，实行暂住证“一证”管理，效果良好。现在，一些地方政府管理行为的商业化势头已经出现，一切都从向外出农民收费着手，以办理或查验有关证件为名，趁机高收费，甚至公务人员勒索农民。如果政府部门的扭曲行为不能很好地解决，不仅达不到预期的管理目的，而且将会导致农民的不满情绪，造成社会不稳定。

（1996年5月）

2.3 流动者的行为失范[①]

现在，离开原来社区外出就业生活的农村人口规模庞大。在城市，外来人口的管理已经演变为公共问题，引发了多方面的公众诉求，越来越成为城市政府公共政策议程的重要内容。

外来人口引致的公共问题可以分为两种：一是总量扩张增加了公用设施的承受压力，集中表现为住房交通和水电供应的紧张，一是部分人员的行为失范引起城市社会的焦虑，集中表现为治安状况恶化。20 世纪 80 年代末和 90 年代初，社会关注的重点是前者，90 年代以来，这种关注则倚重于后者。

本文是关于城市社会中外来人口失范与管理的实证性研究。主要判断均源于本课题组近年来所进行的调查研究。进城农村人口的行为失范问题，虽然较早就引起社会关注，但已有的评估认识存在明显偏差；现在的管理，主要缺陷是偏于防范约束而服务缺位。不规范的管理行为甚至不合理的政策设计本身，成为诱发外来人口失范行为的重要因素。在面临大量外来人口的情况下，应该以培育新市民为管理政策的基本取向。

---

① 本文系作者执笔的国务院发展研究中心农村部课题组调查报告，原题为《行为失范与公共管理——关于农村人口进入城市问题的实证研究》，完成于 1997 年 2 月。课题组成员有俞德鹏（宁波大学）、徐伟（北京师范大学）等。

一、问题民工与民工犯罪率评估

民工（特指以就业为目标进入城市的农村人口）是城市外来人口的主要成分，也是城市外来人口管理主要对象。

人们较早就注意到了犯罪状态下的民工，即民工犯罪问题，但是，对于数量日益增长的另外一种问题状态下的民工缺乏注意，本文将这些民工称为“问题民工”。问题民工和犯罪民工是两个不同的概念。

本文提出“问题民工”概念的基本背景是：虽然近两年农村外出人口的总量没有明显增长，甚至在某些地区有所减少，但是，外出人口中处于非正常生活状态的人群规模却出现较迅速的膨胀。这部分人虽然已经离开户籍所在地的乡村进入城市或其他地区，但是他们并没有正当的职业或者正常的生活来源，或者说他们的流动生活出现了这样那样的问题。所以，称这些人为“问题民工”。

1. 问题民工的构成。大致有三种人：（1）进城就业失败，或者原有职业已下岗失业，但并不离开城市，称为“失业民工”；（2）目前有正当职业，但是明显属于超计划生育，称为“超生民工”；（3）外出本身不以就业为目的，或就业活动很不正常，如因家庭矛盾而外出或者因在农村与基层组织发生矛盾而外出，其中有一部分甚至以乞讨、上访为生活重心。问题民工的产生应当说始于流动就业潮流的兴起，犹如大潮奔腾中的泥沙俱下，而这个群体在规模上的迅速膨胀则出现在近几年。能显示这种膨胀状况的，主要是一些大城市在流动人口管理工作中的困难增加，特别是外来人口中收容遣送对象大量增加。

2. 问题民工的扩张。近几年，问题民工本身的数量扩张速度快于流动民工总量的扩张速度。根据上海市的调查，这个群体的数量增加十分显著。公安机关的收容以无合法证明、无合法职业和无正当生活来源的“三无”人员为对象。该市公布的流动人口总量和公安部门掌握的收容遣送数量的比例的年度变化，可以显示问题民工的增长势头。整个80年代，年均收容总量不超过1万人次，以1988年为例，收容遣送人数约1万人，约占外来人口总量的1%。进入90年代，外来人口增加较快，但是收容量增加更快，1993年收容遣送人数达到4万人，占外来人口总量的1.4%，1996年收容遣送人数达到8万人，占外来人口总量的2.8%，1997年，收容遣送人数超过10万人，占外来人口总量的3.6%。流动人口抽样调查显示，1993年是该市外来人口总量规模最大的一年，但收容不到1997年的二分之一。这种情况说明，虽然近几年的民工总量得到了控制或者说基本稳定，但其中的问题成分显著增加了，进一步说，进城农民总量方面的稳定并不表示政府管理的核心问题获得解决。当然，还有另外一种可能的情况，即进城农民的总量事实上也是逐步扩大的，但如果这种情况属实，除了说明问题民工本身值得重视以外，更说明了政府管理尤其在基础情况把握方面还存在严重问题。

3. 问题民工的结构趋于恶化。城市管理部门认为，在收容遣送人员中，真正属于年老体弱、身体残疾的社会弱者，或者家乡受灾而被迫外出的灾民，其份额并没有明显增加，大致而言，在整个90年代，这部分人基本上稳定地占收容总量的2%左右。这种情况说明，流出地政府在特定情况下的救济救灾救助工作是成功的，农村并没有产生大量的生活难民。值得注意的问题是，在收容遣送人员中，增加较多的是具有正常劳动能力但失去正常劳动生活的人口，特别是，在这部分人员中，曾有不同程度的违法行为者的数量有明显增加。1989年的收容对象中，轻微违法犯罪行为者有4600人，1993年增加到8500人，1996年增加到14500人，1997年增加到21000人。

问题民工群体的扩张是城市社会问题的一个重要的生长点，减少农民流动的负面作用，最重要的是要着眼于解决这个特殊群体的问题，而不是仅仅看到要减少流动农民的总量。

二、犯罪民工的实证分析

关于民工犯罪的特征描述，以往的一些研究主要通过治安管理部门间接调查。为了直接观察并具体分析问题，课题组在沿海地区某市一座监狱实施了一项对于犯罪民工的问卷调查。这是一座专门收押轻刑犯的成人监狱。其中有非监狱所在市市籍犯人 401 人，占全部在押犯人的 39%。

（一）什么是犯罪民工

这项研究的第一个问题是正在服刑的犯罪人员哪些属于民工犯罪，哪些属于非民工犯罪。问卷设计规定，凡是已在该市就业或者以就业为目的来该市的外籍农村人口，则定义为民工。如果在来该市 3 天内就犯罪者为非民工，因为来一城市后立即犯罪是外来流窜犯的基本特征，在 3 天以上 1 个月以内犯罪者，住在旅馆饭店者为非民工，住建筑工地者则为民工。依据这种界定，全部 401 名外来人口罪犯中，有民工罪犯 233 人。从这个轻型监狱的情况来看，民工罪犯占到全部外来人口犯罪人员的 58%。

（二）犯罪民工的身份特征

民工的身份特征主要是看其有效证件的办理情况。（1）在公安机关管理的暂住证，有 29.6% 的人已经办理，58.2% 的人没有办，另有 12.2% 的人处于正在办理的过程中。办证率要比全部外来人员通常的办证率70%—80%低得多，说明有犯罪倾向的部分人故意逃避证件制度的管理。(2)在劳动部门办理的就业卡与就业证，只有18.7%的人办理。但是，这一办证率和监狱所在市全部外来劳动力的办证率差不多。1996年在该市务工经商的60万外来劳动力中，只有10万人在劳动部门登记办证，办证率约为17%。

外来犯罪人员有无工作。在问及“你来本市后有没有找到工作”时，183名被调查者做了肯定性回答，占全部回答者的67.0%。这说明无工作者在外来犯罪人中并无决定性的地位。

外来犯罪人来本市前有无前科。外来犯罪人员中非民工的前科率较高，达到24.1%，而外来民工只有3.1%的前科率。

(三)民工犯罪的罪行种类

民工犯罪高度集中在侵财型罪行上，这是与非民工犯罪的重要区别。所犯各种与钱财有关的罪行者占全部外来人员犯罪的93.0%，另有8人(2.8%)所犯的流氓罪和故意伤害罪因讨工钱而引起，两者合并占95.8%，真正所犯各类与钱财无关之罪者仅占全部犯罪的5.2%。相比之下，本地人口犯罪人员所犯与财产无关的罪行则高得多，占25.8%。在侵财型犯罪中，犯盗窃罪者最多，占全部犯罪者65.1%，犯抢劫、掠夺罪占20.8%，其他为诈骗等罪。

侵财型犯罪民工的犯罪原因。在问及“你在犯罪之前的主要想法是什么”时，回答“没钱吃饭了，只好以不正当的手段去弄钱”的被调查者共51人，占全部回答者的20.2%；回答“工作太苦太累了，想换一个轻松挣钱的方法”者21人，占8.3%；回答“已经习惯了，不那样做手就发痒”者8人，占3.2%；回答“说不清”者103人，占40.7%。

(四)犯罪民工犯罪前的经济状况

问卷分析显示，这些犯罪人员初到该市时，有三分之二的外来人员身上有数百元钱甚至更多的钱，他们在找不到工作的情况下，一般可以坚持10天以上的时间，不至于较快地陷入“没钱吃饭”的生活危机中；有三分之一的外来人员到达该市时身上的钱不足100元，其中极少数人已经接近身无分文的困境，如果不能在较短的时间内找到工作，他们就将真的面临忍饥挨饿的危机。在那些从事工资性体力劳动的典型民工（198人）中，身上带钱不超过100元者超过四成。

约有15%被调查者犯罪时已处于生活困境，即身上不足10元钱，可算是真正的无钱吃饭状态；接近50%犯罪时的经济生活环境并不令人乐观，其中近二成只有10—50元钱，另外三成也只有50—200元钱。有约35%犯罪几乎与不良的经济状况毫无关系，有一成半的被调查者进行盗窃或抢劫时有钱1000元以上。“如果你在犯罪之前基本上身无分文（即不到10元钱），那么导致这一情况的原因是什么？”有108人做了回答，回答“找不到工作，而所带来的钱又被用光”占总数的39%，回答“吃喝玩乐，开销太大”者占22%，回答“老板一再克扣拖欠工资”者占26%，回答“其他原因”的占13%。

调查发现，不宜把外来人员犯罪与外来民工犯罪混为一谈；“三无人员”犯罪在外来人员犯罪中占有一定比重，未办理暂住证的外来犯罪者还比较多，但我们没有得到外来人员犯罪主要是“三无人员”犯罪的调查结论；经济因素在影响外来人员犯罪的众多因素中仍然具有举足轻重的地位；罪因结构中，找不到工作和老板长期克扣、拖欠工资是导致许多外来人员陷入生活困境的重要原因。在制定有关城市外来人口的公共政策时，不仅要看到表面上外来人口犯罪数量的增加，更要注意这种增加背后的社会因素，特别是制度缺陷本身的影响。

（1997年2月）

2.4 流动中的“问题”人群[①]

“问题民工”是这样一部分人，他们虽然已经离开户籍所在地的乡村进入城市或其他地区，但是他们并没有正当的职业或者正常的生活来源，或者说他们的流动生活出现了这样那样的问题。随着流动就业大军的迅猛发展，一些大城市面临巨大的流动人口管理工作压力。如何解决问题民工群体扩张带来的社会问题？我们认为，限制或减少流动农民的总量是不明智之举。

一、城市社会秩序遇到的挑战

在城市，外来人口的管理演变为公共问题，引发了多方面的公众诉求，越来越成为城市政府公共政策议程的重要内容。外来人口引致的公共问题可以分为两种：

其一是城市环境和公共设施问题。流动人口的总量扩张增加了公用设施的承受压力，引起多方面的资源紧张。具体来看，主要的表现：（1）水电供应和公共交通的紧张。在一些大城市比较突出。城市管理部门的不满，不仅因为外来人口的扩张增加了这些公共物品的需求，甚至引起总量短缺，而且因为外来人口对于这些公共物品的消耗本身，也使用了在既有城市体制下政府的财政补贴。（2）在城市的局

---

① 本文系国务院发展研究中心农村部课题组调查报告，原题为《秩序冲突与治道变革——关于农民流动管理问题》，完成于 1998 年 6 月。

部地区，特别是城乡结合部，突出的问题是违章搭建，以及没有纳入管理的私房出租。这些现象的存在不仅破坏市容，而且使治安情况更加复杂，增加了管理难度。（3）外来人口的大量聚集，形成了一个需求层次、消费能力与习惯都不同于本地居民的消费群体，并由此形成了一个新的廉价的商品供应和生活服务体系，如日用品供应、教育、医疗、公共电话、理发、浴池等，这些服务单位多数都属于无证或非法经营，使外来人口聚居区的社会管理呈现了一种看上去混乱无序的面貌。

其二是城市社会治安形势的问题。80 年代末和 90 年代初，社会关注的重点是环境和公共物品问题。90 年代以来，社会关注的主要是治安。这个问题的核心是民工犯罪问题。本报告主要展开民工犯罪问题的调查分析。

二、民工犯罪的主要特点

从犯罪量来看，城市犯罪中的民工成分上升。以北京市为例，外来流动人口中犯罪人数占全市处理犯罪人员总数的比例：1980 年占 3.41%，1985 年占 9.28%，1988 年占 23.3%。[①] 北京市从 1995 以来发生的刑事案件口，外来人口作案占 50% 左右，1998 年查获的 10519 起刑事案件中，外来人员有 11028 名，占 62%。[②] 上海、广州等地情况也大致如此，甚或更为严重。值得注意的是，外来人员犯罪比例的提高，是在城市外来人口的总量没有明显增加，甚至还有下降的情况下发生的。

---

① 赵立新：《论市场经济条件下流动人口违法犯罪的特点、原因及其对策》，《人口学刊》1997 年第 1 期。

② 《北京晚报》2000 年 2 月 16 日。

第一，从犯罪类型来看，高度集中在侵财型罪行上，这是民工犯罪与非民工犯罪的重要区别。外来民工与非民工的犯罪形式是有区别的。一般说来，外来民工犯罪多以小偷小摸、顺手牵羊式的盗窃以及冲动型抢劫、抢夺和斗殴伤害为主要形式。犯罪对象一般都是工作、居住地点附近的熟悉的人与物，尤其以盗窃用人单位的原料、产品和同乡同事的财物最为常见。抢劫、抢夺以及故意伤害常发生于生活处于困境或报复性冲动的情况下。外来人口中的非民工犯罪也以盗窃、抢劫等侵财型犯罪为主，但标的额较大，诈骗、贩毒、拐卖妇女儿童等犯罪则基本都是非民工。

第二，从犯罪发生来看，主要特点是：（1）时间上具有明显的季节性。犯罪最集中的季节是春节前，因为要回家过节，一些民工萌生非法聚财念头。每年春节前的一段时间都是公安部门防范、破案的重点。2000 年春节前，上海《新民晚报》在 1 月 30 日一天里就有三条“老板拖欠工钱，民工铤而走险”的消息：一个因老板拖欠一年工资多次催要未果，最后将老板夫妇杀死；一个为要工资直接从老板身上抢劫了 6500 元；几个民工为了索要 5 万元工资而绑架了个体户老板。这里也暴露了管理上的问题，老板被绑架被抢劫可以报案破案，但民工工资被拖欠却常常告状无门。夏收夏种之前，有一部分民工需要回家帮助农忙，也比较多地发生各种以非法手段牟取财富的事情。（2）在犯罪起因上，与经济条件的关系密切。有的长期找不到工作或老板拖欠工资，为生活所迫，有的嫌工作太苦工资太低，另有部分民工是受他人引诱而走上犯罪。因此，假如外来民工的生活水平有一定程度上的改善和保障的话，犯罪现象将大幅度地减少。（3）在犯罪地点上，由于职业关系，犯罪民工多居住于建筑工地、单位宿舍和出租房屋，若城市对这些居住地点加以重点管理，便能有利于减少犯罪。

第三，从犯罪标的来看，案件标的数额往往很少。其一，大量案件都是偷盗一些生活月品，如衣服、食品、自行车之类，是职业犯罪分子通常所不为的。其二，往往小标的引起大案件。《羊城晚报》2000年2月1日报道：一个湖南籍打工者为了回家过年，竟为了1000块杀死和他共住一处的两个同乡。《北京晚报》2000年1月5日报道：两个曾以捡破烂为业的河北农民，在短短的3天里连杀5人，共抢得500元钱。他们杀的第一个人也是一个捡破烂者。其三，近年来民工团伙作案明显增加。《北京晚报》2000年1月14日报道：一个由10余名安徽籍来京人员组成的抢劫团伙，企图在春节前“大捞一把”，在短短3天时间里就连续抢劫5次，杀死1人，重伤1人，打伤8人，抢得财物价值2万余元。

现实表明，城市治安已经不仅仅与城市人有关，或者说城市已经没有办法像若干年前那样关起城门享受安宁。城市稳定已经与农村状况产生了越来越多的直接关联，影响城市治安的诸多方面中已经有了越来越多的农民因素。

三、民工犯罪的社会环境因素

媒体中见到的民工犯罪，从每个孤立的案件来看，犯罪有偶然性，从犯罪者本身来讲，有个人品质问题。但是，面对犯罪人数的逐渐增多，我们必须注意到犯罪现象背后的非个人因素。我们认为，就业环境的严峻和相应的制度建设滞后，是民工犯罪增加的重要环境因素。

第一，外出就业艰难，“流民”增加。

虽然城乡两个方面的就业环境都不够宽松，但是，农民外出就业的势头强劲。农民流动出现了一种奇特的“两多”局面：一方面，外出寻找就业的农村劳动力数量众多，总量持续增加，但是，另一方面，外出后就业失败被迫还乡和继续在外流浪者数量也多。尽管1998年下半年针对南方水灾地区做了大量工作，但1999年的春运期间民工外出势头意外高涨，劳动部只得在农历正月初八发出紧急通知，要求劝阻民工外出。交通部门估计春运比上年运量增加10%左右。2000年民工潮的突出特点是提前到来，同样令各方始料不及，先是出现了显著的“对流”局面，即返家过节的民工流和节前提前外出的民工流交汇，这是往年不明显的；外出高峰刚刚跌落，又出现了罕见的“倒流”情况，即不少农民外出不久，由于找不到工作又开始返回。据劳动部门估计，2001年春运期间的外出民工比上年增加6%左右。

外出失业而又不肯返回家乡的人数大量增加，形成一个特殊的“流民”群体。这部分人虽然已经离开乡村进入城市，但没有正当的职业或者正常生活来源，成为公安部门的收容遣送对象。公安机关的收容遣送以“无合法居所、无正当生活来源和无有效证件”的“三无”为标准。1998年以前，北京市每年收容遣送4万—6万人，1999年遣送高达149359人[①]，其中最多的一个月组织了123节车厢，每天向遣送人员供应的馒头就达5吨。这里当然有建国50周年大庆加强管理的因素，但是根本上还是说明流民数量的众多。上海市整个80年代，年均收容遣送总量不超过1万人次，1993年收容遣送人数达到4万人，1996年达到8万人，1997年超过10万人。[②]

值得注意的问题是，收容遣送人员的结构也发生令人担忧的变化，增加较多的并不是老弱病残等社会救助对象，而是一些具有正常劳动能力但失去正常劳动生活的人，在这部分人员中，曾有不同程度的违法行为者的数量有明显增加。这种情况也说明，虽然近几年进城民工总量得到了控制或者说基本稳定，但其中的问题成分显著增加

① 《北京晚报》2000年2月16日。

② 张声华主编：《上海流动人口的现状与展望》，华东师范大学出版社1998年版，第287页。

了，进一步说，总量方面的稳定并不表示治安问题就会明显缓解或者获得解决。

第二，保障机制缺损，容易铤而走险。

现在的社会保障制度主要保障城市居民，对于外来民工基本上难以顾及。1994年《劳动法》颁布后有一定改观，没有城市户口的外来民工的工伤保险权益得到了《劳动法》及配套法律法规的明确肯定，在有的城市里，还开始为外来民工办理养老保险。

但是，社会保障制度的关键内容——失业保险和失业救济却没有变，而且在一定的时间内也不可能变。失业保险和失业救济制度如何安排，对社会稳定和社会治安影响极大。外来民工实际上是城市中最不稳定最容易失业的劳动者，他们永远只能是临时工，签了合同也无济于事。城市政府出于特定目的，比如解决下岗问题，时常成批成批地清退外来民工。失业的和找不到工作的民工处于断绝生活来源的困境之中，这意味着倘若他要活命的话，就只有行乞和偷抢这两条道路了。这些人多半是宁盗不乞，宁抢不盗。因为乞讨要丢面子，不如偷东西，偷盗要有技术，不如抢劫来得干脆。因此，当失业增多而失业者又得不到任何社会救济时，犯罪必然增多，尤其以抢劫的增多尤为明显。

有人说，失业的民工可以回家，家中有两亩责任田尚可以为生。但问题在于，这些人外出的目的就是要挣钱，挣不到钱往往无颜回家，处于失业困境时总盼望着哪一天会时来运转找到工作。这样，当难忍的饥饿来临时，就没有什么道德规范和法律规范可以阻止他们去偷去抢了。

第三，合法权益被严重侵犯，犯罪有某种“自救”特征。

民工的合法权益在城市里受到侵害的情况层出不穷，各类新闻媒体所披露的实际上只是冰山一角。比较多见的受侵害情况是发生在受雇过程中，如：用人单位及其老板收取或变相收取押金，扣押身份证或暂住证，拒绝签订劳动合同，超负荷加班加点却不按法定标准支付加班费，无故或借故拖欠和克扣工资，缺少必要的劳动保护设施与用品，工作和居住条件恶劣不安全，随意斥骂、侮辱或殴打职工，拒绝给工伤职工支付医疗费，不提供伤残补偿金并且随意解雇因工伤残的职工，等等。绝大多数民工在绝大部分情况下均选择忍气吞声的方式委曲求全，少数民工可能会依法抗争或求助于合适的法律救济手段，一般都不会直接导致严重的社会后果，但总有极少数民工在遇到权益被严重侵害时可能铤而走险，以犯罪的手段来“维护自己的权益”即自我救济。

民工的“自我救济”式犯罪一般会发生三种可能的犯罪方式：一是拿不到工资的民工纠集一帮同乡兄弟去老板那里讨工钱，遭拒绝时可能发生砸东西和打架斗殴的行为，严重者将构成侵害公私财产罪、流氓罪（旧《刑法》）或聚众斗殴罪（新《刑法》）和故意伤害罪。二是拿不到工资的民工将工作单位的产品、原料、部件或生产工具偷出变卖，构成盗窃罪。这就是一些民工常常只偷本单位的东西而不偷其他单位和他人的东西的原因。三是以暴力对拖欠工资的老板及其家属进行直接的报复，严重者常常酿成故意杀人、故意重伤以及抢劫、绑架等恶性案件。

城市政府对于进城农民的管理虽有若干改进，但基本理念还是旧的：重视用经济、行政的处罚手段，必要的保护、服务工作跟不上，忽视进城农民的权利要求。在这种情况下，外来农民与城市社会产生了很深隔阂。这种隔阂的后果，一方面，外来人口难以形成正常市民应有的规范和法制观念，另一方面，在城市的生活工作中经常受挫，产生被歧视感，诱发不同程度的认同危机和心理危机，从而成为潜在的犯罪动因，当这种危机达到一定程度时，会导致极端的反社会行为。

2.5 流动者的别样生存①

一、民工对社会治安的影响

根据调查地有关部门的介绍和座谈，外来人员在治安方面的不良表现主要是两类：一类是偷窃，另一类是斗殴闹事。

外来人员的偷窃行为有明显的特点：第一，偷窃对象以生活用品为主，包括一些价值不高的日用品，诸如米面、肉油、衣服、自行车之类，还有的偷生产工具或产品来变卖。对于一些职业偷窃犯来说，生活用品本身是不作为目标的。第二，偷窃行为的发生具有季节性，春节前或农忙前发生的数量有明显的增加。第三，偷窃有时会转化为伤人杀人的恶性案件，一般都发生在偷窃行为被人发现又难以逃脱的情况下。

根据对一些外出经历丰富甚至坦言承认也有过偷窃行为的老民工的访谈，偷窃分为四种情况：第一，在外收入太低，生活困难，而要承担的各种风险费用比在家乡多，有的人就迫不得已用偷窃来度过生活危机。第二，偷窃不仅是收入手段，也成为报复社会或他人的手段。第三，是特定情况下的见财起意。生活不困难，但在工地、工厂看到可以拿的东西，便“顺手牵羊”，有某种偶然性。第四种是惯偷，主要精力用于策划怎样偷和实施偷。一般没有什么正当职业，即

---

① 此文原题为《再看民工——688位民工的生存状态透视》，刊于《中国农民》1995年第12期。

使有了某种职业也是为了更便于偷。偷实际上成为他们的生活方式。在各种类型的外来人口中，以收购废品者中的偷窃行为较多。

斗殴特别是群殴，也是影响治安的突出因素。从参与人员来看，有外来人口之间的斗殴，也有外来人口与当地人的斗殴，但外来人员之间的斗殴占数量上的绝对优势。从发生的场所来看，以工地和街头的为多，工厂内部较少。从斗殴的规模来看，重要特点是群殴较多，一种是由单人之间的斗殴转化而来，一人引发，同群体的其他人同上，一般以同乡来划分斗殴双方。见到同乡有斗殴之难而拔拳相助，似乎成为民工群体的一种“道德规范”，一种“亚文化”。一种是斗殴的初发生就是群体的，这种斗殴往往是有组织有策划的，有自己核心领袖人物，有的群殴组织程度很高，类似于小规模的军事冲突。

在被访谈者中，“见过”民工与本地人打群架的有 109 人，占 16.2%；“见过”民工与民工打群架的有 181 人，占 26.9%，其中有相当一部分明确表示参与过。

斗殴发生大体分为三类情况：第一，面子即“尊严”的原因，这类斗殴大都起于工作和生活中的小事，诸如日常交流中出言不逊。第二，工作中协调不够的原因。较常见的是由于民工间为挑选劳动工具而发生争执，或者一个作业班组影响了另一个班组的施工速度和质量，引发为打架。第三，争夺经济利益的原因。如雇主克扣工资而发生纠纷。

据无锡、吴县等地公安部门介绍，流动人口的犯罪集中发生在“三无”人员群体中。“三无”人员是流动人口中更具有流动性，最难以把握其流动规律，也更难实施管理控制的一部分，可以说是流动人口群体中的一个特殊群体。无锡县公安局的统计，1994 年全县有 2800 人次犯案，其中外来人员有 2300 人次，在外地人犯案中，又有约 70% 属于“三无”人员，据吴县公安部门介绍，那些有正当职业和稳定收入的外来人口，其犯罪率与本地人基本相同。据上海长宁区有关部门介绍，“三无”人员占外来人口总量的5%左右。

从访谈调查来看，“三无”人员可以分为两类：一类是暂时失业者，收入中断或收入太低，连房租也无力支付，因而以流浪游荡为主要生活方式。这部分人作为“三无”人员具有过渡性，其行为失范程度不高，也容易转化为可控制人员。另一类人是属于游荡成性者，基本无正当就业需求，有意要摆脱政府的管理控制。其中有一些人是以偷窃、敲诈、抢劫为生的流氓无赖，这部分“三无”人员是对社会危害最大，也最难加以控制管理的。

所以，谈流动人口的犯罪现象应当具体地分析犯罪主体的背景条件，不能因为有几个害群之马而否定整体。事实上，在任何社会条件下，犯罪人口的最大特点就是流动性，即使没有农民跨区域流动就业的大规模发生，在流动中犯罪的人员也是存在的。

二、民工在治安方面的受害表现

流动人口也是治安不良的受害者，对社会公众来说，这方面问题是缺乏重视的。

第一，被偷抢。在回答这个问题的676名流动就业者中，有252人（占37.3%）曾经被偷窃或被抢抢劫过。其中一部分被偷被抢不止一回。

第二，被敲诈勒索。与偷抢不同的是，敲诈勒索总要借助于某种貌似堂皇的“理由”、“说词”，具有某种公开性和“合法性”。

第三，被欺凌。这种伤害不是经济的，是人格的、尊严的，表现为被打骂、被污辱，包括女性受到侵扰。这种欺凌不仅来自社会上的不良分子，如当地或外来人中的痞子流氓，还来自那些有正式身份的管理人员。

把农民流动中的社会稳定问题放在中国社会转型和体制转轨的时代背景之下，结合本次调查我们形成了几点看法。

1. 从总体来看，农民流动促进了社会的稳定。影响社会稳定的基本因素是经济生活，影响经济生活的基本因素是就业状态。改革开放以来，由于中国农村人均占有资源的高度稀缺，农村就业问题在突然之间成为一个十分严峻的问题。通过区域移动来开辟就业渠道，增加收入来源，保持生活水平的稳定和持续提高，不仅是农村发展的一条重要方式，更是社会稳定的基本保障。不难设想，如果农村中闲置大量劳动力，既没有途径就地就业，又不允许流动异地就业，大量农民只能困守那一块土地，甚至没有土地可守，那将是中国社会最大的不稳定因素，所以，谈农民流动与社会稳定的关系，首先要肯定的是流动促进了稳定，而不是流动破坏了稳定。

2. 从局部来看，农民流动确实带来了一些不稳定因素，但这些不稳定现象有深刻的时代背景。一方面，中国现在正处在计划经济体制向市场经济体制的转化进程中，社会资源的配置正向多元化占有和市场化分配过渡。与此相适应，社会控制方式也发生重大变化，即通过原来的政府控制资源分配手段同时也实现控制社会运行的办法失灵了，农民流动本身也是这种资源分配方式变动和社会控制方式变化的反映。另一方面，中国现在处在迅速的现代化进程中，农村经济的非农化，农村人口向城市转移广泛发生，原来那种农村只有农业、农民只能种地的社会格局瓦解了，以人为核心的农村社会要素的“流动”空前活跃，原有的不流动的稳定状态不复存在。所以，农民的流动只是中国社会发生转折性重大历史变迁过程的一个必然现象，就是说，目前社会中的不稳定现象，从深层来看根源于社会的转型和体制的转轨，流动带来的不利因素是浮在表层的东西。

3. 流动就业人口失范行为的较多发生是基于流动就业人口的“边缘”地位，即体制上的特殊性。流动人口是一个既缺乏保护也缺乏约束的社会群体。一个农民，一旦离开家乡，就失去了原来的“社区保护”；同时，由于进入新的就业生活后没有正式身份，也失去了企业正式员工的“单位”保护。同样，他也较少受到来自“社区”、“单位”的约束。当遇到困难时，或者与另外的利益主体发生矛盾时，往往居为弱者，成为首先受伤害的人，因为没有约束，在这种情况下，他往往会通过一些非正常甚至非合法的方式来保护自己。这样，在一些人看来，他们似乎就成了社会的“不安定分子”。解决这个问题的根本办法只能是，改变人口管理体制，改变流动就业人口的边缘人地位。

4. 要减少农民流动对社会稳定的负面影响，应当从三个层面开展工作：

第一，加快与流动就业有关的体制改革，规范政府管理行为和劳动力市场，减少由于体制缺陷和管理失当造成的流动就业者权益损失，尤其是用人单位、管理部门、管理人员要正确地对待外来就业人员，消除各种制度性、非制度性的不公平对待，改变农民流动的社会环境。

第二，加强对流动就业农民的培训教育。这种教育主要不是职业技能的，而是一种公民教育，包括法制观念，权利能力，对工业文明和城市生活的适应。

第三，严厉打击极少数犯罪分子。在任何社会，犯罪分子的一个特点都是流动性。但流动就业和流动犯罪并无内在的必然联系。

2.6 政府的管理逻辑[①]

农民进城显著地冲击了既定的城市生活秩序，这种冲击本质是对政府管理的挑战。农民进城的根本要求是权利的市民化。在这种挑战面前，城市政府的管理行为需要关注，更需要改革。

一、民工犯罪程度的评估

在以往许多调查中，通常认为犯罪人员中外来人员占 50% 左右，有的达到 60% 以上。在外来人口比较集中的北京、上海等大城市和珠江三角洲地区，比例还要更高些。但是，要准确地评估城市外来人口的犯罪程度，似乎不能仅从外来人口犯罪量占城市犯罪总量的比重出发。因为，在这个数字后面，还有一些具体因素应当考虑。

首先，关于“犯罪”概念的使用，究竟何种情况可以视为“犯罪”。一种以公安部门抓获的各类犯罪嫌疑人数量来衡量，通常引用的都是这个数据，一种以被法院依法判决确定有罪的人员数量来衡量。以浙江省为例，法院系统提供的数据比公安系统提供的数据低约 19.4 个百分点。这 19.4% 的外来人员实际上只是严重违反治安管理规定，如小偷小摸、卖淫嫖娼、吸毒、一般的打架斗殴等，并不是刑法学意义上的犯罪分子。

---

① 本文系作者执笔的国务院发展研究中心农村部课题调查报告，原题为《民工犯罪与公共治理》，完成于 1998 年 6 月。

其次，公安部门提供的数据中，有一些犯罪没有统计在内，如由检察机关自主立案侦查的犯罪（包括贪污、行贿受贿、渎职等），此类犯罪绝大多数属于本地人口。1994 年全国此类犯罪分子的数量约占被提起公诉的被告人总数 6.5%。[①] 这就意味着本地人口犯罪率被社会舆论低估了 6.5 个百分点，而外来人口的犯罪比重相应地被高估了。

再次，外来人口犯罪率与本地人口犯罪率的比较方法问题，人们通常运用异质比较，如用某一城市的全部本地常住人口的犯罪率与全部外来人口的犯罪率加以比较。实际上这是不科学的，“本地常住人口”与“外来人口”的内在结构大不相同，属于不同质的群体。常住人口是一个男女老幼大致均衡的社会群体，外来人口是一个以男性为主、青年人为主的社会群体。所以，要科学地比较两种人口的犯罪率，应当先确定一个结构同质的人口群体。显然，同质比较的结果，外来人口的犯罪率仍然会较高，但会明显低于通常的说法。

如果在分析流动人口犯罪的严重程度时，考虑到上述影响因素，流动人口实际的犯罪率会低得多。

二、管理部门：架构与行为

现在大中城市基本上都建立了外来人口的组织管理体系，这个体系一般由市、区、街道三级管理网络构成，特别是一些大城市，组织机构基本上已经常规化。比如上海，在市一级，建立了上海市外来流动人口管理协调小组及其办公室，在全市的区县各个街道、乡镇都建立了外来流动人口管理协调（领导）小组及其办事机构。在编制上，

---

① 《中国法律年鉴》，第 1067 页。

这些机构设置都是非常设性的。

（一）城市基层公安部门的管理模式

为了在微观层面上了解常规状态下城市政府部门（具体看主要是公安部门）如何管理外来人口，课题组在烟台市城区某派出所进行了以参与观察为主要方式的实地调查。该派出所辖区内常住人口22429人，在该所办理暂住证的外来人口2100余人，接近辖区常住人口的10%。还有部分未被纳入管理因而未进入统计数字的外来人口，具体数量难以统计，据管理人员估计占总数的30%左右。

该派出所共有干警18人，暂住户籍室有专职的暂住人口管理人员2名，一位是派出所的正式警察，另一位是从辖区商场借调使用的会计。9名外警在各自户口段的责任区内，既管理常住人口，也负责暂住人口管理。派出所对于外来人口的管理程序主要有以下内容：

1. 摸底。摸底就是掌握辖区内暂住人口的流动情况。由于大部分暂住人口不是主动到派出所办理暂住户籍，因此，摸清辖区内的暂住人口，要求他们办证，是暂住户籍管理的基本前提。通过摸底，发现辖区内新到的或没有办理暂住证的外来人口，才可能把他们纳入管理之中。暂住户籍室的专职管理人员虽然也进行摸底，但摸底主要是靠外勤民警来做。

2. 办证。暂住证办理由暂住户籍室负责，暂住人口全在这里办证，没有在其他场所现场办证的情况，因为一些技术性工作如取指纹、录笔迹等只能在这里完成。办证的手续是，首先查验暂住人口的身份证，其次是建立暂住人口档案，填录暂住户口卡和暂住人口登记表，此外男性还须在手印卡上录下10个指纹。

3. 函查。在暂住人口管理工作中，函查只针对男性，是秘密进行的，外来人口不知道。就是根据暂住人口身份证上的原籍地址，向当地公安派出所发函，询问、调查有关该人的事项。调查事项有：是否有此人，是否有前科，是否有违法行为。

4. 验证和退证。这两项工作是由暂住人口的专职管理者来做的。验证一年两次，年中和年末，持暂住户口卡到辖区一一查验暂住证。验证工作的内容包括，查明这些办发了暂住证的人口的暂住情况。

城市公安部门对于外来人口管理是以防范犯罪为出发点的。这种管理体制起因于计划经济时代社会结构相对封闭、人口区域流动不发达的历史条件下，并不是为了适应大规模流动人口的出现而设计的，因此，对于转型时期出现的大量流动人口，仅有这样的管理显然是不够的。尤其是在一些外来人口数量庞大的地区，传统管理方式的局限更加突出。其一，管理内容单一，公安部门的管理只是一种治安管理，主要以防范犯罪为出发点，或者是说在一些情况下把外来人口当作潜在的犯罪群体来管理。从公安部门本身来讲，这样工作并无不妥，公安部门当然只能管治安犯罪问题。但是，从整个政府的管理角度来看，这样做是远远不够的，因为流动人口在聚居地引发的绝不仅仅是一个治安问题。其二，管理力量单薄，公安部人员力量的配置是以常住人口的数量为依据的，如果一个社区的外来人口达到一定的规模，甚至超过了户籍人口，那么，原有的管理人员可能连原来很单一的管理职责也无力完成，而相应的若干服务更谈不上。

（二）城市街道居委会的管理模式

事实上，公安部门的基层工作大量是由街道居民委员会做的。但对于居委会来说，还有一项需要投入更多精力去做的工作，这就是流动人口的计划生育管理。为此，课题组在一个街道居委会进行了流动人口育龄妇女计生管理程序的参与观察。从这个居委会来看，作为管理对象的流动人口育龄妇女，其范围是指年龄在15—49岁之间，来自外省、省内其他地区和市内其他区市县、郊区镇，而在本居委会辖区居住的妇女。一个管理对象从纳入管理、日常管理到离开辖区结束管理的整个管理过程分为以下几个程序：

1. 摸底。就是发现和找出来到辖区居住的流动人口育龄妇女。很多人是不会主动来居委会申请管理的，当然，假如她因为没有被纳入计生管理而不能办工商经营执照时，她可能会主动来。她们不主动来，居委会就要主动去找她们。居委会的工作者说他们是用两条脚和一张嘴去做工作，就是因为要到处跑，挨家挨户，到处查问，到处说服。流动人口来去不定，摸底工作也就得时常进行。

2. 收证。这个证是流动人口计划生育证明，是由流动人口户口所在地的计生部门开的，各省一般都有本省统一印制的流动人口计生证明，大部分省的这种证本印作“流动人口计划生育证明”，如“山东省流动人口计划生育证明”，但也有的省名称不同，如福建省印作“婚育节育证”。对于流动人口育龄妇女，居委会首先就要收上这个证本，这是管理的第一步。有的人没有这个证本，就要求到户口所在地计生部门去办，路远的要写信让家里人代办。但很多人不情愿办，因为户口所在地要收押金，押金数额各地也不一样，一般是200元，多的要收500元。因为流动人口常年在外，押金要“押”数年，就几乎等于收费了。对于未婚女性，烟台市办的是“流动人口未婚证”，但其他地区一般是无论已婚未婚一律是计生证明。

3. 签合同。居委会收上计生证明后，接着是与流动人口育龄妇女签订“流入人员计划生育合同书”，并收押金100元，开的是流入地计生部门盖章的押金收据。

4. 审验。居委会计生主任持流动人口的计生证明到街道办事处计生办、工商所、派出所这三个部门审验，在计生证本的“审验记录”中盖上这三个部门的章：街道办事处计划生育办公室章、工商所计生审验章和派出所暂住户口专用章。

5. 建档、发函、发卡。审验之后，居委会给这些流动人口建档。档案有三套，一套是“流动人口计划生育妇女档案袋”，一人一袋，内装其流动人口计生证明、合同书以及发函根、查体单等等；一套是“流入地婚育龄妇女卡片”，居委会给每人填一卡，记录该人基本情况，贴照片，装订在档簿上，便于日常翻阅；一套是“流入未婚育龄妇女登记表”，登记该人的基本情况。这三套档案组成了居委会对辖区内流动人口育龄妇女的日常档案管理。发函，是向流动人口户口所在地的计生部门发出“流动人口纳入管理委托出回执”，通知流出地，该流动人口已纳入流入地的计生管理。发卡，是居委会发给流动人口“育龄妇女计划生育证明卡”，作为证明其已纳入管理的凭证，卡上贴照片，记录流入基本情况。

6. 查体。查体是纳入管理之后的日常管理。查体一年两次，上半年的 3、4 月份和下半年的 8、9 月份，到区计划生育宣传技术服务站查，查体单盖上该站的诊断专章，收入档案袋。查体费每次 10 元。

7. 流动人口育龄妇女迁离辖区时，居委会交还其流动人口计划生育证明，退还押金，收回其“育龄妇女计划生育证明卡”和其保留的乙方合同。到此，管理过程结束。

人口流动整体上有利于计划生育，这应当是一个不争的结论。因为，流动就业生活使得更多未婚女性倾向于晚婚，晚婚当然有利于减少生育；同时，流动生活也使得那些已婚妇女倾向于少生孩子，因为比起纯粹的农村妇女来，她们有相对现代的生育观念。早在 90 年代初中期，我们在调查中就注意到这个问题。但是，对于政府计划生育管理部门来说，特别是流入地政府来说，问题并不这样简单。究竟人口流动导致少生了多少孩子，对于他们并不重要，因为这个账很难算清楚，即便算清楚了也与他们的政绩无关。他们最关心的是，在整个计划生育管理中，流动人口家庭的超生问题是个突出存在而且特别难解决的问题。

根据课题组在山东烟台市的调查，在 1998 年 300 余例计划外生育中，外来人口超生占 80% 以上，在上海市，2000 余例超生者中，外来人口占 90%。这里的问题是，针对流动人口超生现象，学界研究人员与政府管理部门之间出现了一种对话的困境，前者说的“流动总体上会减少超生”的道理，后者说的是“我们这里的超生怎么办”的具体问题。

（三）城乡结合部的管理模式

在外来人口高度集中的城乡结合部，管理方式不同于典型的城市社区。在城市社区，管理的主要力量是正式的公安部门，在城乡结合部，由于外来人口的数量往往高于常住人口的数量，主要按常住人口比例配备的警察人力不能适应治安管理的工作量的要求，于是就增加了一定数量的非制度性的治安管理部门和管理人员。在这种情况下，某些城乡结合部的外来人口管理，实际上已经由政府管理演变为社区组织管理，行使管理职能的主要是一些没有法定管理权力的临时机构及其工作人员。这种社区管理是怎样运行的，课题组研究人员在上海郊区的 H 镇和 HW 村进行了两个月的参与观察。

1. 镇的管理模式

机构和人员。H 镇外来人口有 2 万多人，与常住人口之比约为 1∶1，暂住登记率约为 75%。H 镇的外来人口管理机构称“外来人口管理办公室”（以下简称“外管办”），与镇“社区保安综合执法队”实行“两块牌子，一套班子”。按照规定，外来人口管理办公室的职责是，协调镇政府各职能部门，指导各村的外来人口管理工作，并直接进行镇办企业、新征地工地、新住宅区的外来人口管理，具体的管理工作包括暂住管理、房屋管理、务工经商管理、计划生育管理、防疫健康管理等。外来流动人口管理办公室是镇政府事业单位，专职人员有 3 人，按照规定，各相关部门都要有人参加“外管办”的工作，但是，除了计划生育办外，其他部门均无人在这里上班。外来流动人口管理办公室主任估计，外来流动人口中总有 20% 左右的人无正当职业。

镇外来人口管理办公室的主要工作内容，可以通过我们收集到的会议记录的关键词统计，有更直观的了解（见表 1）。

表 1　H 镇外管办 1998 年 3—11 月会议记录关键词统计

镇外管办负责人发言中涉及关键词次及百分比			镇综治办及区、镇各职能部门与会者发言涉及关键词次及百分比					
登记办证	10	10.87%	登记办证	3	6.25%	登记办证	1	1.89%
房屋租赁管理	14	15.22%	房屋租赁管理	5	10.42%	房屋租赁管理	15	28.30%
临房管理	1	1.09%	临房管理	1	2.08%			
治安问题	4	4.35%	治安问题	1	2.08%	治安问题	4	7.55%
清查遣送	3	3.26%	清查遣送	1	2.08%			
计划生育	9	9.78%	计划生育	6	12.50%			
健康证	5	5.43%	健康证	3	6.25%			
收管理费	23	25%	收管理费	6	12.50%			
外口人数	22	23.91%	外口人数	1	2.08%			
重点整治	1	1.09%	重点整治	2	4.17%			
			外口工作考核	3	6.25%	外口工作考核	1	1.89%
			取缔四小	4	8.33%	取缔四小	12	22.64%
			半年度总结	1	2.08%			

工作内容。镇外来人口管理办公室在 1998 年中的主要工作：1—2 月，调查登记外来流动人员，资料输入电脑，评出 30 个外来流动

人员先进个人，走访留沪过节外来流动人员；3月，综合治理宣传月；“三五”普法宣传；4—5月，整治“四小店”；6—8月，慰问在高温第一线的外来建设者；9—10月，私房出租情况调查；私房出租许可证、治安许可证的统一办理；取缔无证经营发廊。

这里的外来人口流动性很高。年初，镇的计划生育部门给居住3个月以上的3200多名外来育龄妇女建了“小白卡”，登记了详细的资料。但是，3个月后，管理人员进行随访时，发现40%的人都不在原来的租住地点了。

2. 村管理模式

机构和人员。HW村是正在消失中的村庄，外企需要大量廉价劳动力，有1000多人外来人口在本村外企工作。村设有一个“警务站”，其实是村治保主任办公室与联防队值班室，并没有正式公安人员。派出所有一位负责该村的片警，不参加日常管理和治安巡逻。联防队起初是护村队，职责是看护农田。联防队的工作人员共有13名，分两班值夜，主要侧重夜间工作——治安巡逻、查验证件等。工作人员有联防队制服与警具。本应由派出所管理的暂住证办理、暂住费收取工作由联防队员代办。“警务站”的工作费用依靠外来人口的各种缴费，称“以外养外”。

管理内容。1996年以来，上海市流动人口管理提出“控制总量，控制居住”的“双控”方针。“双控”的一个重要方面是清除违章搭建，这些地方是城郊结合部外来流动人员的主要居所。村治保主任说：“96年‘冲’过一次违章搭建，我村拆了496间，过了一年又慢慢建起600多间。”有一家出租了40间房，有20多间是违章搭建。在这个村，很少看到几家没有违章搭建，也很少有村民没有向外来流动人员出租房屋。由于大规模的建设征地，全村有约60名土地被征用而又没有其他生活来源的村民，每月领取324元的生活费，当地称“征地待岗”，这些人需要以房租补贴家用。根据匡算，如果外来人口全部离开，全村人一年至少失去200万元的房租收入。1997年，该村外来人口最高峰时达3500人，村“警务站”仅上缴的外来人口管理费就达到19.6万元，上缴村4万元。

3. 管理行为的偏差

从管理机构来看，在镇一级，外来人口管理部门只是事业单位，没有行政权力，严格来说不能够行使管理职权。在村一级，村委会雇用几个本村青年农民，买几套看上去很像警服的保安服装给他们穿上，就成立了所谓的“警务站”，俨然警察局，由这些人执行对于外来人口的管理，可以罚款，甚至可以抓人关人。在外来流动人口管理的各个具体环节中，联防队员都是外来人口群体接触最多的管理人员。由于许多管理任务下达时没有规定细则，联防队员在操作时有很大的随意性。在日常管理中，联防队员经常发生不规范行为。这些行为大致包括几类：第一，上岗时间仪表不整，值勤时举止、言语粗鲁，酗酒、睡岗；第二，执行公务时不按程序，如收容遣送时不询问、不查证就抓人；第三，为了个人利益，利用职务之便作交易，如交钱放人、将暂住证表示“费用缴讫”的激光贴花随意送人等；第四，侵犯外来流动人口权益（主要是人身权利）。

联防队员的不规范行为并非单纯的个人行为，因为滥用的是管理社区事务的权力。如果这些行为缺乏约束，将造成更严重的外来流动人口与管理机构之间的对立，会使外来流动人员更加不认同流入地的社会管理规范。因为这种管理方式本身即是对管理合法性的否定。

管理暴力的大量存在值得重视。社区组织的管理人员在管理活动中常常对管理对象实施不同方式的暴力，这种管理暴力成为解决一些管理难点的重要手段，同时也导致新的管理问题，主要是外来人口的不合作甚至敌对。有的外地女工反映，一天晚上，“警务站”的四个联防队员醉醺醺要进入宿舍查户口，一个女工说他们查户口应有警察带队，拒绝配合。联防队员就揪住几个女孩，用电棍杵她们，还打她们耳光。有的联防队员进发廊检查，竟把“洗头小姐”抱起来坐在腿上。管理人员的这种不良表现事实上成为激起更多治安等方面问题的重要因素。

在管理部门看来，对于外来人口最具效力的管理行为是所谓的“联合执法”。一般是由一个部门发起，邀请其他部门参与，突击清理清查外来人口中的某些突出问题。课题组成员参加了一次“联合执法”，由派出所发起，镇村干部、村联防队员、计划生育工作人员等有上百人参加。清查对象包括出租房屋、市场摊点、发廊餐馆、各类店铺等，一切有外来人口的场所都在检查之列，清查内容是外来人口的证件手续是否齐全、是否进行违法犯罪活动等。因为清查行动主要在该镇的三个村进行，费用要求村里平摊，大致参加者每人补助 20 元。这种联合执法的主要特点是冲击性，几天之内，或者一个较短时间内，会有明显效果，但是，不久便一切如初，被查处和清理的人员陆续返回，违章房屋照常出租，违章摊点照常经营。

有的用人单位和社区组织相当重视外来人口的法制教育，在一年的不同时间里，组织外来人口的法制教育课，分别采取听讲座与看录像的形式。录像是政府部门专门为流动人口录制的录像片《走向有序》和《拥抱明天》，但认真看的人寥寥无几。因为录像内容大部分是外来流动人口管理的领导讲话，不具有形象化、具体化、寓教于乐的特点。还有一些打工者联谊会、俱乐部之类的活动，主要是一些大学的青年志愿者帮助操办的，是外来人口的一个重要业余活动场所，很受外来人口欢迎，但问题是场地有限，活动次数也较少，只有极少量的打工者能够参与其中。

对于外来人口来说，他们最需要提供的是基本权利保护，如人身权利不受侵犯、劳动能获得相应报酬等。1998年春天，该镇一家台资服装公司，老板因负债不辞而别，拖欠40几个员工4个月工资。员工们跑到镇外经贸办等单位反映，不仅没人管，反而被轰出来。他们都是说："你们是外地人，老板跑了，你们该走了。"态度更加不好的是村里，不仅不管，村支书、农方经理还让村联防队采取措施，把他们驱逐出去。联防队动用了警棍。最后，员工委托律师提起诉讼，通过法院才讨回工资。

现在，城市外来人口政策的主要手段是多种多样的收费和办证，政策制定者认为这是制约外来人口过度进入和行为失序的基本选择，但外来人口却没有相应的理念认同，特别是执行中不合作，使得政策的规制能力大打折扣。从外来人口的角度来看，主要困惑是感受到了来自城市政府的管制约束，却没有感受到期望的服务帮助，尤其是缺乏制度化的利益表达渠道，自身权益维护往往不能获得有效支持。

管理困境之一是，由于政策设计上的缺陷，外来人口往往陷于一种政府服务的真空之中，在许多情况下，实际上过的是一种没有政府的生活。他们不把当地政府当成自己的政府，他们常常是向同乡组织、亲友组织，甚至带有秘密社会色彩的组织寻求本应当由政府提供的"服务"。

管理困境之二在于，虽然政策规定很多，各种各样条款很细致，但是支持管理活动推进的政策资源严重不足，在一些情况下甚至处在一种有政策目标无政策工具的尴尬局面。一些管理内容没有经费支持，没有人力投入，甚至也没有法定条件下的行政体系。突出的问题是，在一些外来人口大规模聚集的地方，依托一些临时机构和临时人员去实施法制性政策性很强的管理工作，不仅面临管理主体本身的合法性问题，而且一些管理人员本身的行为失范又酿成新的冲突甚至局部管理危机。

公共管理的本质是对于社会资源的权威性分配，具体来看，需要两个方面的社会整合，即社会价值观念的整合和社会公众利益的整合。从城市外来人口的公共管理来看，整合的关键是政策制定和制度设计本身要体现外来人口是“新的市民”的价值理念，而不是旧体制下的一般意义上的“暂住人口”。从体制改革的意义上讲，原来计划经济时代的市民也在经历一个重新市民化的过程。不论是来自乡村的非市民，还是城市里的老市民，都将在社会转型过程中成长为市场经济体制下的权利地位相同的新型市民。在这样的前提下审视城市外来人口的公共管理，就会发现目前的政府努力尚有若干值得斟酌之处。

（1998 年 6 月）

2.7 探索管理变革①

今年（2000年）4月初，中德合资扬州亚星—奔驰有限公司的德方总经理一家四口在南京被杀。凶手是四个来自苏北的进城农民。这个案件对社会影响很大，引起人们沉重的思考。有关方面认为此案的重大教训是居住小区安保不够，我们认为，也有必要从一定社会背景下观察和处理当前的民工犯罪现象。

如果从1989年早春"民工潮"爆发算起，大规模的农村劳动力流动已经持续了十余年。考察流动引发的社会问题，基本可以说，20世纪90年代中期以前主要是交通问题，20世纪90年代中期以后则转变为治安问题。近几年，交通问题明显缓解，甚至在最紧张的春运期间，铁路和公路仍然在积极主动地争夺旅客。治安问题前些年同样存在，近些年趋于严重，受关注程度已经远远超过交通和基础设施问题。人们惊讶地发现，不仅普通治安案件常常与民工有关系，而且耸人听闻的恶性案件也有更多的民工参与其中。

在许多城市，治安案件涉及的人员主体是外来人口。现实表明，城市治安已经不仅仅与城市人有关，或者说城市已经没有办法像若干年前那样关起城门享受安宁。城市稳定已经与农村状况产生了越来越多的直接关联，影响城市治安的诸多方面中已经有了越来越多的农民因素。解决犯罪问题，不仅需要加强防范和严厉打击，而且需要在城

---

① 本文系国务院发展研究中心农村部农民工课题调查报告，原题为《宏观就业背景下的民工犯罪》，完成于2000年5月。本次刊发有删减。

市管理体制方面的调整。

第一，加强农民流动的信息服务。

农民外出就业，从个人来讲是理性的，他们希望把成本风险降到最低程度。但是，他们获取就业信息受到种种制约，个人化的、人际网络基础上的信息收集方式往往使流动有较大盲目性和较高代价。现在，流动就业的信息传播主要是被商业性的就业中介机构所操纵，而这些机构为了营利目的，常常夸张就业机会和工作条件，误导了许多希望外出的农民。政府有必要利用公共传媒来加强流动就业的信息服务，及时地展开地区性、行业性的就业信息发布，让更多有外出倾向的农村劳动力了解宏观就业形势的严峻，使外出的决策更加慎重。让盲目流动终止于迈出乡村之前，对于农民和社会来讲都是最经济最理想的。否则，如果使一些人在进入城市以后悔不当初，那将有许多人连返回家乡的能力都没有。在去年的北京火车站调查中，我们每天都接触到一些后悔出来但无力返乡的农民，有人甚至在火车站愁苦交加声泪俱下。

第二，慎重使用清退农民工的政策措施，降低进城农民的被歧视感。

现在，许多地方都规定了对于外来劳动力的行业工种限制，实际上是奉行歧视性就业政策。有的地方强行清退农民工，不仅造成一些民工突然中断工作陷于生活困境，而且激发了他们的被歧视感甚至反社会情绪，成为潜在的不稳定的因素。这种做法不仅从长远来看不符合市场经济的改革方向，而且从当前来看也不利于城市的社会稳定。因为迫使用人单位中断对于他们的雇用相对容易，而要让他们离开城市却非常困难。只要他们没有离开，他们就必须想办法在城市里生活下去，不论是合法的方式还是不合法的方式。

第三，规范管理行为，强化城市政府的服务功能。

近些年来，许多地方都出台了一些关于外来人口的管理规定，也取得了一定的成效。但是，缺陷也是明显的。首先，管理规章本身不够完善，手续繁杂，政出多门，衔接性差，有法不依甚至“违法管理”的现象不少；其次，管理机制不健全，运行机制不合理，部门利益影响执法，管理人员素质差，依赖于临时性的、突击式的清理整顿，效果难以维持。从进城农民的感受来讲，管理就是办证，而办证就要收费。规定上虽然收费标准并不高，但是实际执行中无截无拦。打工者除缴费外，很难再获得这些部门提供的服务。因为收费太高，不少打工者明知道管理部门要求办理以上证件，还尽量逃避。

现在看来，最重要的工作应该是加强对于流动就业者的权利保护。但是，这个问题恰恰被忽视。在进城农民的就业指导、劳资纠纷甚至社会保障等方面，城市政府应当倾注更多的精力，对于他们的困难，不是推出去，而是认真帮助解决，使他们感到城市政府也是自己的政府。自己的合法权益能得到来自政府部门的有力保护，进城农民不仅可以提高对于政府工作的认同，而且也可以大大减少因为用不合法方式保护自身合法利益而导致的违法犯罪事件。

第四，开通进城就业农民的“市民化”渠道。

越来越多的进城农民已经在城市稳定下来，但是他们在城市中的边缘化状态并没有显著改变。根据北京市进行的外来人口普查，外来人口中在北京居住的时间有明显的延长趋势，目前，居住半年者已占外来人口总数的63.6%，其中，居住3年以上的占19.4%；有10.4%的人口在京居住时间达5年以上。同时，举家在京的外来人口也越来越多，达到31万户70余万人。出现了越来越多“不流动”的“流动人口”。他们绝大多数已经成为事实上的城市人口，也是城市社会中的“纳税人”，他们不仅有强烈的改善生活的需要，还有着明确的权利地位方面的要求。但是，体制上仍然把他们当“外来人口”、“暂住人口”对待，他们仍然没有获得身份转变，仍然是暂住人口，在住房、就业、子女教育及社会保障等方面面临一系列制度性的困难。

我们建议，进一步考虑调整城市居民的管理体制，对于这些已经在城市有了稳定生活基础的农村人口，应该让他们获得比较正式的市民身份。比如，农民在城市正常就业 5 年或 7 年以后，可以获得城市“绿卡”，一旦获得“绿卡”，就可以在基本平等的前提下享受城市的基础设施和相应的公共服务，使这些人避免因为缺乏身份而不得不在城乡之间频繁奔波甚至成为清退对象。

（2000 年 5 月）

2.8 打工子弟的课桌[①]

20世纪90年代中期以来，在一些流动人口集中的大城市如北京、上海、广州等地，出现了一种专门招收外来人口子女就学的私人学校，人们一般称之为“打工子弟学校”。这些学校没有经过国家教育部门审批，没有合法办学手续，但以极其简陋的条件接纳了大量外来人口子弟。从1998年9月至1999年9月，我们在北京部分地区进行了较大范围的寻访调查，发现情况日益突出，有关部门应当认真对待。

一、打工子弟学校发展迅速

在北京海淀、朝阳、丰台等区城乡结合部的菜地、废弃仓库、居民大杂院等地方，调查人员寻访到了114所打工子弟学校。这些学校规模不等，有的学生数不到10人，有的几十人、几百人，最多达到1300多人，估计在校学生总数接近2万人。这些学校的主要特点是：

第一，数量惊人，发展迅速。

调查中最早的学校是1993年一位河南固始来的民办教师在海淀区八家村办的。

较早的学校通常是“无意中”办起来的：农村民办教师或被认为有文化的农民到城市打工，亲戚老乡的孩子没地方上学，要求他教一

① 本文系国务院发展研究中心农村部农民工课题调查报告，完成于1999年10月。本报告获国务院发展研究中心年度优秀研究成果奖。

教，开始只有几个学生，后来附近的流动人口也把孩子送来，学校就越办越大。

较晚的学校则是一些人看到办这种学校有利可图，并且需求量很大，于是起而效仿。由于这种办学几乎是无本买卖，投入立即就可以通过学费收回，因此办的人越来越多，呈逐年递增之势，1997 年后更是加速发展。

在调查的 114 所学校中，1998 年成立的有 57 所，占总数的一半。学生数量也增长迅速。桃园小学 1998 年 9 月刚开办时学生只有 70 多人，一个学期后的 1999 年 3 月，学生数量就增长到 150 余人，1999 年 9 月新学期开学时学生数量又增长一倍，达到 300 多人。海淀区五孔桥附近的行知打工子弟学校，是目前已知此类学校中规模最大者，1995 年秋创办时只有 9 名学生，1997 年 9 月开学时达到 507 人，1998 年 9 月开学时有学生 800 多人，到 1999 年 9 月，学生数量达到 1300 多人，以前的校舍不够用，又租了两处房子，办了分校，并且办起了初中。

第二，收费低廉，设施简陋。

各个学校的学费每学期从 250 元到 700 元不等，一般在 300—400 元，远远低于公立学校的收费。城市公立学校对外来儿童要收“赞助费”，每年就要 1000—2000 元甚至更高，还有“借读费”，每年 480 元，一般流动人口家庭是承受不起的。打工子弟学校与公立学校之间的价格差是流动人口选择打工子弟学校的根本原因。

二、城市义务教育体制的问题

现在，人口流动中家庭迁移的比重越来越大，大批学龄儿童跟随父母来到城市。北京市 1997 年的外来人口普查，举家在京者

31万户达70余万人。近两年，北京对于外来人口控制很严，政府掌握的数据显示外来人口总量还有所下降，正是在这种情况下，打工子弟小学却迅速发展起来，显示出越来越多的人全家在北京。而且，越来越多的学龄儿童出生在北京。根据我们在一所有310名学生的打工子弟学校的调查，五六年级学生中没有一名出生在北京，三四年级中出生在北京的占10.1%，二年级中占19.6%，一年级中占25%，而学前班中竟达到32%，这意味着越来越多的流动人口子女需要在城市中接受教育。但是，大部分进城的农村家庭收入较低，没有能力支付子女在城市公立学校受教育所额外增加的费用。他们要上学，就不得不寻求其他渠道。

我国现行义务教育体制是分级办学分级管理，农村基础教育由县乡政府负责，适龄儿童应在户口所在地接受九年义务教育。但是，对于那些随父母迁居城市而户口依然在农村的学龄儿童来说，原地的教育体系已经无法覆盖他们。在城市，外来劳动力仅仅被当作劳动力，且是暂时的劳动力，作为一个特殊人群的社会性需求被忽视。随着在城市就业和生活的稳定性增强，外来劳动力子女的出生或者随迁是一种必然的也是合乎情理的现象。因为城市学校的高额收费使多数家庭不堪负担，于是，家长不得已而诉诸非体制行为。这种情况说明，义务教育体制的城乡分割落后于社会需要，不能适应城乡关系在改革中急剧变化、人口城市化过程加快的社会现实。

有一种观点认为：把流动儿童的教育问题解决好了，会使流动人口留在城市，并且会吸引更多的农民到城市来，不利于城市的稳定。这其实就是说，不解决流动儿童的就学问题，让这些孩子在城市里失学，就可以把那些农村人逼回老家，并且给那些还想来城市的农民做个警示。这就是存在于相当一部分管理人员头脑中的观念。问题在于，不应当为了城市管理的方便而让这些孩子做出这样沉重的“牺牲”，这些孩子同样有接受义务教育的法定权利。如果这些孩子丧失了应有的教育机会，受伤害的不仅是他们本人及其家庭，全社会都将付出沉重代价。

三、打工子弟学校本身存在的问题

打工子弟学校为那些经济能力较差的儿童提供了一个受教育的场所，哪怕是条件差的教育也比失学强。这是它存在的合理方面。但是，这些学校本身存在的问题也是明显的：

1. 以营利为目的进行“经营”，办学者追求的是利润最大化，由此造成的后果是，学校的教学条件被压缩到最低水平。办学者并不是慈善家，他们的行为首先是一种市场经营行为。他们往往最大限度地“克扣”孩子的学习条件，往往连三角板、直尺这样一些最基本的教学器材都舍不得买，桌椅是以低价买的旧货，或者“化缘”而来，有的高矮不搭配，一些学生看起书来弯腰弓背，影响身心发育。而一个达到三四百人学校的办学者，一年的纯收入估计在 5 万元以上。只要学校还能够在最低水平上维持运转，学生的学习条件越“节省”，他们赚的钱越多，这就是他们的“教育”逻辑。

2. 办学者和教师的素质达不到教书育人的合格条件。在 114 所学校中，有 31% 的办学者（即“校长”）没有任何教师经历，他们从包工头、小贩、会计、厨师、菜农、建筑工、清洁工、保姆等形形色色的行业走上了办学的道路，甚至还有文盲也办起了学校当起了校长。办学者中只有 14% 的人自称有大专学历。“教员”也是从形形色色的行业被雇用而来，多数没有接受任何师范教育，生平第一次手执教鞭。有些学校从办学者到教师没有一个人有过从教经历。对于流动儿童来说，不少学校只是聊胜于无。

3. 没有规范的教学管理和教学组织。学校的财务、后勤、外联、课程安排等各项事务都是办学者一把抓。作为一个学校所应具有的教师测评、学生评比等工作，在打工子弟学校中都是一片空白。

四、政策建议

国家教育部和公安部曾经两次出台了关于流动儿童就学的暂行办法，如提出以就近入学为主等意见，但这些原则精神并没有得到有效落实，对改善现状的实际作用不大。对于越来越多的打工子弟学校，地方政府的具体管理行为往往走向两个极端：要么不管不问，让打工子弟学校放任自流；要么统统取缔，不留“活口”。这两种方式都是不可取的。前一种方式使得打工子弟学校缺少规范管理，由私人随意操作，耽误的是大批孩子；而后一种方式危害更大，因为在不解决公立学校的赞助费问题、不开放体制内渠道的情况下取缔打工子弟学校，等于是把那些孩子推向失学。我们认为，政府应该尽快采取切实具体的解决办法，建议采取以下两条措施：

1. 大幅度降低甚至取消公立学校的所谓“赞助费”

公立学校应该成为吸收流动儿童就学的主渠道，或者说城市政府应该设法让所有在城市有了稳定就业和生活基础的外来家庭将子女送进正规学校就读。现在的北京公立小学由于本市生源减少，教育设施和老师皆有过剩闲置情况。但是，公立学校的高额赞助费对多数流动人口构成一道不可逾越的门槛，而其收费并没有国家规定，实际上是一种“创收”手段。不取消这道门槛，只会把流动儿童逼到打工子弟学校中去，造成一边是优越的教育资源被闲置，一边是打工子弟学校简陋的校舍被挤破了门的矛盾现实。降低直至取消这道门槛，既可以解决流动人口子女的上学问题，又可以充分利用闲置的教育资源，是一举两得的事情，许多不合格的打工子弟学校也就办不下去了。

2. 规范打工子弟学校

我们认为，应当采取的正确方针是：建立标准，区别对待，监督指导。具体说来，可以采取以下三条措施：

第一，出台打工子弟学校的办学标准。由于现实条件的制约，这个标准可以低于公立学校的标准。达到标准的学校，可以合法化；对于不合标准的学校，则要坚决取缔。

第二，对办学者和教师的素质要加以控制。办学者应要求达到大专以上学历，教师应具有中师或相当于中师的学历。对那些办学者和教师达不到要求的学校，都应取缔。

第三，对达到标准的学校的教学活动，教育部门应进行定期的指导和监督，而不能放任自流。发现问题，及时指导学校改善。对不服从督导的学校，立即予以取缔。

（1999 年 10 月）

2.9 边缘化基础教育[①]

农村劳动力向城市的大规模流动已经持续若干年，在庞大的流动群体中，二代移民已经出现，这些儿童或者在家乡出生被父母带到城市，或者在城市出生而继续留在城市。对于北京来说，这个问题更加突出。北京由于在计划经济时期的政治地位，城市服务业不发达，流动农民的进入有自己的特点：一种是比较典型的产业—社区型进入，如浙江村、新疆村等，即把家乡的一种成熟的小工业生产体系平移到北京，在此基础上形成社区；另外一种是城市服务功能补偿型的进入，集中在城市的餐饮业、日常菜品供应业、零售业等。由于北京人不乐于从事这种行当，在这方面不具备竞争优势，农民迅速进入并且填充了这些行业的就业机会。这两种进入方式有别于珠江三角洲的工业化对农村廉价劳动力的大量拉动，也有别于北京、上海等大中城市另一种人员规模较大的进入方式：建制式流入——如大规模建筑队伍进城。产业社区型流动和城市功能补偿型流动的突出特征是，以家

① 1996 年 3 月，赵树凯在对北京四季青乡外地菜农的实地调查中偶然发现一所打工小学。学校为一对河南来的农民夫妻（易本耀、李淑梅）所办，当时有 30 余名学生。在此之前，中国社会科学院和北京大学的研究人员在“浙江村”曾发现并调查过外地人幼儿园，但没有发现小学。随后，赵树凯将这所学校介绍给北京电视台等媒体，并组织了一些援助活动。几经变迁，这个学校现在发展到 1300 余人，是目前我们所知道的规模最大的此类小学。随着发现的这种学校越来越多，我们于 1998 年开始专门的系统调查。参与调查的主要人员有赵树凯、吕绍清（农业部农村经济研究中心副研究员）、白文宇（北京师范大学教育系硕士研究生）、徐伟（北京师范大学哲学系硕士研究生）等。此报告完成于 1999 年 12 月，先刊于国务院发展研究中心调研报告，后发表于《管理世界》杂志 2000 年第 5 期。

庭为流动单位的比例比较大，因此北京流动人口中的儿童问题也特别突出。

虽然城市管理者还没有充分意识到流动儿童的教育问题，但招收了大量外来人口学龄子女的非正规学校业已出现，人们通称之为打工子弟学校。这些学校虽然在事实上成为基础教育的一个部分，但既无政府财力投入，也无政府教育行政部门的教学督导，处在一种鲜明的边缘化状态。从 1998 年 9 月至 1999 年 10 月，我们对北京的打工子弟学校进行了较大规模的寻访调查。课题组共寻访到 114 所打工子弟学校，在这些学校中就学的学生总数为 15000 名。学校之间规模相差巨大，小的只有 7 人，最大的目前已经达到 1300 多人。超过 200 人的学校有太阳宫附近的育英小学、清河的鸿雁班、八家私小、昆明湖南路的张北希望小学、京豫陈小学、明圆学校、行知打工子弟学校等几所。

这个调查引发的思考是，中国的农村劳动力流动持续到现在，第二代移民问题已经浮出水面，城乡分割旧体制的弊端暴露得越加清晰。流动儿童的入学问题，不仅呼唤义务教育体制调整，而且呼唤多方面的制度创新。本报告有五个部分：第一，学校概貌；第二，办学者群体；第三，流动家庭的教育决策；第四，流动儿童；第五，问题和建议。

一、学校概貌

1. 地域分布

从地域分布来看，这些学校主要分布于流动人口集中的城乡结合部，尤以朝阳区和海淀区最为密集。其中，朝阳区有 44 所，海淀区有 41 所，石景山区 11 所，丰台区 7 所，通州区 1 所，昌平区 8 所，大兴区2所。[①]海淀、朝阳、石景山比较普遍和密集，往往几村一所，一村一所，甚至一村四五所。而西城、东城、崇文、宣武这些市区中心地带，即二环以内没有发现此类学校。二环与三环之间有1所，三环与四环之间有15所，四环与五环之间有60所，五环以外有42所。可见，打工子弟学校主要分布在四环以外，因为这些地区流动人口多，房租也相对低廉。

2. 办学特征

这些学校具有以下几个特点：（1）均属私人办学。（2）没有合法办学手续。（3）招收的学生是外来人口子女，而且是外来人口中中低收入家庭的子女。（4）学校开办十分简单。建立这种学校所需资本较少，又不需要办学手续，办学者只要租几间民房，或者在菜地里搭几间窝棚，一个学校就张罗起来了。而且，先期的微小投入可以很快通过学费来收回。招聘教师也没有什么硬性标准。有5所学校甚至只有一位教师，也就是办学者自己带着几个孩子上课。有两位教师的学校有22所，很多是夫妻店。（5）办学条件极其简陋。学校往往缺乏一些基本的教学器材，诸如三角板、圆规等等。

3. 发展进程

打工子弟学校的数量增长十分迅速，呈逐年递增之势。在我们寻访到的114所学校中，最早的建立于1993年。1998年后创办的就超过半数。（参见表1）

表1　打工子弟学校数量统计

办学时间	数量
1993年	1所
1994年	3所

① 调查时，昌平和大兴尚为北京市下的“县”，还未改“区”。

续表

办学时间	数量
1995 年	10 所
1996 年	13 所
1997 年	24 所
1998 年	57 所

大体说来，1996 年以前是打工子弟学校的初创期，是一村一校的补缺阶段，1997 年至今为高涨期，发展到一村数校的竞争阶段。打工子弟学校的规模扩张也十分迅速。例如，桃园小学在 1998 年 9 月刚建立时只有 70 多名学生；仅仅 6 个月之后，学生数就翻了一番，达到 150 人；而到学校建立一年的时候，学生规模已经翻了两番，达到了 300 多人。当 1999 年秋天我们对于其中十几所进行跟踪观察时，发现绝大多数学校的学生规模都有明显扩大，一般都增加 30% 以上，通常一个 200 人的学校增加到 300 人左右。

4. 学校收费

打工子弟学校主要靠收取学费来维持运转。114 所学校的收费数额参见表 2。

表 2　打工子弟学校收费标准

学费数额（元 / 学期）	300 元以下	300—399	400—499	500—599	600 元以上	总计
学校数	50	33	14	11	6	114
百分比（%）	43.9	28.9	12.3	9.6	5.3	100

从表 2 可见，打工子弟学校的收费普遍较低，43.9% 的学校每学期学费低于 300 元。114 所学校的平均学费为 323.4 元。比起北京的公立学校，这是相当低的。（参见表 3）

表 3 打工子弟学校与北京公立小学对流动儿童的收费对照表（单位：元）

	学费	借读费	赞助费	总计
北京公立小学	100	480	500—2000	1080—2580
打工子弟学校	300—600	无	无	300—600

打工子弟学校不仅收费低，而且收费方式灵活。大部分学校按学期收费，有的甚至按月收费，而且普遍允许拖欠学费。这也是它受外地人欢迎的一个原因。而北京的一些公立学校，在收取入学赞助费时，往往要求几年的费用一次交清。这对于流动人口来说是难以接受的。

5. 教师构成

打工子弟学校大多为外地人所办，教师也绝大多数属于外地人，而且多数是为办学人的同乡甚至亲戚。以行知学校为例，1998 年 9 月，在该校的 31 名教师中，三分之一以上是办学者从家乡招来的亲戚和同乡，还有三分之一是熟人介绍来的。行知学校当时有 800 多名学生，比较大，教师多，所以办学者的亲戚和同乡在所有教师中的比例还不太高。在一些比较小的学校，教师大都是办学者的亲戚、同乡。这些打工教师队伍存在明显缺陷：

（1）很多教师没有任何教学经验和专业培训。我们重点观察的几所比较大的学校，他们的教师大约三分之一曾经在正式学校（包括农村学校）中任过教，或者是师范学校毕业，他们由于以前的学校工资低，甚至拖欠工资，无奈之下外出打工，又在打工子弟学校干起了老本行。而其余三分之二是以前没有任何从教经历的，大多是刚从职业高中、高中或中专毕业的学生，找不到工作才来当教师的。

（2）教师岗位的流动性很大。由于在打工子弟学校当教师不过是打工，教师随时可以来，也随时可以走。许多教师只是打工挣钱，并不想长期做教师。而打工子弟学校教师的工资普遍较低，一般是每月四五百元，一旦有更好的工作，他们就会离开，所以流动性很大。有的教师任教一两个月就走人了。稍大的学校几乎每学期都有教师离开，又有新教师来。从某种程度上说，打工子弟学校的教师是一种流动岗位。

二、办学者群体

办学者是指这些学校的创办人，而不是普通教师。普通教师只是为他们打工，他们和普通教师的关系是老板与雇工的关系。打工子弟学校的办学者，是一个由形形色色的人员构成的复杂的社会群体，从大学生到文盲都有。其中很大一部分曾经在家乡当过民办教师或公办教师，在114所学校中有79所是他们办的。另外的则是半路出家，从包工头、小贩、厨师、菜农、建筑工、清洁工、保姆等形形色色的行业走上了办学的道路。

1. 办学者的原籍

111所打工子弟学校（不含3所幼儿园）的办学者来自河北、河南、北京、内蒙古、安徽、山东、湖北、四川、吉林等9个省（自治区、市），绝大多数是外地来京的流动人口，其中河北、河南的办学者最多。河北的办学者有54人，占所有学校的48.6%；河南40人，占36%。而河北的办学者全部来自张家口地区，尤以张北县最多，有25人。河南的办学者除3人外全来自信阳地区，尤以固始县为最多，有23人。（参见表4）

表4　打工子弟学校办学者来源

省份（自治区、市）	人数	占全部调查对象百分比（%）
河北	54	48.6
河南	40	36.0

续表

省份（自治区、市）	人数	占全部调查对象百分比（%）
北京	5	4.5
内蒙古自治区	4	3.6
安徽	3	2.7
山东	2	1.8
湖北	1	0.9
四川	1	0.9
吉林	1	0.9
总计	111	100

打工子弟学校的办学者集中于河北张家口与河南信阳地区，这两个地区的办学者总共有91人，占总数的82%。这是为什么呢?（1）北京是河北、河南两省人跨省流动的主要目的地。张家口和信阳地区都是贫困地区，外出流动人口很多，来自这两个地区的人说村里“能出来的都出来了”，有三分之一到三分之二的人在外面打工，其中很多人来到北京。（2）信阳人和张家口人在京居住比较集中。固始人几乎垄断了北京的废品回收业，集中居住在洼里、八家、太阳宫等地。调查涉及的学校中，办学最早的就是固始人（八家私小，1993年办），已知最早的办学者也是固始人（1992年办，后来停办）。张北人在京以种地为主，集中居住在四季青乡、海淀乡、衙门口等地，1994年就有了办学者。河北沽源人在京主要是开轻型卡车搞运输，集中居住在清河营、立水桥、中滩等地。居住的集中使流动人口学龄儿童在数量上形成规模，使办学成为必要和可能。（3）同乡办学的示范效应。一个村子有一个人外出从事某种职业，往往带动同村的其他人也从事相同的职业。一个来京办学者往往引来同乡的多个办学者，形成办学的链条。这两个地区的许多办学者，在家乡听说同事或亲戚在北京办学“很红火”，于是也来北京办学。

例如，固始县蒋集镇三里村小学相继有张宝贵、李伦俊、秦学林、黄世福四个民办教师来京办学，河北赤城县东卯镇总校的教师在京办了5所打工子弟学校。不同学校的办学者，有的还是亲戚。

2. 办学者的文化程度

打工子弟学校的办学者，文化程度普遍不高，其中，大专文化的有16人，占14%；大部分是中等文化程度，如中专、中师、高中等，共有81人；最低的是文盲，有2人。另外，21人不愿向调查者透露其文化程度。详细情况参见表5。

表5 打工子弟学校办学者文化程度

	大专	中师	中专	高中	初中	小学	文盲	不详	总计
人数	16	27	2	36	9	1	2	21	114
百分比（%）	14.0	23.7	1.8	31.6	7.9	0.9	1.8	18.3	100

说明：27名中师中含10名进修者。

值得注意的是，这里的学历状况是他们本人所填报的学历，据我们对于部分接触较多学校的了解，有一些自称大专学历的办学者并没有大专文凭，充其量只是进修过一门或几门大专课程。可以说，这些办学者的真实教育背景，肯定比这个表格显示的要低。

3. 办学者的教学经历

办学者基本上是民办教师、公办教师、无教师经历者三分天下。在114名办学者中，有79人在办学之前曾有过在正规学校的从教经历，其中包括42名民办教师和30名公办教师，另外7名是代课教师和企办教师。除此之外，有30人是半路出家来办学，另有5人则拒绝透露。详细情况参见表6。

表 6　打工子弟学校办学者从教经历

	有从教经历				无从教经历	不详	总计
	民办教师	公办教师	代课教师	企办教师			
人数	42	30	5	2	30	5	114
	79						
百分比（%）	36.8	26.3	4.4	1.8	26.3	4.4	100
	69.3						

在无从教经历者中，有 4 人虽没有在正规学校的教师经历，但在别的打工子弟学校做过教师，后来自己独立出来单干。

相当一部分办学者属于半路出家，从形形色色的职业走上办学之路。例如，固始的冯校长 1995 年来京做买卖；丁校长 1992 年来京批发酱油等食品，后来与人合办食品公司；何校长以前也是生意人；陆校长 1991 年来京后做厨师，然后又自开小吃店；竹校长先在京做秘书，又做家电公司的经理；安徽的张校长来京出租录像带，后来又承包旅馆；新县的陈校长来京种地，后来又做包工头；光山的管校长来京种地；固始的秦校长和梅校长以前都是收废品的；张北的段校长、李校长、吴校长、杨校长、张校长、薛校长，吉林的王校长，内蒙古自治区的刘校长以前都在北京包地种菜；新县的胡校长在京做了 10 年建筑工；固始的时校长来京后在印刷厂工作；张北的李校长来京后做保洁领班；内蒙古的李校长来京后做老人护理工作；山东的张校长来京后做过会计。

三、流动家庭的教育决策

1. 学生家庭的职业和收入

根据我们对一个学校 500 名学生的家庭背景调查，这些学生家长的从业分布于个体经营者、雇工、农民等领域（见表7）。

表7　流动农民家庭的职业分布（%）

从业身份	个体经营者	雇工	农民	家务劳动者	其他
丈夫	72.0	16.1	10.1	1.8	
妻子	58.9	11.9	9.5	18.5	1.2

其中，“农民”是指一些在城市郊区和附近农村承包土地，进行农业个体经营的外地农民。“家务劳动者”是指妻子没有工作，专门操持家务，一般是在丈夫收入较高的家庭。“其他”包括以下几种情况，丈夫没有固定工作的，丈夫或妻子有一方仍然在老家，没有到北京的。

摊贩和雇工是流动农民群体的主体构成，根据调查访谈，摊贩的月收入视其经营状况好坏，大致在1000—1500元之间，如上文所述由于摊贩的夫妻同业关系很强，夫妻共同经营，因此这可以看作是摊贩家庭的月收入额。雇工的夫妻同业关系也很强，大多是夫妻都做雇工，一个雇工的月工资收入一般在400—600元之间，极少数雇工，如司机，工资会更高一些，这样，夫妻都打工，家庭月工资收入就在800—1200元之间。把雇工和摊贩的月家庭收入合并计算，是在800—1500元之间。流动农民家庭的一般月收入数额大致就在800—1500元之间。由此可见，这是一个收入偏低的家庭群体，这是影响家庭教育决策的主要因素。

2. 为什么把子女接到北京上学

通过调查人员对于在校学生及其家长的大量深度访谈，以及组织较高年级的学生专门写他们来京上学经历的作文，推动流动家庭将孩子接到北京上学的因素主要有：

（1）感情因素。子女离开了父母，父母想念孩子，孩子更想念父母。流动人口倾向于把孩子带在身边，出于人之常情，是很容易理解的。

（2）监护因素。把孩子留在老家上学，没人照顾。而且，父母不在身边，孩子缺少管束，不利于发展。在调查中，有的学生家长说，以前孩子在老家上学，学习成绩下降，在校纪律不好，常挨老师打骂。把孩子托付给亲戚，亲戚不拿孩子当自家人看待，孩子寄人篱下，备受冷眼，造成有的孩子行为失常。一位父亲这样说："孩子在亲戚家，吃饭不敢和亲戚家在一个桌上吃，眼巴巴看着桌上有肉，想吃又不敢去拿，每次吃饭时夹一点菜，拿着碗赶紧到别的地方吃。肚子饿了也不敢向亲戚要东西，干什么要看别人的脸色。孩子在亲戚家待了几个月，我春节回家，孩子眼神都呆了，脑子反应迟钝，看见我就哭，非要跟我一块儿到北京。我心里觉得对不起孩子，欠了孩子感情。春节后就把孩子带到北京，在这里又找不到地方上学，孩子辍学将近一年。后来打听到易老师办的打工子弟小学，就把孩子送去了。要是没有易老师的学校，我这孩子就只能失学了。"也有一些流动人口把孩子托付给爷爷奶奶或外公外婆，但老人去世了，孩子无人照顾，只好带到北京。

（3）经济因素。孩子在老家，父母每年要回老家看望，交通费就要花几百元，托付给亲戚，也得给钱。一位家长这样说："孩子在他舅家，我每年给他舅不少于1000块，每年还要回去看孩子，路费就要花几百。算起来，孩子到北京，既能家人团聚，也省了那些钱，实际上花钱更少。"

3. 为什么不把子女送到北京的正规学校

（1）最重要的原因是，公立学校虽然学费不高，但对外来人口子女要收高额借读费、赞助费等费用，每年两三千元，使得流动农民家庭望而却步。对于这些正规的公立学校，流动农民很简单地说："上不起。”

（2）正规学校所收借读费、赞助费，往往要求几年的费用一次交清。一位家长说：“我们是流动人口啊，我们现在在这里，以后还不知到哪儿去呢。它要我们把几年的钱一次交了，明年我们离开这儿怎么办？”可见，公立学校的收费方式不适合这些家庭流动性大的特点。

（3）一些北京正规学校存在教学管理上的歧视。据家长反映，正规学校对借读生的考试成绩不计入教师的教学考评中，借读生学好学坏都与教师的教学业绩和利益不相关，因此教师不拿借读生当自己的学生看，对其学习放任不管。由于借读生户籍不在本地，参加诸如学科竞赛之类活动都顶着当地学生的姓名，得了奖也归当地学生。这就是说，借读生与当地学生待遇不同，教育权利不平等。

由于这些原因，打工子弟学校虽然教学设施和条件十分简陋，但由于它适应了流动人口家庭的特点，因而得到迅速发展。对于流动人口来说，其教育选择的前提是少花钱。在这个前提下，他们才考虑教育本身的优次。经济状况制约着他们教育选择的范围。

四、流动儿童

儿童是流动人口中的一个特殊部分。相对于流动的劳动力来说，这是一个派生的部分，但是，这个群体有着一种独特的成长性，在他们身上，体现着更深远的社会变迁意义，因此，流动儿童值得给予关注。从我们对于这些学校的调查来看，这些儿童比较突出的特点是：

1. 相对于就学的年级，超龄问题严重。这些孩子跟随家长四处流动，其中很多人有过辍学的经历。例如，在固始人办的洼边四小里，三年级有 53 个学生，竟有 15 人超过 14 岁，而正常的三年级学生应为10岁。在张北小学，有的学生16岁了才上二年级。在太阳宫流动学校中，每个年级学生年龄的差距都有5至6岁。这个学校的学前班有54人，按6周岁入学的标准，共有9人超龄，超龄率为16.7%；一年级有46人，共有13人超过7周岁，超龄率为28.3%；二年级30人，共有7人超过8周岁，超龄率为23.3%；三年级18人，共有13人超过9周岁，超龄率达到72.2%。全校共有学生148人，超龄的就有42人，超龄比率达到28.4%。也就是说，全校四分之一以上的学生超龄。

超龄现象的普遍存在，说明有相当部分学龄儿童曾经有过辍学经历。许多孩子都曾有过或长或短的辍学经历。一个学生在作文中写道："我姑姑在北京，后来我家就到北京打工。北京找工作很难，后来就卖盒饭、卖水果、烙大饼。父母整完了他们的事，又为我的事操心，因为我在北京不上学，找不着学校，北京的学校学费太贵了，差不多得两三万。后来我们听人说有一个打工子弟小学，我们就到学校去跟校长说，校长不同意，我妈把我送到了老家上学……过了一个学期，该上六年级了，我又来了北京。"另一个学生也在作文中写道："在北京妈妈找了一份扫楼道的工作，爸爸在妈妈的单位里看车，哥哥帮别人洗油烟机。后来妈妈和爸爸商量把我也接到北京，不上学了，因为家里爷爷奶奶都去世了，我亲戚都离得远，没法照顾我，再说我也不喜欢住在别人家，所以就来了北京。在北京大约待了半年的时间，妈妈听老乡说在五棵松有一个河南人办的学校，当这个消息传到我的耳朵里，我简直高兴得差点叫起来，我听妈妈说可以让去那里上学，我整晚上都兴奋得没睡着觉，我心想这太好了，我又可以重返校园了。"

2. 从这些儿童对于家庭生活的描述来看，家庭经济的困窘和父母的辛劳受到他们的高度关注，因此他们似乎比一般家庭的孩子更能体谅父母的辛苦，较早地萌发了对于家庭的责任意识。

在调查中，我们收集了大量学生作文。在这些作文中，孩子们写下了自己的生活经历，抒写着对生活的认识。他们比纯粹的农村儿童更多地经历了“城市生活”，而他们的城市生活又是绝不相同于纯粹城市孩子的生活。由于这种特殊的社会和家庭背景，他们比城市孩子和农村孩子经历得更多，他们是“早懂事”的一群，可以更近距离地看流动农民这一群体的生活原貌。

家庭在这些孩子的心目中，最普遍、最深刻的印象就是：贫穷和忙碌。一个孩子在作文中问老师：“老师，你小时候穷吗？”一个孩子在作文中写道：“……爸爸妈妈都是农民，每天早出晚归，累得他们还没 40 岁，就满脸皱纹，皮肤黑黝黝的，看着像 50 多岁。”

一个孩子写道：“我家住在一个不足十平方米的屋子里，四口人两张床……”一个孩子写道：“我的爸爸一天到晚都忙个不停。早上我还在睡觉，就听到水管里水的声音，我抬头一看，刚五点，可爸爸已经起床了，去搬那些坛子、盆……到早市卖菜。中午在家里吃一点，就去送货，送完货就去上货，到晚上六点多了才能回来吃饭，有时六点多还没回来。吃过晚饭还要去干活，一天到晚连一会儿休息的时间都没有……”“打工子弟学校的学费便宜。”一个孩子这样叙述。

也许越是在贫困的家庭，孩子越认识到生活不易，因而也越能够培养起对家庭的责任感。在孩子的作文中，常常会看到这样一些话：“我知道爸爸妈妈对我的关怀是无微不至的，我要好好学习，取得好成绩报答他们。”“我想，我长大了，要赚很多钱养爸爸和妈妈。”“我家是卖菜的，虽然很贫穷，但我一定会好好学习，一定要出人头地。”一个孩子在作文中写道：“……到了冬天，天气很冷。爸爸开着三轮车，拉着大白菜去卖。爸爸带着我，我坐在车上都很冷，爸爸坐前面，那一定更冷。我长大以后一定要让爸爸过上好日子。”“……今天，我突然发现妈妈的额头上出现了一两道皱纹，它虽然不深，却深深地刻在我的心上。妈妈的生活太紧张了，她没有时间打扮自己，因此我萌发了买抗皱霜的念头，让妈妈恢复原来的年轻美丽的容颜。”

一个孩子这样记叙他全家的流动打工：“我的家乡是湖北省云梦县。因为我们那里非常贫穷，农业发展落后，所以我们那儿盖的楼房非常少。我家一共有4个人在外打工，妈妈和爸爸都是卖菜的，一个月挣不了几个钱，所以又把家里的两个姐姐也弄出去打工了。我大姐18岁，在广州的一个厂里当工人，当然我爸妈不是为钱把她弄出去打工，是因为她已经长大了，应该能自己照顾自己。我二姐16岁，在武汉一家理发店里学手艺，虽然她不适合那里的生活环境，但是她为了不费爸妈的一片苦心，还是在理发店待了下来。”“我们一家的生活很不好，爸爸妈妈老是吵架，为什么吵架，是因为在老家别人都建了楼房，天天说那些话，我心里很痛苦。我现在跟爸爸妈妈一起来到北京，把我弄到这儿上学，是因为在老家没有地儿吃饭，学校学费太贵了，上不起学。”

3. 这些孩子有着独特的内心世界和对社会的体察，他们往往更珍惜入学机会。

一个孩子在作文中说：“……我和弟弟上学的钱是爸爸在别人家借的。”“爸爸和妈妈都是农民，每天早出晚归，为了供我们读书，把打的粮食卖掉一部分给我们交学费。”“由于我上学给家庭带来许多困难，我们只能省吃俭用，每到过节的时候才买一点好吃的东西，我们的心里高兴极了。”

“我的爸爸妈妈是卖水果的，每天早出晚归，一天也赚不了多少钱。我爸爸妈妈希望我将来能考上大学，别像他们一样每天在外面干苦活。我爸爸妈妈也很关心我的学习，他们有时间就教我学习，给我复习功课。”“我打算中学毕业后去打工，因为我上学，家里也没钱，我也很想上大学。”

“我非常喜欢学习，因为现在是竞争社会，我的爸爸妈妈都想让我考大学，然后找份好工作，不像他们一样没文化，找不到好工作，只能扫马路，又累又脏，工资又少，一个月的钱给我们交上学费、吃饭、交水电房费就没了。”

“我能到北京上学是我的福气。”

“我们家三个孩子都在这上学，也不容易，都是爸爸妈妈费的心血。我觉得我过得还好，因为能在这个学校读书……”

“我现在的愿望是我们这个打工子弟小学一直能办下去，而且办得更好，还能办初中高中，我就一直可以上学了……”

这些流动农民的孩子，他们在生活中得到的太少，因而他们对任何一点奉献和给予都是那么认真，那么心存感激。一个孩子在写到打工子弟学校的老师时说：“这里的老师非常好，因为我在老家的成绩很差，到这来成绩一下子就提高了，这都是老师教得好。”

“我的愿望是考上大学来教像我们一样的学生……当校长，收那些像我这样的孩子。”

另一个孩子写道：“我希望长大了多挣些钱，开许多像打工子弟小学那样的学校，使失学的同学重返校园。”

流动农民是处于中国社会底层的群体，经历和生活状态本身使他们对社会的认识不同于那些处于地位优越的人们。处于这种生存环境中的孩子，也形成了对社会的独特体认。一个孩子在作文中写道：“我知道爸爸挣钱不容易，我知道这个社会不公平。”有的孩子甚至说：“我恨我们那里的领导。”这种处于萌芽状态的批判意识直接出自他们所实际感受的社会生活，这比任何宣传教育都更有力地影响着他们的头脑。

一个孩子在作文中写道：“爸爸每天休息的时候对我说，孩子，你要好好学习，长大不要和我一样，做这么苦的事。”目睹当前的社会现实，有的流动农民这样要求自己的孩子：“他们希望我当个什么官，既有权，又有钱……”这种“变”的愿望也就根植在孩子的头脑中。

五、问题和建议

由于现行教育体制把部分低收入家庭的外来儿童拒斥在城市正规学校的校门之外，打工子弟学校才得以产生发展，并且成为解决流动儿童就学的重要渠道。打工子弟学校为那些经济能力较差的儿童提供了一个受教育的场所，哪怕是条件差的教育也比失学强。这是它存在的合理方面。

但是，我们也看到，这些学校本身存在的问题也是明显的，概括起来看有两个方面，首先是内部机制的问题，即存在明显的“经营性”。办学首先是为营利，追求利润最大化，因而导致学校的教学条件被压缩到最低水平。由于没有任何来自学校外部特别是政府部门的监管要求，他们甚至在经费并不很困难的情况下，也连最基本的教学器材都舍不得买。只要学校还能够维持运转，教学条件越“节省”，办学者赚的钱越多。其次是师资素质不高，既没有起码的专业训练和经验，也没有规范的教学管理和教学组织。

现在，举家迁移的比重越来越大，导致跟随父母来到城市的学龄儿童越来越多，同时，出生在北京的外来人口的小孩也有很多进入上学年龄。正是在这一背景下，打工子弟小学迅速发展起来。越来越多的流动人口子女需要在城市中接受教育。但是，举家迁移的打工者大部分收入较低，如果要进入城市公立学校接受教育，则要缴纳额外增加的费用，这是其无法承担的，只能寻求其他渠道。

外来劳动力在城市的就业和生活的稳定性会逐渐增强，其随迁或新出生子女在流入地的教育需求会越来越大，而城乡分割的义务教育体制是显然无法满足这种社会需要的。由于城市公立学校高额的收费，部分家长不得已而诉诸非体制行为，这已经说明问题的严重性。

国家教育部和公安部先后出台的两个关于流动儿童就学的暂行办法，并没有得到有效落实，地方政府在对打工子弟学校的管理上，要么不管不问，放任自流；要么统统取缔，不留"活口"。事实上，这两种方式都是不可取的。前一种方式导致打工子弟学校缺少规范管理，教学质量无法保证，耽误的是大批孩子；而后一种方式危害更大，单纯取缔打工子弟学校，等于是把那些孩子推向失学。我们认为，政府应该尽快采取切实具体的解决办法，建议采取以下两条措施：

1. 大幅度降低甚至取消公立学校的所谓"赞助费"。公立学校应该成为吸收流动儿童就学的主渠道，在城市有了稳定就业和生活基础的外来家庭应该有权将子女送进城市正规学校就读。例如，现在的北京公立小学，由于本市生源减少，教育设施和老师皆有过剩闲置情况。降低直至取消高额赞助费的门槛，既可以解决流动人口子女的上学问题，又可以充分利用闲置的教育资源，是一举两得的事情。

2. 规范打工子弟学校。对打工子弟学校应当采取的正确方针是：建立标准，区别对待，监督指导。具体说来，包括以下三条措施：第一，制定打工子弟学校的办学标准。可以制定略低于公立学校的标准。达到标准的学校，可以合法化；对于不合标准的学校，则要坚决取缔。第二，控制办学者和教师的素质。如，办学者应要求达到大专以上学历，教师应具有中师或相当于中师的学历。第三，对达到标准的学校的教学活动，教育部门应进行定期的指导和监督。发现问题，也应及时指导学校改善。

结语：关注二代移民

由乡村到城市的人口迁移仍将持续相当长的时期，不仅与中国的改革过程相伴随，也与整个中国的城市化过程相伴随。如果说，劳动力本身的流动还带着对于旧城乡分割体制的默认的话，而第二代移民的出现则具有更加直接的制度性要求，或者说由于第二代移民的日益规模化，旧社会体制的弊端暴露得越来越清楚，越来越使人们难以容忍。义务教育问题只是问题之一。如果这些问题没有很好的制度创新方面的出路，第二代移民成长过程引发的社会问题将更加深广。

美国政治学家对于美国社会的移民研究发现，与第一代移民比较，第二代移民的心理和行为发生了重要的变化。第一代移民由于有迁出地境况的比较，对于迁入地的社会不公平往往有较高的认可程度，或者说，虽然他们在迁入地感受到种种歧视，但由于已经比原来的状况有了改善，他们一般并不直接预期与迁入地的居民有完全相同的权利地位。第二代移民则不然，他们一般没有对于原来生活的经验，他们对于生活满意程度的参照主要是迁入地居民的生活，他们缺少父辈那种对于生活的满足感，相反，由于较多地体会到与迁入地人群的生活地位差距时，他们在心理上产生了更多的被歧视感和被剥夺感。与父辈的期望不同，他们强烈地要求自己的权利地位垂直上升。在这种心理预期的驱动下，第二代移民对于面对的不平等缺乏忍受性，因而，在他们的成长过程中，往往采取一些比较激烈的对抗性行为，来直接或间接地表达他们的不满意或者平等要求，所以，第二代移民的失范行为较多，在更严重的情况下，犯罪率较高。

从中国当前的情况来看，还不能说将会出现国外第二代移民出现过的情况，我们应当也有可能通过体制调整来避免因为制度缺陷所造成的社会冲突，减少人口移动带来的社会震荡，在一种平和的氛围中实现社会转型。但是，通过关于这部分外来人口子女义务教育状况的调查来看，特别是当仔细阅读作文来倾听这些儿童关于家庭和社会的内心独白时，我们表示某些忧虑是有理由的。因此，以消除二元结构为目标的城乡体制变革应该加快。

专栏文章二：超生者说

题解：在20世纪90年代中期，民工家庭的超生问题受到社会关注，也成为计划生育管理、农民工管理的热点问题。在此背景下，本书作者负责的国务院发展研究中心农村部课题组开展了系列调研，其中，安排农民工子弟学校教师陈道海所做的深度访谈，为这项研究提供了重要资料。以下是这些访谈的节选。

超生的代价（一）

男，38岁，初中，河南省固始县段集乡东道村人，现在五棵松半壁店后街卖肉。

我家有四个小孩。幸亏老四是小宝贝蛋子，要不然就很难预料我家现在到底有几个孩子了。反正我们夫妻俩横下一条心，不生儿子不死心！

从现实出发，在我们家乡，没有男孩下半辈子生活就非常难过。没有儿子，耕地耙地不行；没有儿子，以前更容易受人欺负；没有儿子，以后的门户没人支撑；没有儿子，老来无人赡养。女孩子一出嫁就是别人家的人了，对父母就不中什么用了。就拿我家来说吧，我爱人都四年没回娘家了，你说她对她父母有什么用？而我呢，每年至少回家一趟，我父亲在我结婚前就去世了，我总想方设法给我母亲一点钱，让她幸福地安度晚年。

在我们家乡，老人全靠儿子、孙子照顾。如果老人病了，女儿照顾几天还没什么，时间一长她就急了，她家里还有事！还得回家看看。而儿子呢，一天到晚就在家，能边照顾边干事。就因为想要个儿子，这几年我吃了不少苦，受了不少累。

政策是死的，人是活的。计划生育罚款比较厉害，但我家几个孩子的罚款都比别人家少。这大部分都归功于我的活动。我与村干部的关系处得很好，有些事能松就松过去了。我们家乡的育龄妇女每 3 个月就得孕检一次，一次不去，罚 300 块钱。我爱人怀老二一次都没去孕检过，但最后加超生罚款，总共才 1000 多块。

生老三时，麻烦遇到的比较多。我们那儿还有夜里偷偷地把人绑架到乡医院做节育手术的。就因这一点，我把爱人带到南阳马山镇砖厂干活，一直到快生孩子才回家。不巧，老三又是女孩，被罚了 3000 块。我们村生第三胎算是到最大限度了，再生，后果就非常严重。不但家产遭殃，就连父母亲戚也遭殃。后来想了一着，忍痛割爱把老三送给了别人，对本村人就说孩子生下来就是死胎。刚开始送的那家条件很好，男的在工商所，女的在粮管所。不知什么原因，后来他们不要了，他们把孩子转给了一个姓周的人家。这个姓周的不想要，而他妻子非常想要，可乡政府不让，他俩都是工作人员且有一个男孩了。也该着这孩子命苦，姓周的小姨子想要可来晚了，被姓周的转给了一个姓许的单身汉。这个姓许的还有一个弟弟，也是单身汉。他俩与妈妈生活在一起。这家人很好，就是太穷了。你想不穷能找不到媳妇吗？

女儿落脚许家后，起名许靖靖。她皮肉没受什么苦，养父很疼她。由于家穷，生活上吃了不少苦，吃的差，穿的也差。家里没个妇女，孩子身上很脏，头上一头虱子。孩子今年 11 岁，已读三年级了。1999 年春节，我回家。正月初三就把她接到我身边，带她玩玩，给她买两套衣服，正月十二才把她送回家。一般情况下，孩子送给人家，养父母就尽量避免让孩子与亲父母接触，而许家很大度，我非常感谢他。这样，以后孩子出嫁了，他家我家随便走，我没有失去女儿，女儿也多了一份亲情。

前不久，他养父找了一个寡妇，并把孩子带到寡妇家生活，寡妇的几个孩子都成家了。我的孩子比以前累些，天天得干家务。但还算可以，寡妇也不打她。我临来北京时给孩子 200 块钱交学费，其实她养父卖点粮食也能交得起学费，但她毕竟是我的骨肉，还是心疼。把她送人，心里都很内疚了，给她一点东西，心里才平衡些。

怀老四时比老三的情况要好一些。村里干部也理解我们。平时我爱人在家，一旦计划生育紧的时候，村干部就告诉我们出去躲一躲，主要是到亲戚、朋友家。都快生的时候，计划生育变紧了。出去躲，上面就找村里，村里干部到我家要我交 7000 块钱罚款才能度过这一关。当时要得非常急，头天晚上要的，第二天就得交齐。我爱人向她爸爸借了 5000 块，向她妹妹借了 500 块，又东凑西凑地凑了 1500 块，这样一颗悬着的心才算落下来。我们那里计划生育罚款是量家而定。家庭富裕的多罚一些，穷的少罚一点。既不让你家倒下，也不让你家有余钱、余粮。

来北京还是一种偶然的事情促成的，我和弟弟家合起来买一辆小四轮拖拉机，这台拖拉机主要是种地用。一次在摇机子的时候，摇把没及时抽出来，被机子的惯性甩出来，正好打在我嘴上，把我的牙打掉几颗。后来想起来心里都很害怕，这幸亏是打在嘴上，要在打在脑门子上不就把我打死啦！往后见到机子就有点发憷。又想想，一年到头在家忙得要死，也挣不到什么钱，干脆出去看看。于是跟着几个在北京干装修的年轻人来到北京。

在来北京的路上以及刚来到北京的那段时间真是受了不少苦。在路上，到郑州转车时被人掏走500多块钱！到北京时身上只剩下1块钱了。刚到北京时，是在公主坟。那时没工作干，几个老乡自己做饭吃，我没钱也不好意思和他们一起吃，如果吃剩了，我就吃一点，不剩就只有饿着。一次，在马路边和一个卖香烟的老头聊起来，我把我的情况跟他说了，他给了我10块钱。我真的非常感谢他，到现在也忘不了，后来一有钱就把10块钱还给他了。不久在石景山八角处找到了干装修的活儿。由于工程不太紧，两天只能干一天的活，所以只能挣个饭钱。其他几个老乡都是没结婚的小伙子，他们是一人吃饱全家不饿。而我则不行，我一家几口人还向我要饭吃。一个月后，我就向老板提出要离开。我把我的情况向他说了一下，老板还可以，给了我60块钱做路费。

我正在收拾东西准备回家的时候，有个人到我们工地上问有没有木工，我随口应答，我就是木工。实际上我没学过木工技术，只是我表兄做木工活时我当过他的助手，自己也能凑合着做点东西。当时可能是求职的本能，顺口就说出来了。后来知道这个人是住在中央团校院内的一个装修公司的王经理，就这样，我随着王经理来到他的公司。他先让我做一个柜子试一试，柜子做好后，放在屋子里不大不小正好合适。王经理夸奖一番，就把我留下了。由于我头脑灵活，干活认真，处处替老板节约材料，不久，经理就让我当小工头。当工头就是自己不干什么，只指挥别人干。在干活时，即使是几分钱的一个钉子掉了，我也让工人把它捡起来。所以王经理非常信任我，我也真心实意地为王经理干事，处处为他省钱。

有一次，工地需要电焊工焊铁架子、车床、大铁门等。王经理找了一个电焊工。我看他是怎么焊的，边看边实践，几天后，我也能焊了。我想我要来焊不就把工钱节约下来了吗？我把想法告诉王经理，把电焊工给辞了。

我这个人就是太实在，这也是老板信任我的主要原因。要是头脑灵活些早就富起来了。王经理在清河接的那个装修工程，光买料子就花了 60 万。这些料子都是我亲自去买的，要是心眼活一点的，就是吃回扣也能拿几万。反正支票都是我填写的，即使拿回扣，王经理也看不出来。就这样，在王经理手下干了 3 年。在这期间，海淀公安分局的老赵的弟弟和我一起干过一段时间活儿，老赵建议我自己干，说这样一个月几百块钱，除了吃饭、零花剩不了几个。要想挣钱还是自己干。

后来我找了几个工人干起了室内装修，干装修，挣钱是挣钱，但这钱大部分都被承包商挣去了。像我这二手承包的就挣不到什么钱。要是能连续有工程干还可以，要是边干边休息，除去房租、吃饭，剩的钱也就微乎其微了。

装修挣不到钱又改卖水果。主要卖桃子、杏子、梨等。卖桃子还能挣点钱，其他就不怎么样，这样零零碎碎地又干了一年。

从 1997 年 10 月份开始卖猪肉到 1998 年上半年这段时间还挣了点钱。

刚开始，东面这条河边没有早市，只是看这儿有许多居民楼，我就天天把猪肉拉到楼下卖，销售量很大。以后卖猪肉、卖菜、卖小百货的越来越多，就形成了早市。慢慢地生意就不如以前好了，现在早市有十几个卖猪肉的，都是我的老乡或老乡的亲戚。

从 1998 年 8 月到前段时间，外地的猪进京比较多，猪肉比较便宜。有时 10 块钱 3 斤，所以这段时间没挣到什么钱。但平时花钱一点也不减少，像固定的摊位费，这边早市每月 300 块，西边还有一个摊位，下午去卖，摊位费每月也是 300 块，房租每月还得 300 多块，手机一个月话费也得几百块。1999 年春节后，由于生意不景气，手机给别人用了。自从发现一些病猪肉在市场上出售后，北京开始禁止外地猪进京。现在猪肉市场好多了，猪肉的价格比春天那时几乎长了一倍。

我卖的猪肉都是我自己买猪宰杀的。有时在河北省买，有时在北京郊区买。河北猪要便宜一些。前几天我还在河北买了 9 头猪，花了 120 块钱运费才运到北京，路上还查了几次，我买的猪都拉到石景山五里砣屠宰场，这是西黄村屠宰场分场。买猪时需要有检疫证，否则不但路上通不过，屠宰场也不要，到屠宰场宰杀时还得检查一遍，合格了才发给检疫证，再在猪身上盖上章，否则猪肉不许上市。

屠宰场把猪宰杀拔毛后，再把猪肉送给我。完成这一程序，每头猪要给屠宰场 20 块钱。为了不把每个人的猪搞错，我们这些卖肉的把猪交给屠宰场时，每人要在所有号中抓一个，然后屠宰场再把你抓的号用铁钉“写”在猪身上，由于“写”后要流血，所以宰杀完后猪身上的号仍然清清楚楚。每个人的号屠宰场都有记录，这样每个人买的猪和肉就能对上号了。

这几年挣了几万块钱，但气也受了不少。劳累还没什么，最可气的是当地有些人无事生非地找我们麻烦。一般情况下，忍一下就过去了，但再能忍也是有限度的，实在忍不住了，有时也要发火，人嘛，毕竟有自尊。

一次，我拉着猪肉从一对夫妻身旁经过，实际上没碰到他们，那男的硬说猪肉碰脏了他的裤子，张口就骂。我说给他洗，不行；买一袋洗衣粉给他，不行；买一条裤子给他，也不行；好说歹说都不行。非得给他几十块钱不可！还说什么：“我是本地人，你一个外地人还敢跟我能？！”这下可把我气急了，我把砍排骨的大砍刀一拿：“我就砍你这本地人！我住在哪，你知道吗？我把你砍死，马上坐车就走，或者追上你家把你一家全解决了。”我边说边逼近他，那时他也不能了，一直往后退，一句话也没有，女的马上向我说好话，拉着男的就跑。

在我卖肉的这个早市上，与我摊位对面的有个白头发的老太太。由于她品质恶劣，常欺负外地人，我们都叫她白毛老太太。白毛老太太就住在早市东面的楼上，她每天也都去摆摊。有一次，她在我的摊上买肉，当时她说没钱，我说："你拿去吃，以后再给吧。"过了好长时间，她还是不给，我向她要，她还很不愿意。后来有一个她熟悉的老太太在我摊上买肉。按实价那块肉值 10 块钱，我说："我们常见面，9 块钱拿去吧。"而那个老太太非要给 8 块钱。我一气之下说："不卖了。"站在一旁的白毛老太太插嘴说："你来卖肉的，不卖，你来干什么？！今天卖也得卖，不卖也得卖！"多么无理！我不能赔本卖吧。就这样，你一句我一句吵了起来，越说越难听，后来，她俩与我爱人打了起来，最后在许多人劝说下才停止。但她们要我赔医疗费。什么医疗费？她们一点伤也没受，就是欺负外地人！左考虑右考虑，经过讲价还价，结果还是给她俩 300 块钱，不给不行。如果不给，她们天天来无理取闹。你想想，我们是来做生意的，不是来闹事的，也闹不起。

由于办暂住证和在市场做生意经常与派出所的人接触，我和五棵松田村派出所的人和海淀分局的人关系都很好。我的暂住证都是直接到田村派出所办的，这样能省点钱。

我有兄弟四个，老大和老小在家，我和老三在北京，老三也卖肉。我家的地给我大哥种了。每人一亩多地，一年得缴 100 多块钱农业税和提留款。除了种子、化肥、农药还有机器耕种的机费，算起来种地还赔本。

我爱人是 1996 年来的，她在家照顾几个孩子还得种地，太累。再说我也不放心，她和我母亲关系不太好，就怕她俩吵架。其他地方，人只要做了绝育手术就没事了，也不知道我们那地方是怎么搞的，我爱人自从来北京，每年还得按时到驻马店驻北京办事处去孕检，把孕检证寄回家，否则就得罚款。前年由于太忙，都孕检过了，把孕检证忘寄了，家中的自行车、电视机、电风扇都被搬走了。还有我大女儿在里屋洗澡时放在外屋桌上的一块好手表也给拿走了，后来交了1000块钱罚款，那些东西才归还。但我女儿那块手表没还。那些人都说没拿，肯定是哪个人趁人没注意自己装在口袋里，已归己有了。

我家老二老小是1997年来北京的。我母亲年龄大，照顾不过来他们，还有我母亲、我大哥不太管小孩，一般是随着小孩的。把两个孩子接过来，对他们成长有好处。你想，从小不加强管理，尤其是男孩子，长大了就很难管了。如果他长不成人，长大了不干正事，我就不等于没有儿子了吗？这些年的心血不就白费了吗？现在这两个孩子在一个打工子弟学校上学，学习成绩还算可以。但与北京当地学校的学生相比还差不少，当地学校我们上不起，我三弟的一个孩子在当地学校上，他和我二女儿是同年级，我女儿不会做的题他都会做，知识面也比我女儿广。我大女儿在老家上初中，今年已初三了，只要能考上高中，我怎么也得让她上。下面这几个小的就难说了，假如北京能让我们长期待下去，我又有能力供他们上学的话一定得供。否则也没办法。就是在许家的老三，如果他养父供不起她上学而我有能力的话，也得供她上学。

超生的代价（二）

男，32岁，初中，河南省商丘市柘城县申桥乡人，现在五棵松做蔬菜生意。

我是 1991 年出来的，说起出来原因真是一言难尽！其间还掺杂着玩的成分。

由于家穷，我考取了重点中学，初一刚上一学期，家里没钱供养就退学了，这是我一生中最遗憾的事。我到现在对书还情有独钟，卖菜时一有空就看书。什么小说、故事、农村致富技术、信息等种类很多。看书一方面能消磨那些无聊的时间，另一方面也学点技术。不管怎样，学点东西在肚子里是没有坏处的。就因为我喜欢看书，白天黑夜都如此，朋友戏称我在上“夜大”。

是金钱停止了我的学业，断送了我的人生。

退学后，我开始想办法挣钱。首先在洛阳贩卖花生，一天能挣个二三十块钱。那时侯一天能挣二三十块钱还是很可观的。虽然辛苦了点，但干起来还是很带劲的。这样干了 3 年挣了点钱，慢慢地胃口变大了，觉得一天挣这点钱太少。于是我开始跑信息，听说西安的鸡蛋与洛阳差价老大。我就决定第一炮从西安开始。在那儿以每斤两块三买了一车皮鸡蛋。也该着我跌跤，刚买完不久，当地鸡蛋就落到一块六一斤。到我们洛阳才卖一块七一斤！这次赔了一万多块。我不服气，别人能挣钱，我怎么不能？后来又从外地拉了一车皮苹果，到家正遇下雨，一直下了半个月，大部分苹果都烂了，又赔了不少。

看来我没有做大生意的命，还是回家干老本行吧，我承包了 20 亩地，种了 14 亩西瓜，6 亩辣椒。我本人不懂这方面技术，请了几个技术员帮忙，给他们的每月每人工资是 300 块，这一年也该着我倒霉，原先旱得非常厉害，接着雨又下个不停。瓜秧上长的西瓜不但小而且不熟，后来都摘给人家喂猪了。辣椒秧子长得很壮就是不长辣椒。这一年光瓜和辣椒种子就花去 1 万多，加上地租，人工费共损失了 3 万多块。这一次彻底垮了，把家底都赔尽了。身上连一分钱都没有！家乡人不理解，他们常常背后议论，指指点点的，父亲也不搭理我，我感到活得太累！

我们村有许多人在河北省沧州市献县上陵农场的一个砖瓦厂切砖。当时我只弄到17块钱路费，我还没有孩子。就和爱人一起和老乡到上陵农场的砖瓦厂，在那切砖。我们河南人到哪打工都有个习惯，当天干活当天就得给钱，而在那切砖，干了半个月一分钱也不给。由于厂子不景气，后来发展到都不给饭吃了，你想想，我们这170多人半个月工资也是很可观的，最主要的是没饭吃活不下去呀。走吧，身上还没钱。我们这些人在一起合计合计干脆到法院打官司，我们来到沧州市中级人民法院起诉砖瓦厂。没想到法院院长是河南人，而且他老家离我家不远，我把我们的情况跟他说了，他一个电话打到上陵农场，上陵农场负责人吓了一跳："沧州市中级法院院长，你们认识？！"随即砖瓦厂给了40袋面粉和200块钱。你想，我们这170多人，这点钱能维持多久？吃完了不还得去要？我跟爱人商量商量，还是走吧，在北京八里庄有老乡，我们到北京去。

我们上了大客车，身上一分钱也没有。坐车时在半路下车，没钱车主也没办法。我们到大兴县就下了车，问别人八里庄在哪。有知道八里庄的人告诉我们如何坐车到北京市区，再坐多少路车，后来坐几次车都是到站才下的。跟售票员一说，我们确实没钱，也就算了。我们首先到了公主坟，然后又到八里庄，到了八里庄就问别人，哪儿有河南人。有的人还可以，知道哪些就告诉哪些，再告诉我怎么走；有的人干脆说不知道；还有的人，不但不告诉，还讲了一番难听话，什么乡巴佬，问人都不会问等等，真把人气死了。经过多番寻找，终于找到一个河南老乡，不是我们村人，但离我家也不太远。这个人对我很冷淡，没有一般人见到老乡的那种热情，我问他生意怎么样，他说他做蔬菜生意不挣什么钱。

第二天，我到丰台蔬菜批发市场去看了一下，小油菜七分钱一斤，而到定慧寺121车站路南小市场上一看，小油菜卖一块钱一斤，其他蔬菜差价也很大。我心里一振，这么大的差价，干好了一定能挣钱！心里在骂那位老乡，真是骗人，我挣钱又没挣你家钱，何必说那些假话！

我开始找房子，准备做蔬菜生意。我的命运还很好，碰到个好房东。我把我的情况跟他说了，不但房租暂时不要，而且给我拿了点本钱，并花100多块钱给我买了辆旧三轮车，后来我把本钱挣上来了，把钱还他，他还不要，要我再把生意做大一些。

刚开始，蔬菜差价虽然较大，如豇豆一毛三一斤上的，八毛卖的。但由于没什么经验，卖得太慢，也挣不了几个钱。在那期间还出了一件事，我骑三轮车时，车歪倒了，旁边的一个人非说砸着他了，而实际上根本没碰着，但人家是本地人，说话嘴长一些，我惹不起。跟他好说歹说还是赔了他300块钱才算了结。房东听说后又拿出500块钱给我，使得我又能正常做生意了。

我家有5个孩子，都是在北京生的，老五给别人了。大孩子是1992年在五路居生的，在医院花了800块。老二老三老四花得多一些，都是在医院住了7天，每个孩子花2000多。老大老二老三都是女孩，直到老四是男孩才安下心，我们农村人封建思想比较重，重男轻女，没有男孩不死心。我们在这生孩子，家乡干部管不到，当地干部又不管，所以生几个孩子一点麻烦也没有。生老四后没有做绝育手术，我爱人又怀孕了，生老五时，前后花了8000块，那次我爱人可受了大罪！老五是女孩，我觉得负担太重就把她给了别人，当然，要是男孩就不给人了。

孩子的养父母是一个北京人给介绍的。介绍人说孩子的养父母要给一些钱，我坚决不要。我又不是卖孩子，怎么能要钱呢。到现在我都不认识孩子的养父母，听说是个军人家庭，生活很好。孩子能遇到这样的家庭，我也就放心了。

我们那儿女孩子出嫁后一般就不问家里事了，父母病了，她也不能及时知道，即使回娘家照顾，也要不了几天就得回家，家里还有事要忙呢，要是有儿子呢，父母有病，照顾花钱全包了。没有儿子的父母到老来都是很悲惨的。老两口要是有钱还可以，要是没钱的话，看病就得借钱，人家看你还不起就不借给你。除非女婿出面借，女儿出面借都不行。因为女儿一般不当家，别人也不敢借给她，父母看病要女婿花钱，世上又有几个这样的好女婿呢？我的大孩子如果是男孩，第二个孩子我都不要。人最讲实际，城里人要是没有劳保，他们也同样重男轻女。

做这种蔬菜生意就是累得很，晚上去上菜，白天卖菜。只有中午能睡一会儿，晚上有时 9 点才回来。这么忙，一天也只能挣个三四十块钱，每天上菜卖菜都是提心吊胆的，现在菜市场大部分都是封闭式的，摊位费高，卖得菜还少，所以在正规的菜市场卖菜挣不到钱，在马路边卖菜不交摊位费，卖得又多，所以虽然马路边经常有人抄，像我这机动三轮车一抓住就罚一百多块，多的罚五六百，罚过钱后还把车胎给扎了。就这样还比进正规菜市场挣得钱多，我想要是有人组织在马路边卖菜，每天由卖菜人轮流值班，维持秩序，管的人员不再抄，一个月交 800 块钱摊位费我都干。

白天卖菜经常被抓，由于车子不是北京牌照，夜晚上菜也时常被追。有个人夜里去上货，被交通局的车追赶，由于三轮车开得太快，站在车厢里的他的妻子被甩出车外，当时是夜里 12 点，凌晨 4 点多钟，交通局的车才把他妻子送到医院，那时人已经死了，头上有个大窟窿。可能是摔过后没有及时抢救，流血过多而死。按理说，交通局的车不应该追，追车容易出事故，这一点难道交通局还不懂吗？这个人也向法院起诉了，经过法院验尸，说是当时就摔死了。你说法院还能向着你一个外地打工的人吗？这个人没有得到任何补偿，还花了一万多块钱停尸、丧葬费。唉，我们外地人真惨！

现在钱越来越难挣了，我大女儿、二女儿在这上不起学，已经把她们送回老家上学去了，不管我怎么累也不能不让她们上学。我不能再让我的孩子吃我这没文化的苦了。要是读过大学，我现在怎能干这个事呢？过一段时间，我准备把老婆孩子都送回家，他们在这也帮不上我的忙，反而增加开销。我自己要好好大干一场，挣一些钱好好培养几个孩子。

超生的代价（三）

男，37 岁，初中，河南省鹿邑县高集乡人，现在北京市海淀区五棵松种菜。

说不是为躲计划生育而出来，但出来也与计划生育有关。

我有四个孩子，老大老小是男孩。在老大 2 岁时，我到北京打工。我下面还有几个弟弟妹妹没成家，我母亲很忙，没时间带孩子。爱人在家种地还得带老二，一个人管不过来。没办法，就把大儿子送给我岳母带，一直到 7 岁才把他接回家，后来又把他接来北京。到读书年龄了，北京的学校上不起，又让他回老家上学。1995 年下半年，我了解到一个私人办的学校专收打工子弟，收费不高，又把他接过来，一直到现在。

我们那儿计划生育原来不紧，只要有钱生多少都可以，现在要紧一些了。生老二时罚了五六百块。当时我对孩子多少没有明确概念，没有考虑到生多少为止，少也行，多也没什么不好。如果生第二胎后村里就强制性地做绝育手术，我也可能就去做了。不再东躲西躲的，问题是只要交了钱就可以生。当时又没有什么避孕措施，不做绝育手术，当然就会怀孕。于是我爱人又怀上了，既然怀上了那就要呗。如果打胎不但大人受罪，好好的孩子打下来不太残忍了吧？可生下来是个死胎。那以后我就向村里要罚的钱。村里干部说，要钱没有，这样吧，你再生一胎抵这个罚款。生就生，反正不生也要不到钱！我又赌气生了现在的老三，老三生下不久就被我们带北京来了，同样，没有避孕措施，在北京又生了老四。在五棵松四季青乡租的菜地被收回时，我把老四带家一段时间。这一回家，被罚了 2000 多块，那时由于生活压力较大，我就感到小孩有点多了，让我爱人自动去做了绝育手术。现在更是后悔透了。要不是这么多孩子，怎么也不能穷到这个地步，受这么多的苦！

自从我结婚，我们那儿的土地就没调整过，分家只给我一口人的地，所以我家虽然 6 口人，但只有一亩多地。每年收的粮食连吃都不够，根本没钱供孩子上学。

为了能让孩子读书，我就想出去挣钱。我们那儿有不少人是在北京种菜的，收入还可以，我就跟他们一起来了。

来北京后，我家土地就被生产队收回去了。我们那儿有一条规定，只要全家都出去就把土地收回。这期间不交农业税和提留等一切费用。什么时候回家，什么时候才把土地还给你。

1990 年刚开始来时，没有租到菜地种，先帮老乡种菜。后来看情况把一家带来也可以，才回老家把爱人、老二、老三都带过来，当时老三刚出生一个多月。后来，在老乡的帮助下，在五棵松四季青乡车道沟租种一亩多菜地。当时租价比较低，每亩地才 170 块钱。还有碰巧的，租大队地种菜，大队不要租金。更有巧的租大队地种菜，大队还得倒给钱。这是因为大队种菜时赔本，他们除去白劳动还赔钱，当然不想种。但这些地又不能抛荒，一抛荒上面就得找他们麻烦。他们恨不得一下子把地给别人种，所以那时种地特别方便。大队供给水、肥料、农药和种子，这些有时是免费的。那时我种一亩多地，一年到头，除了花费，能挣1000多块。当时政策松，好人也多，要像现在这样，连1000块线都挣不上。那时，我每天上午在菜地里浇水、除草、施肥、拔菜。我爱人用三轮车拉着菜到路边卖，有时走街串巷地叫卖。下午我也出去卖菜。两个小的孩子没人在家带，我爱人就用两个筐，一个小孩坐一个，放在三轮车上。坐小孩的筐放在中间，放菜的筐都在周围，边卖菜边带小孩。她经常在老地方卖，有不少人都认识她，看她带着孩子卖菜挺可怜的，买菜人还经常送一些好吃的给孩子。遇到送给我们孩子东西吃的人再买菜，我爱人就不要钱，可不收钱，他们就不要菜，还说清楚了，不要钱，以后就不买我们的菜！那时在马路边卖菜，抄摊子的比较松，人心也不像现在这么坏。当有人抄摊子时，别人很快就跑了，而我爱人有两个孩子在车上，又照顾孩子又照顾菜，速度很慢。有些抄摊子的人还帮着我爱人收拾菜，收拾完了就让她走。现在可不同了，慢一点的，菜就被买菜人和抄摊子的人抢走，有被抓住的还遭到毒打和污辱。我卖菜时，菜就经常被抢走。我亲眼看到过和听说过的有的人被毒打和被污辱。有一个老头在路边卖菜被抓，被抄摊子的人左右开弓，打了好几个耳光。我爱人的手还被抄摊子的人按在地上用脚踩过。有个妇女被抓住，把她拉到一边，可能因为她长得漂亮一点，一个抄摊子的人在她身上到处翻钱，翻什么钱？主要是为了调戏人，还恬不知耻地向其他几位抄摊子的人说，她身上除了裤裆没摸，其他任何地方都摸过了。你想这还是人吗，跟畜生一样！当时在场的还有几个公安人员！他们听了，哈哈大笑起来！

有时我们这些被毒打或被污辱过的人也曾想过告他们，但左想右想还是不行。官官相护，现在有几个好官？有钱有势的人无理也有理，无钱无势的人有理也无理！我们老家流传这样一句口头语：屈死不告状，饿死不做贼。告也没用，越告越屈！像我们这外地人更是没用。

自从在北京种菜就没住过真正的房子。在四季青乡种菜时，不是塑料大棚，而是一般的露天菜地。收入不多，出外租房子，一间都得几百块钱一个月，租不起。菜地又不允许搭棚建房子。按规定大队的菜地是不允许租给外地人种的，应是进行统一化管理。如果一建房子，上面一来检查，就知道是租给外地人种的，干部就不好交代。这样，我只能在菜地里搭低矮的棚子，就这也不行，上面一来检查，就得被拆掉，自己不拆，别人替你拆，拆过后还得给他工钱，不给不行。遇到这种情况，知道硬不过他们，就自己拆了。就这样，搭了拆，拆了搭，最后想了一着，在菜地里挖地窨子，我们一家就住在地窨子里。这样比以前安稳多了。可地窨里特别潮湿，像我这穿的布鞋，晚上睡觉脱在床边，第二天早晨，鞋就湿透了。还有，对关节影响也很大。

在四季青乡种菜种了 5 年，菜地被国家征用了，以后经过多方寻找，租到了现在这块菜地。这个塑料大棚面积是九分七，加上这住的地方和一点空地有一亩多。刚开始租价是每亩 550 块，近两年涨价了，这一亩多地一年要 2000 块，加上水费、电费 500 块，一年要 2500 块。

这两年花钱比较厉害，生活比前几年还苦。四个孩子有三个上学的，两个四年级，一个一年级，都在一个打工子弟学校上学。一年光书费、学费就得 2000 多块。学校的学生如果在食堂吃饭，每月还得交 60 块钱的伙食费，三个孩子的伙食对我来说是一笔不小的开支。为了省钱，每天我给他们每人一块五毛钱到校外买点东西吃算了。老大老二都能骑自行车了，现在还没钱买。每天早晚从家到学校这七八里路来回都是步走的。跑得老三整天喊腿疼。还好，这几个孩子都比较懂事。每天放学回家三个孩子都捡柴草，然后是大儿子烧锅做饭，老二学习，有时还教老三学。我家的锅就和别人野炊的锅差不多，你看，四周用一些碎砖垒起来，锅放在上面．用木材烧火。要是赶上下雨天，锅上面没有遮雨的东西，柴草再潮一点，一烧火浓烟四起，孩子呛得直咳嗽，跪在锅边直揉眼。我和爱人卖菜每天晚上八九点才回来。

我们住的这“房子”是原来的塑料大棚改装的。在原塑料大棚上盖些草，底根垒些碎砖。由于里面比外面低，每当下雨时家里都是水，前几次的大雨，家里面的水有一尺多深。一下大雨，全家出动，从里向外舀水。

由于“房子”低矮，夏天非常热，在没有铺到草的地方，太阳一晒，里面像蒸笼一样。前段时间我和邻居搭了这个棚子，中午在这下面坐着还凉爽些。这“房子”人躬着腰才能进出，里面暗得很。刚才你进去已感觉到了吧，白天在里面看书，光线都不行。我家三个孩子都是在外面看书的。我们这没电，点的是蜡烛。为了节约，我都让他们白天多看些书，晚上就不让他们看了。平常我们吃菜主要是自己种的，自家没种的，如果想吃，到邻居家弄点就行了。我们这些邻居关系都很好，菜园里的菜随便吃。当然喽，大部分是吃自家园子里的菜。米比面贵，所以我们很少吃米饭，只是熬些粥喝，馒头也不买，主要是自己买面蒸，这样要省一些。吃水要到这附近的厂子里私人家去弄，人家不要钱，我去挑水时就带点菜给人家，他们很少自己来我这园子里弄菜。

前两年出了几次事，把家里节余的钱全花光了。

1997 年夏天，有几天家里的菜卖完了，没事干，一天，爱人催我和一个老乡去批发市场上菜回来卖。也该着那天倒霉，我开着机动三轮车回来时，在一个立交桥下的环行道上，我直开过去，没想到从右边突然来了一辆奥迪，正巧我的车前轮抵上了奥迪后边，把人家奥迪的后灯给撞坏了，好说歹说，最后还是赔了3000多块。

真是祸不单行，去年夏天，一天下午5点多钟，我家的几个孩子和邻居家的几个孩子在过马路时，我的小儿子被一辆出租车撞伤了，嘴唇被撞得只有一点皮连着，快掉下来了！牙床已撞裂了，一部分已脱离口腔！当时我家的几个孩子已吓晕了，还是邻居家的孩子回来告诉我的。我花了好长时间才找到出事地点，腿已软得走不快。一看我儿子满身是血，已不成孩子样了。我心疼得浑身打战！交警已把司机扣留。这次事故责任主要在司机。我儿子是在人行道上走的，出租车是在超车时窜入人行道把我儿子撞倒的。

到301医院后，一个大夫说没事，回去吧。我说："这孩子都成这样了，怎么还没事？"我和爱人被赶到走廊里。当时我想了，不管怎样，我是不能走的。一走，孩子的命都难保！我爱人就抱着孩子一直在走廊里坐着，我恨透这个医生了，没有一点医德！他一定是被司机买通了，我一回家，司机就可以不花钱了。世上还是有好人的。后来有个医生路过走廊，看到我儿子伤成这样，他问我们情况，我一一跟他说了。他又问我们有什么要求，我说是想住院治疗。他让我把病历拿给他看，病历上竟然写着没什么病！后来这个医生把病历重新写了一遍。301医院是不给住了。他又帮我联系了丰台医院，并和交警大队取得联系，把医疗押金转到丰台医院。

刚开始，交警大队的处理是赔偿一切医疗费用。当得知我是外地农民时，马上就说我也得承担一些医疗费。这不太荒唐了吗？经我据理力争，后来还是司机赔偿所有药费，前后总共也才有2000多块。

在住院期间，就刚开始吃点药，后来就很少吃药了，除药费而外，其他费用，如吃饭等都是由自己负责。就这样，在医院住了40多天才回家，在这期间，塑料大棚里的西红柿由于没人看管，整个报废了。所以1998年租的大棚赔本。令人高兴的是我儿子的嘴已痊愈，几乎看不到什么疤痕了。

我现在种的这个塑料大棚 7 月 1 日就到期了，这块地将被征用，7 月 1 日以后就得搬走。目前还没有找到栖身的地方，像我这没技术的，找活儿干很难，即使我能找到活儿干，一家人也没地方住，租房子是租不起的。我还想租地种，这样虽然苦一些，但一家人吃住全解决了。我这几个孩子要上学，还不能走得太远，慢慢找吧，天无绝人之路。

从来北京到现在，我和爱人只办一个暂住证，大队干部都熟悉，知道我们穷，当来查暂住证时，就让我爱人躲避一下。时间长了，派出所的人也知道内情，知道我们生活苦，也不过分追究。听说 7 月 1 日以后，16 岁以上的每个人都得办暂住证，并且每月需交 80 块钱！而以前办暂住证一年才 180 块钱，看样子北京对外地人管理越来越严了，想用经济压力赶走一批人。我只要能待多久就待多久，主要是为了孩子能够上学，我想，我就是要饭也要供孩子上学！

（访谈者：陈道海）

3

新治道

3.1 农民流动的体制环境[①]

与20世纪90年代中期比较，进入2000年的农民流动在总量方面虽然增幅不大，但是，流动行为有了一些新变化。在流动就业的农民群体内部有两种情况增加：其一是长期稳定的外出明显增加；其二是家庭化的外出明显增加。这些新的变化特点已经越来越超出了一般意义上的劳动力流动，而具有更深刻的人口城市化含义。

与之相应，外出农民不仅有希望增加收入改善生活的要求，还有权利地位方面的要求，强烈地需要在制度上被城市社会所接纳。但是，城市体制却将其视作“外来人口”、“暂住人口”。他们处于城市体制的边缘状态，在住房、医疗、职业介绍、通讯、储蓄面临一系列实际困难。如果进城的现实要求在体制调整中得不到适当体现，他们在城市社会的边缘性地位愈加突现，既不利于解决城市问题，也不利于解决农村问题。

一、就业限制问题

外来劳动力的行业工种限制趋于普遍。近几年数次大规模抽样调查显示，外出农村劳动力中70%以上进入城市就业。根据劳动部课题组1995年的抽样调查推算，在外出农村劳动力中大约有2300

① 本文系国务院发展研究中心农村部农民工课题调研报告，完成于2000年3月，原题为“流动农民的边缘化问题”。

万人在地级以上城市就业，1600 万人在县城或县级市，另外有 3300 万人在城乡之间流动。如果把在城乡之间流动的民工中的三分之一（约 1100 万人）计入大中城市，那么在大中城市就业的农民的总数在 3400 人万左右。也就是说总共有 5000 万农民在县城以上（含县城）的城市找到了就业机会。理论上这个人口群体被视为城市人口就业的直接竞争者。90 年代中期开始，一些大城市出台了对外来劳动力的就业行业工种限制，随后，又有许多大中城市甚至小城市陆续效法这种做法。限制外来人口进入的行业工种越来越多，对工种的规定之细致达到了令人不胜其烦的程度。

大量外来劳动力进入城市开展经济活动，无疑增加了城市地区的劳动力供给总量，尽管他们与城市劳动力在从业结构上有很强的互补性，或者说主要在相对分割的劳动力市场上运行，但直接或间接地在一定程度上加大了城市的就业压力。由此出发，对进城农村劳动力总量进行适当调控是必要的。但同时也要看到，外来劳动力也直接或间接地地促进了城市自身的就业增长。从大的方面看，外来人口导致城市经济总量扩大，必然带动就业总量扩大，包括为城市人创造若干新的就业机会；从小的方面看，外来人口缴纳的数量可观的各种税费，直接提高了政府用于支持再就业的财力。上海市政府每年从每个外来劳动力收取 600 元的外来劳动力管理基金，其中大部分用于再就业工作，就是外来劳动力对于城市再就业的直接贡献。至于外来劳动力对城市就业岗位的挤占与对城市就业机会的贡献的量化比较，虽然具有明确的政策意义，但目前尚无法测算。

对于农民进城的规模总量有所控制是必要的，但以城乡身份划线、实行职业保留并不可取，尤其是不能将这种种措施制度化。这种措施可能排挤出少量农民工以安置下岗失业人员，使城市居民的就业岗位有所增加。但是，消极作用更为显著。首先，在制度层面上，这种措施强化了就业领域已有某些淡化的城乡分割的制度性歧视，强化了城里人和乡村人的身份等级色彩。因此这种限制并不是市场经济改革方向上的制度创新，恰恰相反，只能说是户籍和就业体制改革进程的一种逆转。其次，从生活层面看，它直接恶化了外来劳动力立足城市的制度环境，使大量进城农民的就业活动转入“地下”，成为打“黑工”。建立的劳动关系既不具合法性，自然也就更难规范，尤其无法通过加强政府管理来规范。在这种情况下，劳资双方的正当权益都容易受到伤害，尤其是外来工的合法权益更容易受到侵犯，如任意延长工时、随意克扣工资、甚至侵犯人身权利。这些问题的广泛发生，强化了外来工对于城市社会的不认同甚至敌意，往往带来不良社会后果。

就业过程突然中断对于进城农民的生活打击比下岗对于城市职工的打击更为沉重，因为下岗职工还有稳定的住所，有一定数量的生活保障金，有家庭的直接支持，而进城农民几乎一无所有。尤其是如果正在岗位上的外来劳动力被强行清退离岗，可能会因为突然失业而出现全面生活危机。不仅造成他们生活困难，更会造成他们精神上的创伤，甚至激起心理和行为上一定程度的反社会倾向。绝大多数从限制岗位被清出来的“民工”并不自动离开城市，除非被强行遣返，但强行遣返往往中途逃回。一些人在走投无路的情况下铤而走险，不能不说有某些体制歧视的因素。另外，“清”得走农民工，未必请得来下岗失业的城市职工，或者清退的农民工多补充的城市劳动力少。就业方面的清退措施加剧了部分农民工的生活流离，使他们进一步边缘化，而城市本身不能得到预期利益。从城市的角度看，即便我们不能说其结果是损人不利已，也可以说是得不偿失。

二、身份（户籍）约束问题

近些年来，农民流动引发的户籍问题已经有过广泛深入的讨论。户籍改革实践本身也有了一定程度的推进，尤其是小城镇的户籍已经进一步放开。整体来看，旧体制下城乡分割的户口制度格局已经进一步松动，附着于户口分界之上的城乡利益差别明显缩小。这是符合城乡体制整合方向的。从目标来看，既不应该让城镇人口继续维持甚至恢复因为户籍身份而享有的特殊利益，也不应该要求进入城市的农村人口去分享旧城市人的特殊利益。实际上，那些在城市就业生活的农村人，从来没有把目标定在追赶这些利益上。合理切实的目标是，进一步剥离与户籍直接联系的福利，让户口只具有标志居住地的意义，在户口失去特殊福利含义的条件下实现城乡人口的平等权利。

现在，对于进入大中城市就业生活的农民来说，突出的问题是身份自由问题。90年代后期以来，农村经济发展特别是农民收入提高面临一系列困难，农民外出就业的冲动持续高涨，而与此同时，城市内部的就业形势趋于严峻，城市加强了对于外来劳动力的就业限制。在这种双重力量的夹击之下，流动人口中的无业人员数量增加。在此条件下，城市管理部门普遍加大了清查遣送工作的力度，在一些大城市，遣送的外来人口数量比前几年成倍甚至几倍地增加。

清查遣送对于外来人口在城市的就业生活造成了比较大的影响。突出的问题有：（1）在城市外来人口中造成了普遍的不安，加大了外来人口的边缘性心理，增加了他们对于城市政府的不认同，往往激起农民对于城市政府的不合作甚至抵触。（2）被遣送的许多人甚至多数人很快又回到城市。对于这些外来人口来说，这种遣送的真实效果就是不仅延误了可能的就业机会，而且直接增加了费用，恶化了经济条件。对于相当一部分民工来说，几天的失业或者几百元的损失，就可能使他们沦为真正的“游民”、“盲流”甚至盗贼。（3）在清查遣送过程中，有一部分人暂住证、就业证被没收甚至撕掉，这种具体的管理行为和宏观的管理制度的差异，严重地伤害了进城农民对于城市政府的信任，也造成了进城农民的直接经济损失。所以，如何维护有正当职业民工的身份自由，保障进城农民在城市社会的基本生活安全，是一个非常重要的问题。

三、流动儿童教育问题

中国的农村劳动力流动持续到现在，流动儿童即第二代移民问题已经浮出水面。90年代中期以前，有的调查已经涉及“浙江村”里的幼儿园、深圳郊区的“铁皮房”识字班，但是，儿童问题没有引起研究人员的特别重视并成为专门研究领域。在研究者来说，这是一个现实生活本身推到我们面前的新课题。

90年代后期以来，流动农民中的儿童现象开始突现，数量急剧增加。这些儿童或者在家乡出生被父母带到城市，或者在城市出生而继续留在城市。儿童问题的突出使得流动从根本上超越了“劳动力流动”的意义。儿童是流动人口中的一个特殊部分。相对于流动的劳动力来说，这是一个派生的部分，但是，这个群体有着一种独特的成长性，在他们身上，体现着更深远的社会变迁意义。儿童问题提出了新的改革要求，或者说，在儿童问题面前，最突出的是在流动儿童的义务教育问题面前，城乡分割旧体制的弊端暴露得越加清晰，越加变得令人不能容忍。流动儿童问题，不仅呼唤义务教育体制调整，而且呼唤多方面的制度创新。

虽然城市政府还没有充分意识到流动儿童的教育问题，但招收了大量外来人口学龄子女的非正规学校业已出现，人们通常称之为打工子弟学校。打工子弟学校的数量增长十分迅速，呈逐年递增之势。学校的规模扩张也十分迅速。早期的学校一般只有几十个到百把个学生，现在的学校许多都三四百学生，有的已经达到2000个学生。在上海、广州、武汉、南京等地都出现了一批这样的非正规学校。

这些学校在事实上已成为基础教育的一个部分。主要特点是：（1）均属私人办学，而且办学者基本上都是外地人；（2）没有合法办学手续；（3）收费低，而且收费方式灵活；（4）教师也绝大多数属于外地人，很多教师没有任何教学经验和专业培训，教师岗位的流动性很大；（5）没有政府教育行政部门的教学督导。流动农民子女的教育需求越来越大，但城市政府往往采取忽视甚至无视的态度，因而，许多家长才会采取进“打工子弟学校”的无奈选择。这背后其实有一种狭隘的观点，即认为，把流动儿童的教育问题解决好了，会使流动人口留在城市，并且会吸引更多的农民到城市来，不利于城市的稳定。这其实就是说，不解决流动儿童的就学问题，让这些孩子在城市里失学，就可以把那些农村人逼回老家，并且给那些还想来城市的农民做个警示。这就是存在于相当一部分管理人员头脑中的观念。我们认为，不论这样的想法有怎样的现实合理性，都不应当为了城市管理的方便而让这些孩子作出这样沉重的“牺牲”，这些孩子同样有接受义务教育的法定权利。

中央政府有关部门曾经两次出台了关于流动儿童就学的暂行办法，如提出以就近入学为主等意见，但这些原则精神并没有得到有效落实。对于越来越多的打工子弟学校，地方政府的具体管理行为往往走向两个极端：要么不管不问；要么统统取缔。前一种方式使得打工子弟学校由办学者私人随意操作，缺少规范管理，使大批孩子无法得到高质量的教育服务；而后一种方式危害更大，因为在不解决公立学校的赞助费问题、不开放体制内渠道的情况下取缔打工子弟学校，等于是把那些孩子推向失学。现在看来，加快城乡义务教育体制的整合是一个迫在眉睫的问题。儿童接受义务教育的基本权利，不应该因为父母的户籍不同而出现等级差别。

如果说劳动力本身的流动还带着对于旧城乡分割体制的默认的话，而第二代移民的出现则具有更加直接的制度性要求。义务教育问题只是问题之一。如果这些问题没有很好的制度创新方面的出路，第二代移民成长过程引发的社会问题将更加深广。我们没有理由让这些农村人口的第二代在基本受教育权利方面继续处在城市社会的边缘。

四、外来人口的住房问题

整体而言，流动人口没有统一的住房问题。因为地域不同、产业不同，流动人口的居住形式也不同。建筑行业的农民工，居住方式只能是临时的、非正式的。我们所说的流动人口住房问题，主要是指那些已经稳定地进入城市经济和城市生活的人群的问题。比如在北京这样的大城市，外来就业人口已经接近200万。这其中不乏高收入者，无论是租房还是买房都有足够的自我解决能力，他们的居住问题无须政府专门考虑。

在已经进入城市的农村人口中，多数人集中在劳动比较密集、技术和资本含量比较低、收入也比较低的行业。从城市社会经济的运转本身来讲，特别是社会服务业，他们的工作是必不可少的，他们中相当部分的就业和生活也是稳定的，城市需要他们，他们也需要城市。但是，大量的普通进城农民，居住是一个巨大的难题。他们的居住现状本身就显示了他们在城市的社会经济地位。我们看到，在城乡结合部，许多进城农民租住当地农户的房子，这些房子通常是当地农户在自己的院子里搭建的，不少属于违章建筑，也有的以蔬菜种植为业的农民通常住在自己搭建的窝棚里，收购废品为业的一些人甚至直接住在垃圾场旁边的棚子里；在城里，不少人住在高楼大厦的地下室里。特殊的形态如“浙江村”，则是自发地成片建一些临时房屋，形成一个一个独立的小社区。凡此种种居住方式，一个共同的特点是住房缺乏统筹安排，缺乏规划。在许多时候，城市政府的管理冲突往往是围绕整顿违章建筑、违章租住等问题展开的。在地方政府和当地农民之间，经常看到“建了拆，拆了又建”的拉锯战，而在地方政府和外来人口之间，则经常上演“今天赶走，明天又来”的游击战。这种局面不论对于哪个方面来讲，都是高成本的。

现在需要考虑的问题，既然城市的外来人口必定是个长期的现象，甚至长远来看这些必定会成为正式的市民，那么，城市政府方面就有必要在规划建设上确立他们的安身立命之所，包括规划建设一批低造价、但符合基本安全卫生标准的简易住房，让尽可能多的外来人口结束住房方面的“秘密状态”和“地下状态”。

民工问题是个农民问题。民工的权利也是全体农民的权利。民工在城市中遭遇的边缘状态，也是农民在中国社会的边缘状态。从这个角度看，解决民工的问题，本身就是在解决农民问题。只有让更多的农民融进城市，使他们彻底完成向市民的转变，才能从根本上解决中国的农民问题。

（2000 年 3 月）

3.2 民工对政府的希望[①]

在国务院发展研究中心课题组组织的600余名民工的访谈调查中，问卷的最后一项是一个开放型问题——“您对政府有什么希望？”绝大多数受访者都谈了自己的想法，其中有100名民工提出了比较具体的希望和建议。现将民工在流入地工作生活中碰到的问题及提出的希望整理出来，以供参考。

一、希望政府保护农民工合法权益

26%的民工明确提出了自身权益的保障问题。

1. 希望得到应有的劳动保护

一位制衣厂的后勤人员建议：“要多关心外来工人的工资和劳动强度、生活条件、劳动保障及其他合法权益；解雇、雇用工人程序要正规化，最好立法，否则我们过了今天不知道明天，最好监督合同执行，给我们劳动保障，多给我们举报途径（市长电话、咨询电话等）。”

一位20岁的机修工认为：“辞退工人要事先通知，给找工作的时间，不能说要就要，让走就走。”

一位34岁的工人提议：“对长期在外的民工应建立劳动保险制度，依据在企业工作的年限，企业提取一定的养老保险金；本车间灰

① 此文系国务院发展研究中心农村部农民工课题调研报告，完成于1995年5月。

尘多，时间长了会得肺癌，不能对农民工不负责任。”

2. 希望规定最低工资并保证及时发放

一位服装厂的女工建议：“对打工者多一些权益保护，将《劳动法》贯彻到底，使打工者得到真正的保护。上级机关应多了解打工者生活，工资应随着生活水平的提高而提高，应给打工者更多的娱乐和闲暇时间。”

一位建筑工人提出：“要规定最低工资，规定和保证及时发放工资，工作调配上不许刁难民工，要保障民工自己的合法权益。民工也是人，要尽量给民工提供生活上的便利，要给民工说心里话的机会，要重视我们的意见。”“希望当地人对民工态度好些，工资要能保障生活，工作量要减少，对拖欠、克扣工资现象要重视，不要把民工当乞丐。”

3. 希望允许民工自由流动并提供方便

大部分民工“希望政府允许我们自由地流动，以便找到合适的工作；并希望政府能为外出民工找工作提供方便，为流动的民工制定一些法律和政策来保护我们的权益和安全”。

二、希望对外地人与本地人一视同仁

1. 希望和本地人同工同酬

20% 的民工提到了同工同酬的问题。一位工人说：“厂里对本地人和外地人待遇不同，干同样的工作，外地人工资低于本地人，本地人婚假时工资照发，而外地人则不发。”

有位安徽来的女工说：“厂里一般不与安徽人定长期合同，而且短期合同中也不许结婚，不许有小孩，否则合同自动中止，对上海近郊的打工妹比较宽松些。我觉得上海厂家在这方面的政策应该平等。”“要执行《劳动法》，正式工和外来工同工同酬，或是按照签订的合同履行。”“同样的工作，外地人比本地人工资低，在外打工跟做奴隶似的，受气。”

2. 希望执法机关秉公执法，不要偏袒本地人

有一部分民工抱怨：“地方保护太严重，外地民工被当地人看不起，也得不到当地人的帮助，当地的政府也帮当地人。在外面打工，当地人认为我们很坏，不敢与他们发生纠纷，发生纠纷也认为是我们不对。”

一位建筑工人气愤地说：“当地派出所对外地人不好，经常打外地人，外地人有理也无理；本地人欺负外地人，本地派出所偏袒本地人；外出打工经常碰到乱收费，政府应有明文规定。”许多民工“希望政府部门加强对派出所及联防大队的管理，制止对民工滥用职权。”“当地治安应该用正式的治安人员，这样可以保证治安人员的办事质量。”

三、希望放宽户口限制，允许农民自由进城，在有条件的地方完全可以取消户口的限制

一位河南来的女工希望政府能“取消户口限制，让我们自由地做工，我们公司想把我转成正式工，可从河南往这办户口要花15000元，我没那么多钱”。

一位来自浙江的已婚妇女说：“我们打算长期在外打工，因为我们已经在上海买了房子，在上海生活11年了，也习惯了，加上有住房，所以不再想回去，只是国家的户籍制度太严了。”

一位已与上海人结婚的安徽籍女工说：“上海的大龄青年，常常是与一个农村户口的姑娘结婚，一结婚就像我们这样，农村户口上不来，孩子的户口也上不了，还遇到其他一系列问题。”

四、希望有一个良好的治安环境

14% 的民工感觉不安全，社会治安不好，希望能有所改变。有的民工反映："社会上不安定，闲着的小痞子太多，造成不安定的影响，希望政府多加强警力管一管。""希望政府能把治安管得好一点，每年在火车上抢、偷的事总是有的，弄不好命都搭上去，一点也不安全。""治安太乱，土匪横行，比如我们回家就经常在车站受到敲诈，不给不行。"

五、希望家乡发展得再快些

19% 的民工希望家乡的经济面貌能有所改变，使自己不用外出就能有活干。

"希望当地政府多办乡镇企业，让我们有活干，有钱挣，不用出来打工，希望'民工'一词在中国消失。""发展乡镇企业，立足乡土，而不靠人口外流来解决问题。"

"希望老家尽快改善农村情况，减轻交公粮的负担，多办几个厂，多创造工作机会……即使条件允许，我也不想到城里定居，因为家里条件太差，大家齐心合力做事，改变家乡面貌，一人进城一人享福，不能只顾自己，其实大家都不愿外出打工。""国家应该有政策让留在村里的农民安心从事农业生产。"

此外，民工对家乡的问题也提出了许多看法，特别是对农村基层干部的贪污腐败问题反应强烈，希望政府能像杀车匪路霸一样杀一杀贪污腐败现象。

现在，全国跨区域流动的农村劳动力有七八千万之众，其要求和行为可能产生巨大的社会影响。上述100名民工的希望和建议虽然不能代表民工总体，但我们从中也可看出政府在工作中应当注意的几个问题：

1. 民工权益的保护问题应受到高度重视。现在政府有关部门的工作有重管理控制、轻保护服务的倾向。管理的主要办法就是收费、发证，没有什么实在具体的服务，受访的民工意见很大。

2. 一部分民工的外出具有被迫性，属于非正常的流动。因此，减少盲目流动，提高流动的有序化，不能只着眼于流动行为本身的管理，更重要的是做好农村工作，改善农村的经济和社会环境，使更多的人有条件就地发展。

3. 城乡分割的户籍制度改革应适当加快。农民对户口限制的不满在增加，同时，对一些城市清退民工也有明显抵触情绪。在为保护城市人口优先就业而清理限制农民工时，尤其要注意把工作做细，避免矛盾激化。

（1997年5月）

3.3 农民流动与城市就业[①]

农村劳动力跨区域流动走过了十几年的历程，正在进入一个全新的阶段：一方面，流动的整体理性程度显著提高，负面社会影响显著减少；另一方面，城乡就业进一步交汇，农村劳动力和城市劳动力的就业竞争趋于激烈，就业机制在急剧变迁中面临若干新问题。

一、新阶段的基本表现

我们认为，1995 年以来，中国农村劳动力流动进入了一个新的阶段，或者说，进入了一个良性运行的新阶段。这个阶段的基本特征是：

1. 流动增长速度明显放慢，在较大的总量规模上平稳运行。据抽样调查，1995 年仍比上年有 8% 左右的增长，但是，1996 年则与 1995 年的总量规模大致相当，基本没有增长。究其原因：第一，近两年政府对农业结构的调整，提高了农产品的比较效益，使得农业对劳动力的吸聚力增强，同时，从全国来看农业收成良好，也减少了由于农业受灾而被迫外出打工的劳动力数量；第二，与此同时，城市经济特别是国有企业困难增加，效益下降，突出的问题是失业率上升，下岗人员增加。这就形成两方面的直接影响：一方面，客观上城市能

---

① 本文系国务院发展研究中心农村部课题调研报告，写作于 1997 年 12 月。

够吸纳的农村劳动力减少；另一方面，主观上城市政府也出台了一些限制性就业政策，以保护城市人口的就业优先，增加了农村劳动力在城市就业的制度障碍和经济成本，因而使农村劳动力外出持续增长的势头受到遏制。

根据11月初国务院发展研究中心农村部对一些劳动力主要流出省有关部门掌握的情况汇总，1997年的农村劳动力外出总量规模大致与1996年持平。四川省（重庆市不在内）流动劳动力约660万人，与上年相同，但外出的方向有变化，去东部沿海有所减少，去新疆明显增加，全省去新疆植棉种地者就达60万人；江西省外出260万人，也与上年基本相同。对于江西来说，90年代前6年出省务工经商人数年均递增50万人，到1995年达到最高峰，为276万人，此后略有下降，1996年为263万人，1997年稳定在260万人。安徽、河南都变化不大，总量可能略有减少。但也有的省外出有较明显增长，如甘肃省，据省政府劳务工作办公室的汇总，1997年出县劳动力达到150万人，比上年增长10%，其中去新疆较多。陕西省的劳动力外出也有较明显增长。

1997年11月，中国农村劳动力资源开发研究会和中国扶贫基金会在北京举办了一次以近几年外出打工人员回乡办厂创业为主题的经验交流会议。参加这次会议的有150余名昔日的打工仔、打工妹，今日的农村中小企业管理者、所有者，来自四川、安徽、江西、吉林、浙江、广西、云南等16省区，近100个县。在这次会议期间，国务院发展研究中心农村部课题组就1996年和1997年的劳动力流动形势进行了一次问卷调查。调查收回有效问卷108份。关于被调查者家乡1996年的流动规模，40.2%的人回答比1995年“增加”（其中26.2%回答“增加较多”，14.0%回答“增加较少”）。34.6%的人回答比1995年“减少”（其中27.1%回答“有所减少”，7.5%回答“减少较多”)，17.8%回答“变化不大”，其余回答“不清楚”。关于1997年的流动规模，27.1%回答比1996年“增加”（其中19.6%回答“增加较多”，7.5%回答“增加较少”），43.9%回答比1996年“减少”（其中31.8%回答“减少较多”，12.1%回答“有所减少”），20.6%回答“变化不大”，其余回答“不清楚”。据此我们推断，1996年和1997年流动规模大致相当，但1996年比1995年略有增加的可能性稍大，1997年比1996年略有减少的可能性稍大。这个判断与有关省区汇总的情况基本一致。

2. 农民流动的组织化程度提高。我们的研究表明，流动的“组织”分三种情况：一是由政府有关部门、正式就业服务机构直接组织介绍的劳动力外出，称“有组织”；二是由农村劳动力本人利用个人社会关系资源实现的外出，主要是亲友同乡互相联系介绍，称“自组织”；三是个人没有任何信息或组织帮助的外出，称“无组织”。我们认为，不论是有组织的增加，还是自组织的增加，都属于“组织化程度提高”的范畴。多种调查显示，漫无目标的外出越来越少了，流动者的理性程度大大提高。这首先要归功于农民自身行为的调整。许多农民从早期的盲目外出中吸取了教训，越来越重视外出决策的合理性和准确性，重视信息的收集分析，努力构造外出就业的正式或非正式的组织依托，减少盲目性，降低流动的成本和风险。同时，他们也积累了流动就业、异地生活的经验和知识，越来越自觉地学习现代文明，适应城市生活。这样就在很大程度上减少了与就业地区在文化规范方面的冲突。其次，近两年来，许多流入地区的社会团体、企业、政府部门开始自觉地开展对外来就业人口的素质培训、法制教育，无疑也为这些外来人口在观念和行为上的城市化整合起到了一定的积极作用。再次，流出地流动就业的中介组织发育较快，流入地区推行的“劳务输出基地化”探索，发达和不发达地区以组织劳务输出为内容的对口扶贫工程，也都在一定程度上促进了流动组织化程度的提高。

3. 负面影响显著减少。尽管近两年的劳动力流动总量持平或者略高于前一阶段，但对于正常社会秩序的冲击显然是平和多了，甚至可以说已经初步进入正常的良性运行。主要表现为：第一，交通运输方面压力明显减轻，不再出现前几年那种春运时节大量外来人口露宿车站街头不能立即疏散、火车内人满为患的情况，高峰时期的铁路流量明显减少。春运期间，不论对于政府还是往返民工都不再那么担忧、紧张。究其原因，一方面是交通发达了，高速公路增加，公路客运能力扩大，火车提速，运输能力提高；另一方面是政府和有关方面的组织工作加强了，团体包车、集体预订票、动员一部分人春节期间不回家等等措施，也发挥了一定作用。第二，城市管理方面问题明显减少，前一阶段的主要问题，一是公共设施的压力，如外来人口增加导致公交、供电、供水、环境卫生、副食供应等方面的紧张，但现在都已明显缓解。应当说，这是需求的扩大拉动了供给的增加，反而刺激了公共品市场的扩张，矛盾也不突出了。二是治安的压力，外来人口犯罪率居高不下。但近两年也明显改变，并没有随着人口增加而持续增加，相反，在一些城市，由于管理措施得力，外来人口的犯罪率明显下降，贵阳市近两年积极探索外来人口管理的新思路，变过去公安、工商、计划生育、劳动等部门的分割管理为综合管理，效果良好，全市发案率 1997 年上半年比 1995 年同期下降 14.6%，其中外来人口在总犯罪人口中的比例由 1995 年的 50% 下降为 1997 年的 10%。这就说明，只要相应的工作跟上去，问题是可以解决的。

4. 出现了第二种“双向流动”。在过去几年的调查研究中，我们已经注意并分析过劳动力的双向流动，即流动不仅是欠发达地区向发达地区和城市的流动，而且也有相当规模的劳动力从发达地区向不发达地区流动，当然，这两种流动的人口特征和就业结构是有差异的。

如果说这是第一种双向流动的话，那么，近两年又出现了引人注目的第二种“双向流动”，即不仅农村劳动力在向城市流动，城市劳动力也在向乡村流动。主要表现是：其一，部分城市劳动力流向农村的非农部门就业，乡镇企业居多，既有高级劳动力，也有简单劳动力。据有关部门估计，1996年末，仅在乡镇企业就业的城市劳动力就达300万人。其二，也有的城市劳动力流向农村的农业部门就业，如下乡承包经营土地，从事养殖、种植和林果业。据北京市山区开发办介绍，至1997年10月，城里人下乡承包租赁经营四荒地已达18万亩，其中既有公司团体，也有相当一部分城市职工个人。河南省商丘地区987名下岗职工自带资金、技术从城镇来到农村，办起各类种养专业场184个，承包果园324亩，开发荒废闲地206亩。湖北省安陆市目前有2300多名失业下岗的城镇职工到农村从事种植、养殖业和承包荒地，占全市再就业人数的三分之二。政府还给以鼓励和扶持，如下乡在农业部门就业的城市失业职工，1年全免、3年减半征收各种税费，如本人能按期足额上缴保险费，保留其职工身份，计算连续工龄等。这种情况说明，改革深化尤其是劳动力的市场化配置正进入这样一个阶段，城乡两个方面的劳动力不仅在城市汇合，也在农村汇合，城市为农村人口提供就业机遇，农村也开始为城市人口提供就业机遇。这种汇合，主要是相互补充，相得益彰，但也有相互冲撞。

一个非常重要的启示是，城乡就业已经不是要不要统筹的问题，而是怎样协调发展的问题，关键在于，探索建立统一开放的劳动力市场已经显得越来越迫切，已经开启的城门不可能再关上，已经开放的农村也无法再封闭。

5. 形成了初具规模的回乡创业潮流。四五年以前，打工创业现象开始引起我们的注意，但只是作为一种现象出现，尚没有形成规模，也没有受到广泛的社会关注。近两年来，情况迅速变化。打工创业者作为一个有特殊生活背景的社会群体，数量急剧扩张，尤其是在一些劳动力流出频率高的地区，已经形成较大的规模。虽然全国范围无法统计，但局部地区的数字也很说明问题。如果以个体工商户和私营企业登记注册为标准，四川省 1995 年打工回乡创业者有 19 万人，1996 年即猛增至 34 万人，至 1997 年上半年，已有 40 万人。富顺县由外出打工人员兴办的各类企业近 1 万户，投资金额达 2 亿元，1996 年实现产值 3.3 亿元，利税 5100 多万元；台县已有 8000 余名打工人员回来开厂办店（四川省农村劳动力资源开发研究会主办《川军足迹》，1997 年第 3 期）。到 1997 年 6 月末，江西省萍乡市外出打工又回乡创业者有 22884 户，占该市个体私营企业总数的 70% 左右。[①] 有的县城，甚至整条街上的摊点、店铺大都是外出打工人员回来办的，被称为“创业一条街”。

二、新问题、新矛盾

前几年，人们对于农村劳动力流动的关心和讨论，主要集中在流动者群体本身，如有序无序、违法犯罪等问题。近几年，随着流动者群体本身一些问题的明显缓解，特别是城市本身失业现象的加剧，人们更多关心和讨论的是农村劳动力进城就业与城市劳动力就业的关系。突出的两个问题是：

第一，认识问题是，如何评估进城农村劳动力对城市自身劳动力的就业替代程度。

农村劳动力进城是否对一部分城市人的就业位置有所影响？在研究界，一般来说回答是肯定的，即农民进城客观上是端了一部分可

① 江西省委农工委经济开发处处长江海，“1997 创业之星”大会发言材料。

以属于城市人的饭碗，但是，深层的问题是，这种就业替代的程度如何，或者说这种就业替代关系是否可以进行定量化的分析计算。这是争论探究的焦点所在。一般认为，进城农村劳动力的就业选择与城市自身劳动力的就业选择存在着结构性互补，即通常所说的农村人主要做那些城市人不愿意做的工作。这是基本的方面，不论是农民市民，还是学者专家，均不持异议。但是，还有一个非基本的方面，即在城市确实存在一个两种劳动力的交叉地带，城市劳动力和农村劳动力均可以而且均在积极争取进入这样的就业部门。城里人和农村人在同一个空间里的就业竞争便由此发生，并且确有一部分农村人走上了城市人甚至政府部门都认为本来应当属于城市人的工作岗位。

一种观点认为，农村劳动力进城与城市劳动力虽然存在就业替代关系，但并没有对城市就业市场形成大影响，况且与农村人进城为城市发展所起的积极作用相比是瑕不掩瑜，不能相提并论。有研究指出，农民进城在一定程度上有利于城市就业，首先是大量的外来人口在城市创造了一块消费市场，消费需求的扩大无疑刺激城市本身的就业增长；其次是一部分外来人口在城市已经取得生产经营上的较大成功，成为店主甚至企业老板，他们不仅雇用外来劳动力，也雇用了一部分城市劳动力。

另一种观点认为，农民进城挤占了城里人的工作机会是客观存在，在当前城市失业下岗职工人数越来越多的情况下，大量农村劳动力进城对于城市就业的困难处境无疑是雪上加霜。因此，对于这些人作出严格的行业工种限制是正确的，是城市社会稳定的需要。这种观点在城市政府和相关的职能部门颇有市场，而且从城市民意调查来看，这种观点在城市里也有相当的社会基础。“农村人进城工作，城里人有何担心？”据零点公司最近四年在北京、上海等地的连续调查，前三年，城里人占据首位的担心是“影响城市治安”，最近一次即今年7月的调查，城里人占第一位的担忧是“冲击本地劳动力市场”，达59%，对于治安的担心则退居其次。

研究界认为，如果能将农民进城对市民的就业替代关系作出比较科学的定量化分析，那么，对于恰如其分地评价农村劳动力进城对城市就业状况的负面影响将提供有说服力的判断，也易于基本上统一上述两种观点的对峙。国内已有学者尝试作出这种努力，有学者运用数学模型分析，得出的结果是10 ∶ 1的替代关系，即每有10个农民进城将导致1个城里人失业。[①] 这个模型分析结果是在一次研讨会上介绍的，与会专家讨论热烈，围绕着分析方法提出了许多疑问。由于模型分析方法还不为许多人所掌握，也由于模型建立本身往往存在这样那样的缺陷和失误，所以，这个分析结果自然也就不可能为人们所认同。这样，农村劳动力进城的就业替代关系仍然无法从定量方面作出解释，争论也还在继续。

我们认为，对于替代关系的研究虽然颇有意义，甚至可以成为城市政府制定相关就业政策的重要依据，但从大的方面来看，不论这种替代有多高程度，都不应当影响中国就业体制改革和就业政策设计的基本走向。因为，改革的目标是建立市场经济体制，统一、开放的劳动力市场是市场经济的内在要求，而统一、开放自然应当包括城乡之间统一、城乡互相开放。对进城的农村劳动力作出就业限制，从当前来看也许可以对城市失业有所帮助，因而有其现实的合理性，但从深化改革的目标要求来看，这种限制显然不符合市场经济的基本政策取向。理由在于，这种限制是在分割劳动力市场，提高了劳动力市场业已存在的分割性和封闭性，而不是在建立统一、开放的劳动力市场。因此，这种分割性的劳动力市场政策应当酌量运用，适可而止。如果

① 美国华盛顿中国问题研究中心主办“中国经济研究交流研讨会”，1997年5月，北京。

从农民的角度看，城市政府的歧视性就业限制则显然大失公正。农民进城谋生，本质上是追求地位的提高。这种地位包括收入地位、权利地位和社会声望地位。能够自主地通过进城追求这种地位提高，是改革开放赋予农民的权力和机遇。现在，如果城市政策作出种种限制，剩下来可以做的就是那些城里人不屑染指的苦活脏活，实际上是杜绝了他们实现地位提高的渠道，剥夺了进城农村人通过区域流动实现向上的社会流动的机会。

第二，实际问题是，如何解决农民在城市内与城里人发生的就业竞争。因为在城市地区，农村进城劳动力和城市自身劳动力的就业竞争趋于激烈，矛盾更加突出。

近两年，宏观调控在抑制通货膨胀方面成效显著，但就业形势令人担忧。突出的问题是，出现了越来越多的城市剩余劳动力。当然，这两种剩余形成原因不同，农村剩余主要是资源性原因，城市剩余主要是体制性原因。大致来说，城市剩余劳动力有三部分人组成：登记失业人口、企业下岗职工和在岗的企业富余人员。从登记失业率来看，1993 年为 2.5%，1995 年为 2.9%，1996 年为 3.0%。据国家统计局有关人士的分析，1997 年第三季度我国共有城镇失业人口 800 万人左右，总体失业率已接近 4%。从企业下岗职工人数来看，1995 年全国下岗职工仅为 400 多万人，1996 年增至 800 多万人，1997 年上半年已进一步增加到 1000 多万人。[①] 至于企业内部的未下岗富余人员，则是一个很难说明的数字，有的说是目前职工总数的五分之一，也有的说占四分之一甚至更高。在这种情况下，城市政府作出了两方面努力：一方面，通过实施“再就业工程”给失业和下岗人员以种种直接的就业支持保护；另一方面，更严格地限制农村劳动力进城就业，扩

① 《经济日报》1997 年 10 月 15 日。

大了不准使用外来劳动力的行业工种范围。同时，加大了以行政手段清退城市外来人口的力度。

实际上，城市对于农村劳动力的就业限制，早在三四年前已经开始，如上海、北京等地均有政策规定出台，那时城市自身的失业问题尚不很严重。去年以来，这种限制愈加严格，其一，不仅大城市加强了限制，中小城市也开始限制。如江苏、浙江甚至广东的一些小城市也颁布了使用外来劳动力的行业工种限制规定。其二，限制的行业工种范围不断扩大，限制措施正从以行政手段为主过渡到以经济手段为主，如规定城市企业使用外来劳动力不仅要劳动行政部门审批，而且要缴费。这些情况显示，在城市就业领域，城乡劳动力之间的制度性歧视不是在减弱，而是在强化，劳动力市场的分割性不是在减小，而是在扩大。也可以说，由于城市政府的上述种种努力，建立统一开放的劳动力市场的目标不是离我们近了，而是远了。

从城市稳定的角度看，一个城市的政府总是应当优先解决辖区人口的就业，因此采取一定的保护是必要的。但是，从宏观方面着眼，保护并不能化解矛盾，尤其是不能化解城乡劳动力在就业市场交织竞争的矛盾。不仅如此，目前劳动力就业领域的矛盾不仅依然存在，而且趋于尖锐化。

（1）在城市内部，政府和企业发生矛盾。一般来说，在一个城市范围存在职工下岗、农民进城并不难理解，但是具体到一个企业，出现职工下岗和农民上岗，就格外耐人寻味。有些大中型国有企业，把每年减少多少正式职工、增加多少农民工作为企业劳资工作的重要目标。我们所调查的上海一家拥有近2万职工的大企业负责人曾说过，他们争取每年增加1000名农民工，减少1000名正式职工；我们在北京调查过一家企业，5000名职工已下岗3500人，但目前在岗的1950人中还包括350名农民工。因为，企业是从降低人工成本出发，用一个农民比用一个正式工在工资支出、福利支出等都将成倍减少，更何况农民还有“吃苦耐劳听话”等优良品质。所以，许多企业对政府要求招用城市人口的要求采取了或明或暗的不合作态度。企业是从经济理性出发选择农村劳动力。城市政府和城市企业的这个矛盾根源于就业和福利体制。

（2）在城乡之间，流入地和流出地发生矛盾。作为流入地，尤其是城市，总是希望农村劳动力的进入是适量的，有控制的。但作为流出地，尤其是不发达地区，则大不以为然。四川省（重庆设直辖市前）1996年出省农村劳动力比1995年增加5.5%。1997年年初，省委书记和省长仍然提出还要进一步扩大规模，让更多的农民出川。陕西省政府认为，在前几年本省的劳动力外出落后了，要迎头赶上，1997年初也提出把扩大劳动力输出当作大产业来抓，省政府确定2000年劳务输出工作目标，输出规模要达到200万人，年经济收入要达到40亿元以上。[①] 有的中部地区的地县领导说，鼓励农民外出务工经商，有序要流动，无序也要流动。由此可见，农村劳动力资源丰富且经济欠发达的地方，并不会因为城市里有下岗失业人员而约束本地的农民少外出。

三、城乡就业竞争将加剧

我们认为，在未来几年里，农民流动的总量规模不会有显著变化，基本走势是在现有规模上较平稳地进行，流动方式也仍将以农民的自我组织方式占绝对主导地位。但结合宏观经济形势分析，可以预见，在城市内部，城乡两种劳动力交织发生的就业矛盾将持续一段时

---

① 《中国劳动报》1997年3月27日。

间，这不仅因为城市自身失业将会伴随着经济结构调整和体制转轨而继续发生，城市自身的就业压力仍将沉重，而且因为在就业体制的二元格局松动不大的情况下，就农民自身来看，他们并不会因为城市经济特别是城市就业存在着困难而放松对于旧体制的冲击。

据多方面专家联合课题组的预测，到2010年，按目前统计口径我国的城镇失业率将达到5%以上[①]，而在未来十几年间，农村人口增长将远远快于城市，潜心务农者会日益减少，加上土地资源减少和农业技术进步，农业剩余劳动力将日益增加。从农村释放出来的劳动力仍将保持比较庞大的规模。

当前，农村劳动力进城就业，对旧体制更加强大猛烈的冲击主要源于三个方面的因素：

第一，经过十几年流动就业生活的洗礼，农村劳动力在城市就业市场上的竞争能力大大提高，已经成为若干领域内城市劳动力的强劲对手。农民流动就业是他们的自发选择，自从离开家园进入异乡的第一天，他们就深知必须在劳动力市场上奋力竞争。一切都要依靠自己在竞争中获取。如果不想竞争，如果想逃避市场，他们就只有退出城门，回到乡村去。如果说，“政府应当安排我的工作”是传统社会主义体制留给城市职工的精神遗产，那么，“要自己为自己挣饭吃”则是传统社会主义留给农民的精神遗产。所以说，那些已经进入城市的农民们，在就业市场上的竞争意识，在竞争中的积极主动性，面对市场竞争的心理承受能力，要大大高于城市职工。所以，当他们知道城市也有失业而且正在限制农民的时候，也许会有小量农村人悄然退去，但对于大多数进城者来说，特别是对于那些锐意在城市发展的众多农村青年来说，他们并不退却，而是一如既往地在城市的各个角落

---

① 《经济日报》1997年11月3日。

寻找自己的位置。

第二，活跃在城市的农村劳动力，其中相当一部分在城市就业市场上具有较强竞争能力。这部分人不仅有现代生活观念和就业意识，有较高的文化素质，而且也有较好的人力资本存量，有一定的技术技能专长。他们适应了城市生活，也具备和城市人在劳动力市场的某些方面一争高下的实力。在一些企业，出现城市工下岗和农民工上岗的情况，主要是市场竞争的结果，这部分人往往是一些用人单位离不开的劳动力。在北京的海淀、朝阳一带，许多夜校、培训班半数以上的学员是来自农村的青年男女。这种情况说明，许多进城就业的农村青年不再满足于只做些简单劳动，而要为实现向上的职业流动做准备。可以想象，不论城市政府采取怎样的就业限制，进城农村劳动力与城市劳动力在就业市场上的较量仍会持续下去，而且将更加激烈。这是一场短兵相接的较量。越来越多的农村青年将不再满足于只是在城市就业领域充当拾遗补缺的“等外市民”角色，他们正在为进入城市的主流社会而奋斗。

第三，农村中蕴藏着一支数量巨大的流动就业后备大军。据测算，1997 年至 2000 年，农村每年还将新增劳动力 660 万人。与此同时，如果乡镇企业的增长速度能保持在 15% 的水平上，提供大约 2200 万个就业岗位，那么，农村仍将产生 400 多万新的剩余劳动力。2001 年至 2010 年，全国农村将新增劳动力 6350 万人左右，每年增加约 630 万人。如果同期乡镇企业的发展能每年解决 500 万左右个就业机会，那么，10 年累积还将出现 1300 万劳动力剩余。对于那些无条件就地解决就业的新增劳动力来说，其中相当一部分将选择流动。

还值得注意的是，经过十几年的流动发展，在一些流出劳动力较多的中西部地区，流动不仅仅是出于一种经济上谋生的就业需要，而且甚至成为一种“文化”，成为一种青年人的价值追求。许多农村中学生走出校门回到乡村，不论在当地是否有工作可做，首先想到的是到城里去。农村青年要到城里来寻找自己的生活理想和成功之梦，已经是部分农村地区新的社会时尚。世界近现代史也表明，现代化进程中农村青年人大量进城是在发达国家已经广泛发生的现象，更何况中国是个农村人口压力分外沉重的国度。所以，在未来若干年里，将有许许多多的农村青年顽强而且热切地向着大大小小的城市涌动，其壮观的情景在今天是不难想象的。

城乡就业矛盾的逐步克服，最终有赖于市场经济体制建设的深入推进，包括政府行为的调整，也包括市民行为的调整，最重要的是以就业和社会保障体制为核心的城乡二元社会结构的逐渐消除。城乡劳动力市场的分割，源于就业和社会保障体系的分割，如果改革的推进达到这样的境界，即符合市场经济目标要求的城乡统一的就业和保障体制基本形成，城乡统一、开放的劳动力市场体系基本建立，城市人不再有从旧体制因袭而来的种种就业和福利特权，农村人也不再无端地承受从旧体制因袭而来的种种就业福利方面的权利缺失，企业也不必为了减轻对城里人的福利等方面的负担而刻意选择那些不需福利支付的农村劳动力。那时，城市人和农村人的社会地位方面的等级差异不复存在，城乡两种劳动力均可以在城乡之间、地区之间自由地流动，平等地竞争，那么，在今天看来许多由于体制问题所引发的就业领域的矛盾也将不再是政府感到十分棘手的问题。

3.4 就业的城乡统筹[①]

外来劳动力已经成为城市经济活动人口的重要组成部分，其主体是进城务工经商的农民。当前，在城市下岗失业人员逐步增加的情况下，一些城市政府对于外来劳动力的排斥性政策措施趋于严厉。从城市政府特别是下岗失业人员的角度来看，这种就业限制确有其特殊背景和现实原因，但是必须指出，这种做法背离了城乡统筹、市场竞争的就业体制变革方向，是一种不合理的制度安排。从具体执行过程来看，不仅未能收到预期效果，而且出现了值得重视的负面影响。因此，也许更应当注重对策方面的建设性思路，特别是继续坚持城乡统筹，着眼于提高城市下岗失业人员的就业竞争能力和迅速扩大农村内部的就业容量，在激活城乡两个方向的劳动力流通的条件下，促进城乡就业共同增长，缓解就业压力。

一、外出就业的农村人口总量依然庞大

最近两年，虽然城市自身就业形势趋于严峻，但并未直接导致农村劳动力外出就业减少。从总量来看，1996 年和 1997 年的外出农民规模仍然维持了与高峰时节 1995 年大致持平的水平。1998 年还略有增长。据铁路方面 1998 年的春运统计，全路客运量比 1997 年增加

---

① 本文系作者执笔国务院发展研究中心农村部课题调研报告，写作于 1998 年 8 月，原题为《缓解就业压力要坚持城乡统筹——城市中的农村劳动力问题》。

19%，其中跨路局的旅客运量增加19.1%。运量扩张的主要原因是回家过春节的民工增加和春节后新外出的民工增加，但是两种因素各自的影响程度很难作定量的具体分析。

据四川省劳务办的调查统计，全省今年回川过节的民工约210万人，节后外出的民工约290万人，考虑到节后外出人员中有一部分非新外出民工，预计全年出川民工将从400万人增至450万人。数量增加的同时，外出的区域方向也发生一些变化，去东南沿海有所减少，去新疆、东北、山西等地有所增加。

据我们在北京、上海、宁波等地的访谈调查，来自不同地区的民工大都反映家乡今年外出打工的数量并未下降，数量依然较大，同时也普遍感到现在城市里的就业条件不如前两年，钱越来越难挣。

从交通运输方面来看，高峰时期“民工潮”的压力显著减轻，流动有序程度明显提高，但并不能说明是外出农村劳动力总量明显的下降，而主要是交通运输能力大大提高的结果。

巨量外出农村劳动力持续涌动，局部甚至有所扩大，基本背景在于农村自身的就业压力沉重。

首先，农村中农业内部蓄积的劳动力总量过大。虽然1992年中国的农业劳动力绝对数量首次出现负增长，使我们看到了农业劳动力不仅份额下降而且总量也减少的历史性转折，但是，整体就业形势不容乐观。据全国农业普查资料，1996年农村从业人员5.6亿。其中从事农业人员4.24亿，从事非农业人员1.36亿，农业劳动力比经常性统计多出0.7亿，76%的农村从业人员仍然集中在农业领域。这说明，中国农业内部的隐性失业程度比我们以往的估计还要严重。

其次，农业内部的生产结构调整过程受阻。发展高产优质高效农业，从提高经济效益出发来重新安排农业内部的生产布局，是农民增加收入的首要选择，也是扩大农业内部就业的重要途径。但是去年以来的农产品价格几乎全面走低，使得农户的调整步伐出现徘徊。据有关方面统计，1997年与1996年同期相比，粮食类市场价格下降13%，肉禽类价格下降6%，水果类价格下降6.5%，蔬菜类价格下降9%。农民面前“卖难”“价低”阴云迟迟不能消散，使许多人不再把增加收入的希望寄托在农产品结构调整及增产上。

再次，乡镇企业吸纳就业的能力急剧下降。1995年乡镇企业吸纳农村劳动力约800万人，1996年降至600万人，1997年进一步降至400万人。速度增长高而就业增长低是乡镇企业自80年代末以来就存在的问题。近两年特别是1997年速度和效益的下滑则使这个问题更趋严重。

农民是理性的，在农业和农村内部收入、就业增长乏力的情况下，大量劳动力依然执着地选择外出就不难理解了。即便他们知道城里还有千百万下岗职工，也难以驻足乡里甚至止步城外。

二、城市的就业机会封闭趋于严格

近几年的数次大规模抽样调查显示，外出农村劳动力中70%以上进入城市就业。据计算总共有5000万农民在县城以上（含县城）的城市找到了就业机会。这个人口群体被有些人视为城市人口就业的直接竞争者。

20世纪90年代以来，在流动农村劳动力数量扩张最快的几年里，城市政府并没有意识到进城农民对于城市人口就业的威胁。1995年开始，上海、北京等一些大城市出台了对外来劳动力的就业行业工种限制，随后，又有许多大中城市陆续效法这种做法。目前，限制外来人口进入的行业工种越来越多，对工种的规定之细致达到了令人不胜其烦的程度。参与限制的城市也越来越多，已经扩张到一些县级市，似乎限制农村劳动力进城成了实施城市再就业工程的必备要义。

现在看来，在就业增长领域主要依赖非公有制部门，就业方式主要通过市场机制的现实条件下，城市政府对农村劳动力的种种限制排斥收效甚微。

一方面，各类用人单位有着使用外来劳动力的强劲动力。从根本上说，不论是公有制用人单位，还是非公有制用人单位，他们在用工方面主要考虑降低成本提高效益，而不考虑如何扩大社会就业容量。事实上企业也不应当承担就业责任，承担这种责任的只能是政府。企业使用外来劳动力的最大作用是能显著降低人工成本。据北京市有关部门测算，仅在失业保险、大病统筹和养老金方面，企业使用一名外来工要比使用一名本市工每年少向有关社会保险部门缴纳 2500 元以上，而在企业内部，使用外来工比本地正式工在工资、福利等方面的开支也还要少出一大块。因此，当前一些企业，包括一些国有企业，不仅在努力减员增效，也在努力“换”员增效。与此同时，企业乐于使用外来工还有一个重要因素，即劳动关系的非正规性，用了外来工，企业更方便依其自身需要随时解雇或再招，而不受到正式劳动关系的约束。许多企业大量使用外来劳动力来降低成本，并以此提高市场上的竞争力。

另一方面，劳动行政部门对企业用工行为，特别是使用外来工方面的检查控制力不从心。从招工过程来看，企业用工绝大多数并不通过政府劳动部门的职业介绍服务机构，而是通过其他渠道，招工过程本身就绕过了行业工种限制的监控；从用工监督检查来看，劳动行政部门中寥寥几个监察人员，往往要承担辖区内众多家用人单位的方方面面劳动监察，不必说外来工使用只是劳动监察的内容之一，即便这几个人员专此一项，也还是难免顾此失彼。

以北京市东城区为例，全区有 9200 余家各类用工单位，有 9.8

万多名外来劳动力，企业使用的外来工中 90% 以上都不是从劳动部门下属的职业介绍机构招用的。1997 年区劳动监察纠正 930 家违法案件，60% 以上属于所称的“私招乱雇”。直接从事管理的劳动部门干部十分辛苦，但效果甚差。他们认为，如果是在计划经济的就业制度下，这样的外来工行业工种管理会很有效。现在就很难产生明显作用。除非政府建立一支庞大的专门队伍来从事行业工种监管，但如果这样的话，不仅政府难以承担骤然增加的管理成本，而且不符合市场经济条件下政府职能变革的原则。

现在，城市下岗人员较多转入隐性就业，一些城市调查隐性就业率在 40% 以上，他们一方面享受政府或原单位的生活补助及相关福利保障，另一方面从事其他有收入的活动，特别是受雇于一些企业。企业所以乐于这样做，主要是回避了正式录用还必须承担的工资外一系列福利性支出。一些企业有意识地使用大量农民工，其利益激励类似这种隐性就业。因此，如果加大养老、医疗、失业等方面保障工作的力度，强化对企业此项工作的检查，对企业过量使用农民工和廉价使用下岗职工都可能起到比较有效的制约作用，同时也符合社会保障体制改革的方向。从中长期目标来看，进入企业的农村劳动力也应当逐步纳入这种保障体系，以促进那些已经稳定完成职业转换的农民过渡成新式市民，推动中国的城市化进程。

三、城市实施职业保留的双重后果

大量外来劳动力进入城市，增加了城市的劳动力供给总量，增强了经济活力，但也直接或间接地在一定程度上加大了城市原有的就业压力。对此应一分为二地看：一方面，外来人口的确挤占了部分就业机会，但另一方面，外来人口导致城市经济总量扩大，进而带动就业总量扩大，包括为城市人创造若干新的就业机会，而且，外来人口缴纳的数量可观的各种税费，直接提高了政府用于支持再就业的财力。

适当控制农民进城的规模总量，即便在城市下岗问题不严重时也有必要，但采取行业工种分类、劳动者按城乡身份分等、就业机会封闭的职业保留政策并不可取，尤其是不能将这种种措施制度化。此类措施的积极作用可能有两方面：一是排挤出少量农民工以安置下岗失业人员，二是向城市居民昭示政府对失业下岗人员的关爱。但是，其在现实生活特别是制度层面上的消极作用应予以重视。

职业保留制度以职业分类、国民分等和就业机会封闭为基本特征，即政府将职业工种进行分类，并进而规定一部分就业位置只对特定身份的社会成员开放，不许其他身份的社会成员进入，这些身份标志如种族区别、城乡区别、家庭背景区别等等，以 90 年代以前的南非最为典型。长期以来，中国的就业制度主要建立在户籍制度基础上，户籍身份不同决定就业权利的不同，尚无直接的制度化的职业保留。现在，一些城市鉴于自身下岗失业问题的严重，在原有户籍制度的基础上，又制定出行业工种方面的限制措施，并且以前所未有的明确的地方性法规形式出现，首开职业保留制度的先河，虽然是一种新的制度设计，但并不是改革方向上的制度创新，恰恰相反，只能说是户籍和就业体制改革进程的一种逆转。就其许多具体措施的社会后果而言，确实是在强化就业领域已有某些淡化的城乡分割和制度性歧视，强化了城里人和乡村人的身份等级色彩。

职业保留措施的制度化，明显恶化了外来劳动力立足城市的制度环境，使大量进城农民的就业活动转入“地下”，成为打“黑”工。这种劳动关系不具合法性，无法通过加强政府管理来规范。劳资双方的正当权益无法得到保护，尤其是外来工的合法权利更容易受到侵犯。这些问题会强化外来工对于城市社会的不认同甚至敌意，进而造成不良社会后果。

在目前外来劳动力的总量规模庞大且限制清退效果甚微的情况下，如果城市政府加大力度，继续运用行政手段强化行业工种的严格控制，势必造成更多外来工的就业难度增加和失业风险加大。失业对于外来劳动力的生活打击比下岗对于城市职工的打击更为沉重，因为下岗职工还有一定数量的生活保障金。尤其是一部分正在岗位上的外来劳动力被强行清退离岗，人为因素使就业突然中断，会立即导致他们的生活困难，也会造成他们精神上的创伤，甚至是心理和行为上的反社会倾向。一方面，从限制岗位被清出来的“民工”大都并不自动离开城市，除非被强行遣返，或者走投无路，但强行遣返往往中途逃回，走投无路往往铤而走险；另一方面，“清”走农民工，也“请”不来下岗职工。去年，南京市通过清理农民工为下岗职工腾出了 4000 个就业岗位，两个月过后，仅有 1000 下岗职工应聘。这样的做法对企业、民工会产生什么样的影响，损失了多少效率，是需要认真考虑的。

我们认为，限制、清退农民工利小弊大。如果特定条件下确有需要，在实施清退时，也要“有情”操作，一定要考虑到他们的生活承受能力，不能只看到下岗职工要就业，看不到进了城的外来人口也需要吃饭。

四、促进城市就业应立足于城乡统筹

城市失业下岗问题趋于严重，就其形成原因来说，与农村劳动力流入并无因果关系。显而易见的事实是，前几年农村劳动力进城步伐较快的时候，也正是城市就业形势较好的时候，农村劳动力进入较多的城市（或地区），也正是就业形势较好的城市（或地区），城市劳动力失业下岗增多，主要源于经济结构调整和国有企业效益低下。在这个过程中，农村劳动力流入不仅没有使城市经济不景气、雪上加霜，相反，以其超乎寻常的低成本和对艰苦岗位的较高承受力支持了这个结构调整过程。不难理解，如果没有大量农村劳动力进入，一些城市的传统产业（如纺织、煤炭、建筑、运输等）遇到的问题将会更加严重，城市商业服务业也不会有现在这样的快速发育。所以，试图以排斥农村劳动力参与城市就业竞争作为解决就业的重要途径，是一个既对农民很不公平，也无益于促进城市就业的市场化进程，更与城乡协调发展方向相背离的对策思路。

我们认为，解决当前比较严重的城市失业下岗问题，应当继续坚持城乡统筹的就业发展方向，从激活城乡之间劳动力流通而不是强化城乡之间劳动力分割的角度寻找积极解决办法，做好城市和农村两个领域的工作。

在城市，应当着眼于提高下岗失业人员在劳动力市场上的竞争力。大量外来劳动力进入，并没有在整体上恶化城市的就业环境，反而是有所改善，但具体到某些行业的就业岗位来说，外来工的进入难免形成对城市人口就业的不利影响，这是必须正视的。但是，解决的办法，不应当是强制圈出一块不准外来人口涉足的就业禁区，而是应当全面拓宽城市劳动力的就业途径。第一，政府可以首先考虑在培训方面给予城市自身劳动力以优惠待遇，通过多种途径使下岗失业人员掌握新的就业技能，形成新的就业意识，提高对于就业机会的反应能力。从平等竞争的角度来看，城乡劳动力各有短长，城市劳动力自身承担的生活成本低于外来劳动力，如果通过培训倾斜使他们的市场竞争能力有提高，可以相应开辟许多新的就业位置。第二，可以鼓励部分劳动力到乡村就业，包括进入乡镇企业和进入农业，特别是承包开发耕地或非耕地资源。目前，乡镇企业职工中已有五六百万城市劳动力，说明城里人进入乡村工业大有潜力。在农业领域，近两三年来，许多中小城市，特别是中西部不发达地区中小城市的下岗失业人员，已有若干进入农业开发领域就业的成功事例。城市政府可以进一步总结，采取具体措施加以推动。

在农村，应当着眼于从流动源头即农村缩小城市外来劳动力的供给总量，而不是直接把那些流入城市的农村劳动力赶出城门甚至逼上返乡之路，最重要的是能在较短时间内有效地扩大农村内部的就业容量。当前主要应做好三方面工作：第一，扩大农村地区的基础设施建设，如道路交通、供电网络、水利工程、生态环境整治等，吸纳部分农村劳动力就业。国内需求不足而农村市场启动不理想，与基础设施水平较低也有直接关系。因此，加快基础设施建设，不仅能直接扩大农村就业，也有利于启动农村市场。第二，保持乡镇企业的较高增长速度，促进农村劳动力就地向二三产业转移。与基础设施建设有所不同的是，虽然乡镇企业增长过程消化的劳动力在速度上不会很快，但它是一种比较稳定的农村劳动力非农化方式。第三，加快农业生产的深度广度开发，特别是荒山、荒坡、荒水、荒漠等非耕地资源开发。农民本身具有这种开发的高度积极性，也有充裕的劳动力资源，但受到了诸方面条件的制约，如科技、资金、市场等等，国家要给予扶持，适当增加投入。

3.5 是“劳动力”更是“公民”[①]

“就业型流动的农民群体，首先是一个人群，是中国社会成员的一部分，更准确地说，他们是一个公民群体，所以，‘农村劳动力’的流动首先是公民的流动，对他们的管理首先应该是公民管理。”近日，国务院发展研究中心赵树凯对记者发表了上述谈话。

由于近年来农村流动人口逐年增大，社会各界对此给予越来越多的关注。赵树凯认为，这种人口流动对于交通运输和城市公共服务设施的压力由于近年社会处理这个问题的能力逐步提高而有所缓解，现在最突出的问题是由此引发的社会治安方面的失序。“据我们对一些外来人口较多的大中城市的典型调查，犯罪人员中外来人口大体都占50%以上。”“尽管1993年以来外出农村人口的增长速度有所减缓，从前四年的每年增长30%左右降至15%左右，但人口流动增长的总趋势在一个较长的历史跨度内是不会改变的。”因此，怎样认识和对待这种大规模就业型迁移现象的发生、发展，特别是怎样认识和对待这些流动着的农村人口本身，就是一个迫切的问题了。

赵树凯指出，谈到农村的这种就业型人口流动，人们通常称之为“劳动力流动”。当然，这些人口确实是作为“劳动力”即生产要素在流动，但是，如果仅仅把它作为“劳动力”来看待，作为生产要素来看待是不恰当的。“我认为，这些流动着的就业者，是中国社会成

① 本文系《光明日报》记者采访稿，刊于《光明日报》总编室编辑《情况反映》第343期，1995年11月30日。

员的一部分，更准确地说，是一个公民群体，所以说，农村劳动力的流动首先是公民的流动。”

赵树凯接着说，我强调“人群”的流动，“公民”的流动，并不是说有人不认为这些外出的农村人口是“人群”是“公民”。但是，在近几年关于农民流动的研究中，特别是在关于“流动”的对策思路的探索中存在一种偏颇，即注意的是他们作为“劳动力”即生产要素的方面，而忽略他们作为“社会成员”、“公民”的方面。尤其是在具体的管理设计和相关的制度安排上，往往注意和着力于把他们作为“劳动力”的管理和配置，而忽视把他们作为“公民”的管理、特别是公民的教育和服务。

在谈到一些地方对外来人口的有失偏颇的硬性规定时，赵树凯认为，有些地方只把农民的流进流出交给劳动力的管理部门去负责，而这些部门往往只从劳动力管理的角度制定一些硬性规定，比如禁止外来人口进入某种行业、工种，外来人口只能进入某些行业、工种，有的还规定，农村人口外出就业必须在原地办什么证、现住地办什么证，买火车票也要外出证明，没有证明就要被驱赶，甚至收容扣押。这种做法实际上是把“劳动力”变成了一种物品。作为中国公民，只要法律没有规定没有证件不能上火车，不能进城，他就完全有权利光明正大地上火车、进城市。所以，有些管理措施在强化其“劳动力”的管理时，的确损害了他们作为公民的某些权利。

既然是“公民管理”，自然就引出一个社会服务和社会教育的问题，对此，赵树凯的看法是，从“人群”、“社会成员”的角度看，农村流动人口还需要内容更丰富的社会服务。他们劳动、工作，也还要有正常的社会交往、闲暇娱乐，要有恋爱婚姻，要有子女抚育。在教育方面，劳动力管理部门、用人单位重视、强调劳动技能、劳动纪律的教育当然无可非议，因为这是必需的，对这些部门来讲也是基本的职责。但是，从一个更高的水平看，社会对公民的教育仅仅这些是不够的。特别是作为从农业地区进入非农业地区、从乡村进入城市的公民群体，他们除了需要劳动就业方面的教育以外，公民意识的教育也是非常重要的。如果忽略这方面的教育，不仅这个群体的公民素质难以提高，他们自身的现代化进程也变得更加痛苦，而且，他们作为一个特殊的人群与城市社会的冲突、他们内部的冲突也会增加，社会就要为他们的这种成长和转变付出更大的代价。

3.6 呼唤新治理[①]

农民流动冲击了旧的社会秩序，也提出了建立新秩序的需要。建立新秩序的核心，是要变革政府管理体制。社会秩序为民众而存在，应该适应民众的要求来改进调整秩序。政府管理者不能站在旧秩序的立场上来指责农民工，而应该努力去探索建立新的治理机制。

一、关于秩序冲突的认识

外来人口的规模进入必然刺激既有的城市社会秩序。在我们看来，人口流动条件下的社会秩序有两种：一种是“自发的秩序”。在外来人口融入城市的过程中，会自然形成两个方面的秩序力量：一方面，外来人口会将自己习惯的生活秩序，如组织模式、交往方式、生活习惯等，积极地导入流入地既有的社会结构中；另一方面，流入地社会也可能从流动人口群体那里得到一些经济机会和需求满足，并一定程度上从自身利益出发支持流动人口群体形成的秩序。这种建立在需求满足和功能互补上的秩序可以称为“自发的秩序”。另一种是“管理的秩序”。面对外来流动人口的冲击，管理部门会根据城市的秩序传统和发展规划，特别是从自己的秩序目标出发，向外来人口群体，从而也向与外来人口有相关利益的本地居民提出秩序要求。

---

① 本文系国务院发展研究中心农村部课题调研报告，完成于 1999 年 10 月。

“自发的秩序”和“管理的秩序”，内在逻辑不同，难免发生冲突，我们称其为秩序冲突。外来人口管理要解决的问题，是寻求解决这种秩序冲突的制度化途径。在政府的管理活动中，我们经常听到“有序流动”、“有序管理”。但是，如果从自发秩序和管理秩序的角度深入分析问题，就会发现，流行的“有序”在理念上和操作上存在着误区。在现有的体制下，地方政府既要提高经济效率，又要维护社会安定，特别是要维持户籍人口中较高的就业率。因此，试图对外来人口进行全面管理与控制是可以理解的。但偏差在于，重视生活层面的治安控制和就业限制，忽视体制层面的社会整合。突出的问题是，各种规定办法出台过频，相互不配套，管理体系内部本身也存在一些不协调，在某些情况下又加剧了原有的冲突。

一些基层的管理实践表明，并非有了管理规章、落实了部门责任就是有序，甚至有序并不一定等同于非得要纳入政府的直接管理；实践还表明，单靠处罚、取缔来维系的有序，往往会不断制造新的冲突，对于维持真正理想状态的有序却无济于事。稳定有序，不在于一个有庞大的组织制度结构，靠不断发布行政命令来处理每一种新问题，而在于这个制度体系本身能否植根于社会公众之中，使政府的管理努力与相关社会群体的秩序要求发生内在的呼应，并产生行动上的合力。因此，应当从秩序冲突的现实出发，寻找秩序冲突的内部规律，探讨秩序建设的新方略。

实际上，秩序是一个有关方面的共同需求。不仅政府需要秩序，居民也需要秩序。在居民中，不仅本地人口有秩序要求，外来人口也有强烈的秩序要求。对于外来人口来说，由于社会保障水平很低，生活中不确定因素很多，利益支持体系比较脆弱，他们绝大部分对有序的期望更加急切。所以，有序管理与本地人口、流动人口都没有根本冲突。但是，我们在现实生活中却看到，这个群体对一些管理措施并不配合，有时候甚至会激烈地抵制。这就值得我们仔细探究，管理部门的秩序要求和外来人口的秩序要求为什么有这么多冲突。

我们认为，关键问题是怎样把外来人口的强烈秩序要求转变为直接的秩序建设积极性。从管理方面看，就是如何使管理变消极控制为积极参与。真正的有序状态应该是一个群体成员积极参与和共同努力的过程，而积极的共同努力要以利益需求的满足为基础。所以，特别重要的是要认识到外来流动人口群体内部的积极因素，改变管理的着眼点和着力点，纠正有意无意把外来流动人口整体当成破坏性因素的管理倾向。

从秩序建设的角度来看，基本目标就是要努力使“自发的秩序”和“管理的秩序”实现内在的结合。在这个过程中，我们面临一些不利于秩序建设的因素，如：有的流动人口个人素质较低，对城市社会规范不适应不认同；少数不法分子的违法活动；企业用工不规范，劳动力市场混乱；管理体系不健全，管理行为扭曲，等等。与此同时，我们也面临一些秩序建设的有利因素，如：从整体上说流动人口的外出动机主要是增加收入和发展自我，而该群体中主要以青年居多，易于进行引导和教育；研究还有一个发现，全家一起外出的人口极少违法犯罪；政府管理部门经过几年的探索已经对外来人口行为规律有比较多的体会认识；城市相关社会群体对农民流动有了越来越高的认同程度。这些都是走向良性有序的契机。

本报告主要研究农民流动条件下的秩序冲突和管理变革。首先是对于构成秩序体系的相关主体的行为描述，然后是外来人口和管理部门的行为分析，试图通过一些实证性资料来解释秩序的冲突是怎样展开的，冲突的背景和机制是怎样的。我们关心的重点是：流动人口、管理机构、制度体系之间是怎样交互作用的，影响秩序建设的因素有哪些，特别是从政府作为来看，需要调整的制度设计和需要改进的管理行为有哪些。

二、管理理念：思路的检讨

我们认为，近些年政府的管理努力，存在明显的思路偏差。

（一）计划式管理的问题

近几年来，为了强化对外来人口的管理，从中央到地方都作了很大的努力，1995年6月2日公安部发布了《暂住证申领办法》，各城市也相继出台了一些关于外来劳动力管理、建筑场所管理、私房租赁管理、外来人口计划生育管理方面的法规制度，建立起多项与之相配套的政策规定，取得了巨大的成效。但是，城市社会对外来民工的管理仍然存在着较大的问题。从根本上讲，迄今为止，与市场经济体制相适应的管理制度和管理机制尚未建立起来。现行管理办法的指导思想主要还是计划式的。

将职业和工种分为三六九等进而也将劳动者分为三六九等的所谓“外来劳动力分类管理制度”是计划式管理的具体表现；以登记、做证、收费和许可证（务工许可证已改称就业证，但实质未变）满天飞为特征的外来人口管理也是一种计划经济色彩甚浓的管理方式。这些管理方式都以维护流动的有序性为目标，从现实的角度看有其理由，但是，从改革目的看，这些做法显然与市场经济的平等、公正和自由竞争的精神格格不入。

我们认为，在劳动力市场上，局部的暂时性的“盲目性”恰恰是规则运动即有序运动的表现。显然，在市场经济条件下，由劳动者个人自主决定的、必然带有某种“盲目流动”特征的流动才是真正的有序流动方式，也是唯一的有序流动方式。而由地方政府精心组织和安排农民进城做工的做法只是计划思维模式的新产物，这种“有序”流动由于难以满足劳动力商品供给方（劳动者）和需求方（用人单位）各自不同的需求与偏好，而必然会像计划经济时代的城市劳动力供给体制一样，成为真正的无序流动。实际上，大量的由政府组织的民工纷纷返乡和绝大多数用人单位要求自主招用农民工的事实已经宣告“有组织流动”的蓝图基本落空。现阶段的中国，一般的商品都难以实现政府安排的有序流动，更何况有七情六欲、有个人需求和偏好的人。

在市场化步伐日益加快的今天，计划式管理办法的巨大力量将在高度自主灵活的市场条件面前逐渐消耗殆尽，变得效率日益低下。具体到民工管理来说，主要问题是，被管理的对象即外来民工不能自觉地参加到管理体系中来，最基层的管理人员往往既无权力也无责任，而最有权力和责任的高层领导又不可能直接处理具体管理问题。这样，对外来人口的管理工作必然会陷入穷于应付的窘境，形成了“管不胜管，防不胜防”的局面。但是，许多管理部门的工作人员似乎还不明白管理机制本身的欠缺，还以为是管理部门的权力不够大，或者是领导重视程度不够，因此他们常常呼吁增加本部门的权力、人员、经费和设施，并要求各级领导高度重视本部门的工作，要求各级领导要月月讲天天讲，他们说“老大难，老大难，老大管了就不难”，他们提出的解决管理工作中存在的问题的第一项对策往往就是要建设“一把手工程”。

计划式管理的重要特点是，在具体的管理措施中“只管手脚、不管头脑”。平时对民工的利益需求、思想动态、情操培养、文化学习和法制教育等涉及精神世界的“头脑”问题不闻不问，放任不管，当外来民工“动手动脚”即违法犯罪时才进行干预。一方面，处在社会转型和城市化进程中的青年民工的思想观念可塑性极强，既有向上演变的可能，也有向下滑落的危险，关键在于城市社会如何引导和塑造了。另一方面，进城农民多是农村中比较有想法有抱负的青年，与他们在家的兄弟姐妹相比各方面的素质相对较高，许多人都是抱着见世面、学技能的初衷而来到城市的，工作之余多有学习科技文化知识和参加健康向上的业余文娱活动的愿望。另外，一些民工不懂最基本的法律，其权益受到不法侵犯时，要么忍气吞声，要么意气用事，报复侵权者，自己成为罪犯。健康的精神文化生活是一个获得良好社会效益而必须注入的投资，也可以说是应当支付的成本，现在一些地方不重视这方面的投入和建设，却又希望他们个个遵纪守法品德高尚，显然有些南辕北辙。

（二）防范式管理的问题

目前，城市对外来人口的管理制度基本上都是防范式的。这种防范式管理，目的在于使管理对象对管理主体或他人的危害性降低或消失，极端的形式比如动物园对于兽类的管理，或者监狱方面对于犯人的管理。

第一，从规定方面看，暂住人口除了具有“合法权益受法律保护”的原则性权利和“暂住证不受非法扣押”的具体权利以外，很难说还有其他具体的权利。或者说，法律规定了他们的权利，但是，当他们的权利受到侵犯或需要得到保障时，却没有具体有效的诉求对象。在这种情况下，他们享有的权利和承担的义务是不平衡的。

第二，从具体的执法与司法实践方面看，并不怎么关心这个人口群体有什么利益要求，而仅仅关心做证—收费（工本费和管理费）、查验—罚款（对未做证者）和违法—打击这三件事，超标准收费和巧立名目进行罚款也是一部分管理常见的管理方法，按照管理机关的行话来说就是“以收助管”、“以罚促管”，至于为民工服务则甚少考虑，没有哪一条制度规定管理部门必须为外来民工提供何种服务。

第三，从管理制度体现出来的导向看，城市所以加强管理，目的就是防范外来民工危害城市社会秩序。第四，尽管《劳动法》从规定劳动者合法权益的角度出发规定了一系列劳动权力和利益，可这些权益常常受到不法侵犯，有时甚至是来自执法机关和司法机关的侵犯。

防范式的管理方式必然是低效率的，而且也会带来诸多副作用。尤其是当少数素质低下的管理人员借管理之名为自己或为自己所在的小团体牟取私利时，这种管理方式就脱变为一种侵犯外来民工合法权益的工具，成为引发外来民工不满和怨愤的源头，从而使管理的初衷走向其反面，形成有管理不如无管理，多管理不如少管理、管理机构与管理人员越多社会秩序反而越乱的局面。这或许就是有些城市的管理人员节节上升而问题也节节上升的原因之一。古人曾经告诫我们说“法令滋章，盗贼多有”[①]，看来并不是没有一点道理。

有一些人认为，这些年来城市民工犯罪所以越来越严重，是国家法律和司法机关打击制裁不够有力的结果，故而要求进一步强化打击力度。我们认为，重要的是站在什么角度来看。如果就外来人口犯罪活动的整体而言，认为打击不力有一定道理。由于我国城市公安机关普遍存在着经费困难、警力不足、设施陈旧、业务素质不高、侦破能力弱等一系列客观情况，一系列犯罪案件包括外来流动人口犯罪案件的破案率还不够高，总有一部分犯罪分子能够逍遥于法外。从这一角度讲，城市加强对流动人口犯罪的打击力度，提高案件破获率，是正确的，也是必要的。

但是，如果就法律本身的规定以及与城市人口犯罪比较而言，就不可以笼统地认为对流动人口（包括民工）犯罪打击不力。从城市社

① 《道德经》。

会的司法实践来看，法律对外来民工的施用总要比对城市居民的施用紧一些。毋庸讳言，司法腐败的受益者将多为本地城市居民，贫穷的外来犯罪者是很少能够打通“关节”而逃避法律的打击与制裁的。从严打的具体情况来看，外来犯罪人更多地成为打击对象。从80年代初期开始我国已安排多次严打或专项治理斗争，流动人口每次都成为严打关注的重点。从这些方面看，城市对外来人口犯罪的打击和制裁还是很有力度的。

（三）有关法律法规尚需完善

外来民工合法权益受到用人单位严重侵害的事件所以屡屡发生，重要原因之一是现行《劳动法》规定的制裁处罚力度较低。《劳动法》颁布以来，劳动部相继发布了《违反〈中华人民共和国劳动法〉行政处罚办法》、《违反〈劳动法〉有关劳动合同规定的赔偿办法》等规章，但这些规章对违法行为的态度比较温和。

（1）《处罚办法》规定的罚款规定都是“并可处以多少元以下的罚款”，没有一处是“应当以多少元以上的罚款”。

（2）《处罚办法》对最常见的无故拖欠劳动者工资的行为规定了“并可责令按相当于支付劳动者工资报酬、经济补偿总和的一至五倍支付劳动者赔偿金”，但这种“赔偿金”只能由劳动行政部门责令支付，受害的劳动者不能当作一项可提起司法保护的诉权要求。

（3）《处罚办法》对一些在劳动安全卫生方面侵害劳动者生命健康的行为的处罚规定偏轻，如规定：“用人单位违反规定造成职工急性中毒事故，或伤亡事故的，应责令制定整改措施，并可按每中毒或重伤或死亡一名劳动者罚款一万元以下的标准罚款；情节严重的，提请同级人民政府决定停产整顿。”就是说用人单位无视职工的生命安全，也只是罚款一万元以下。

（4）其他许多侵害劳动者合法权益比如用人单位收取押金、扣押职工身份证暂住证、不近情理的罚款与克扣工资、辱骂、搜身、体罚、殴打职工等等的行为至今没有相应的处罚规定。甚至对比较多见的拒送工伤职工去医院治疗或拒付工伤职工医疗费之类的行为也没有明确的制裁与处罚规定。

我们认为，应该加重对侵害劳动者合法权益的用人单位和直接责任人员制裁处罚的力度，可以考虑增加处罚形式，比如吊销营业执照、剥夺经营资格、行政拘留等形式。所有侵害劳动者合法权益的行为都规定相应的制裁、处罚措施，不留立法空白；明确规定对各种侵害行为适用的处罚标准，减少执法人员的自由裁量权，许多地方应规定"应当"如何而不是"可以"如何，许多地方应规定罚款"多少元以上"；建立惩罚性赔偿金制度，对无故拖欠工资、拒付工伤医疗费的用人单位设定支付双倍或数倍与拒付额的赔偿金义务；加重对漠视劳动者生命健康的恶劣行为的制裁处罚力度。同时，加强劳动执法，完善劳动监察体制，解决劳动监察执法人员数量不足、监察工作开展不够普及等当前的突出问题。

三、关于治道变革的讨论

城市对于外来人口的管理，具体说某个地方政府对于民工的管理，看起来是一个局部的、微观的问题，因为只发生在特定地区，只针对特定人群。但是，从更高层面看，是一个政府与社会的关系问题，是一个政府如何管理社会的问题。这种管理不仅涉及管理部门和管理对象，而且涉及不同利益集团，不仅涉及经济问题，也涉及若干非经济问题。尤其是在中国的城乡二元体制下，这种管理显然涉及的公共领域更宽，影响的制度内容更深刻。民工管理从这个意义上集中体现出来的政府作为，我们认为可以用“治道”的概念来分析。

世界银行《1997年世界发展报告：变革世界中的政府》认为，好的治理（govern）的核心含义是，政府的职能应该从“划船”的转变为“掌舵”的，这种转变被称为治道变革。在西方公共管理的研究中，“治道是指作为整体的社会全面管理政治、经济以及社会事务的方法”①。结合中国的实际，我们现在所说的治道是指在市场经济的条件下，政府如何界定自己的角色，怎样管理公共事务。

对于公共事务的管理，实际上可以有截然不同的策略。一种是家长式的，“在家长式的治理之下，政府本身变成一种私人财产。因为如果统治权集中于一个单一的权力中心，那么政治就变成一个决定谁可以运用这种权力以及谁拥有这一职位的简单问题。一旦实施法律法规的能力变成政府官员的一种收入来源，则争夺和保持权力就至关重要了”②。另一种是多中心治理，“在多中心治理中，政府权威应该支持各种层次的群体和社群有能力自治。政府权威在各种层面上都是有重要作用的，所有作用在本质上都是支持性的。正如人们指望政府为经济市场的顺利运作提供稳固的法律基础那样，政府也应该致力于培养群体自治的能力。一般来说，政府官员必须专心致力于提供公益物品和服务，但他们并不直接介入那种物品的生产”③，“无论何时，如果政策分析家忘却了政府的根本目的是帮助人民解决问题而非选择赢家和输家，那么在相互作用的实际操作与集体选择领域，必定会发生破坏性的冲突”④。

公共管理的过程不应该是政府单纯制定规则而强制被管理者服从

① 〔美〕麦金尼斯主编：《多中心治道与发展》，上海三联书店2000年版，第2页。

② 同上书，第21页。

③ 同上。

④ 同上书，第23页。

的过程。这种管理的困境在于：一是所谓被管理者拒绝服从甚至直接抵抗，结果政府本来要减少社会冲突，反而制造了新的冲突；二是管理的权力成为某些政府部门某些政府人员牟取自身利益的手段，当管理权力的运作进入这种歧途的时候，制造的冲突更多而且难以纠正。因此，对于负有公共管理职责的政府来说，更重要的是怎样培养各种群体的自治能力并支持他们自治，或者说，好的公共秩序只能是管理当局和有关群体协作努力的产物。"在协作生产中，两个行为者必须相互作用以产生预期的效果。例如，如果警察和居民小区协力监督小区的犯罪，那么公共安全就有协作生产产生。与其说这只是警察为其消费者提供更好的警察服务的一种方式，不如说是警察与社区居民持续协作的结果。"① 这种管理机制的转换，就是我们需要的治道变革。

由此我们联想到，在城市的外来人口管理中，是否也存在一定程度的家长式管理的问题，是否存在忽略被管理群体利益需求的问题，是否存在只想到要直接控制他们而忽略支持他们自治的问题，是否也存在某种管理权力成为管理部门追求自身利益的途径的问题。

良好的管理秩序只能由有关各方的良好协作产生。一个民工众多的城市，如果希望建立良好的公共秩序，也必须是在与外来人口的良好协作中才能实现。这种协作的基础是，充分考虑并尊重外来人口的利益要求，激发他们的秩序要求，进一步培养他们的自治能力并支持他们的自主治理。"自主治理就是由个人组成的群体自己解决自己的问题。"② 一个城市外来民工犯罪率较其他城市高得多，也许并不能说明该城市的外来民工比其他城市的外来民工更坏，更乐于犯罪，而可能说明该城市对外来民工的歧视要比其他城市严重得多，说明该城市政府对外来民工正当权益的保护要比其他城市乏力得多。因此，保障

---

① 〔美〕麦金尼斯主编：《多中心治道与发展》，第 28 页

② 〔美〕麦金尼斯主编 ：《多中心体制与地方公共经济》，上海三联书店 2000 年版，第 4 页。

外来民工的正当权益不仅有利于外来民工本身，而且还会使全体城市居民受益。

要取得进城农民对于政府管理的认同，最根本的办法是把他们看作城市里的自己人，而不是城市的异己分子。但是，这不能仅仅停留在宣传舆论上，而要有制度化途径，就是应当使外来民工市民化，真正地融入城市社会，与其他老市民和睦共处。什么是市民化？就是身份平等化。历史上，一些社会的平等化途径是两极向平民靠拢的平民化模式，在这一模式中，贵族逐渐演变为平民，贱民也逐渐上升为平民。从历史中得到启示，可以认为，我国的城乡居民身份平等化的过程也将是一个身份平民化的过程。从 20 年改革的推进过程来看，城乡居民的身份变化也体现了这样的趋势。在旧体制下，城市居民是权利待遇较多的阶层，农村居民是权利待遇较少的阶层，20 年来，原来城市人口的特殊权利逐渐剥落，乡村人口的权利逐渐增加，城乡居民身份平等化的过程有了显著的进展。这是一种令人振奋的巨大社会进步。但是，我们也看到，体制的变革滞后于现实生活本身的变迁，巨量的农村人口在城市旦非城非乡、进退失据的尴尬状态就是这种滞后的生动表现。所以，应该加快入城农民逐渐向新市民转化的过程。这个过程就是一个建构身份同一、地位平等、权利一致的新市民制度的过程。

新市民并不享受计划经济条件下的种种市民特权与待遇，比如垄断正式就业岗位、获得福利性医疗、领取各种补贴等等，老市民也将不再享有。新市民享有市场经济条件下一切正当的和社会经济发展水平所能许可的市民权益与自由。这些权益与自由主要包括：公平竞争一切就业岗位；居住自由与迁徙自由；在居住地接受义务教育的权利；取得同等社会保障（失业、养老、医疗、工伤等）的权利，包括在生活处于贫困线下时获得救济的权利。有人以为，让入城农民购买城市户口的方法可以实现农民工与市民身份平等的目的，并可以为城市赢得一笔巨额发展资金。但是，这一方法只能适用一部分经济状况较好的农民，而对于更广大农民来说，以市民身份商品化的方法来实现身份地位的平等是不现实的。当然，从根本上，这种市民身份商品化的办法也是不公平的。

从权利平等与机会均等的意义来说，进城农民的权益实际上就是全体农民的权益。进城农村人口的权利地位如何，是城乡利益关系的焦点，也是城乡利益不均衡程度的指示器。从城市来看，解决进城农民的身份转换问题是转型时期整合城市社会、稳定城市社会的根本途径，不仅有利于这些农民，也有利于原来的城市人口。从农村的角度看，解决民工的问题，实质是在解决农民问题。只有让更多的农民融进城市，使他们彻底完成向市民的转变，才能从根本上解决中国的农民问题。

3.7 政府管理的歧途[①]

近几年来，中国农民的大规模就业型区域流动备受世人瞩目。这种流动的极端形态是每年春节前后的“民工潮”。本文考察的主题是，面对大规模农民流动的发展，政府在规范管理方面作出了哪些努力，这些努力的实际绩效如何，如何进一步改善管理。

一、农民流动的改革效应

农民流动初期的社会评价以消极判断为主导。这是因为，“民工潮”给予社会生活表层的刺激，主要是一种令人不安的震荡。首先是交通运输受到冲击，人们感到火车汽车更拥挤了；其次是流入地特别是城市的社会生活秩序受到冲击，人们感到城市的各种公共服务设施甚至社会治安更成问题了；再次是农业生产受到某种冲击，人们发现一些地方耕地里的精壮劳动力越来越少了。1993 年下半年开始，人们对农民流动就业的认识得到初步深化，评价倾向发生重要改变。起因在于，那些有众多农民外出就业的地区的政府部门开始从实证出发，调查分析农民流动就业的经济效果。他们发现，农民外出就业不仅增加了收入，改善了生活，而且积累了资金，提高了生产技术和管理能力，有一部分农民甚至在外出就业过程中成长为企业家。几乎与

① 本文系国务院发展研究中心农村部农民工课题报告，原题为《农民流动与政府管理》，写作于 1995 年 1 月。略加删改后，发表于 1995 年 7 月 10 日《人民日报》。

此同时，从事农村问题研究的人士也开始进行比较深入全面的调查研究，力图客观全面地向全社会揭示农民流动的历史作用。

当前，在农民流动与经济发展的关系获得初步社会共识之后，如何看待农民流动与改革的关系是一个尚未深入认识的问题。改革为农民流动创造了体制环境，特别是农村人民公社体制的废除，是农民流动得以大规模发生的直接原因。在这个问题上人们的认识是一致的。但是，农民目前的流动行为本身是否直接地推动了体制改革，人们很少涉及，甚至有不少人士持否定或怀疑态度。我认为，农民流动对于改革的直接贡献是十分深刻且显著的。概括而言，有如下几个方面：

1. 超前构造了一块要素市场即劳动力市场。当农村还主要是依靠农业领域的自然就业，城市还主要是行政方式配置就业时，农民通过流动所实现的就业是就业领域中市场化程度最高的部分。尽管农民通过流动所创造的劳动力市场还很不规范，甚至还处于原始的混乱状态，但它毕竟是整个要素市场体系发育进程中的一支先锋力量。流动为劳动力在城乡之间的市场化配置开辟了一条先驱之路。

2. 农民顽强地进入城市，宁肯在不平等条件下参与城市经济部门的就业竞争，客观上推动了城市的劳动体制改革。农民的进入不仅使旧体制保护下的城市劳动者意识到来自农村的挑战，而且使传统的就业体制在现实生活中更加突出地显示其弊端，由此提高了全社会对于改革就业体制的认识。

3. 流动就业冲破了户籍制度强加给农民的身份约束，特别是冲击了社会成员空间移动的体制障碍，推动了对城乡分割的社会管理体制的变革进程。从农村来看，过去直接控制农民的体制因素是人民公社制度，它使农民既无法离开土地，也无法离开规定的区域和组织，极大地限制了农民的发展空间。从全社会来看，直接制约农民在城乡之间流动的体制因素是城乡不同的户籍。两种户籍制度实际上是两种权利地位不同的社会身份。农民的流动是对这种旧的身份体系的强烈破坏，显示了农民在追求平等就业的权利和平等发展的机会。从根本上说，农民的这种不自觉的努力正是中国改革的目标所要求的。

4. 流动就业造就了一大批具有强烈改革精神和创新意识的青年农民。从人口群体的角度看，流动就业者主要是一些文化和思想素质较高的农村青年。流动就业不仅提高了这些社会成员的收入水平和生产经营技能，而且也加深了他们对于城乡分割的旧体制的亲身体察与感悟，培育他们冲击旧体制、催生新体制的理性和锐气。他们实际上已经成为加快城乡改革、促进平等竞争最坚厚的社会基础。

总之，农民流动的直接动力虽然是出于对自身利益和发展的追求，但是当这种追求行为演化成一种社会潮流时，实际上也就成了一种强大的改革力量。

二、局部地区的管理行为

面对大规模农民流动，最早是从具体措施和制度化管理方面做出切实努力的是流入地的地方政府，如长江三角洲、珠江三角洲等发达地区，北京、上海、广州等大城市。

首先是清理遣返。北京市、江苏、广东等地都曾较多地采用了这种方法。

其次是探索制度化管理，主要是建立外来农村劳动力“务工证制度”。广东省的这项工作起步较早，在全国影响也比较大，基本做法是：规定广东的企业招用省外劳动力要先报请劳动行政部门批准，由劳动行政部门审批核准其使用外来工指标，企业凭批准的指标招用外来务工者，应招的外来劳动力必须带有原地政府劳动部门开具的外出务工证明，招用后再在广东当地办理“务工证”等。江苏、上海等地也制定了类似的制度，但对流出地政府部门开具的“外出务工证”无严格要求，主要是强调就业地区的“务工证管理”。“务工证”管理的指导思想是使用劳动力要奉行先城市后农村，先省内后省外的原则。

再次是出台了一套更严密地限制使用外来劳动力的规章细则，核心内容是外来劳动力进入本地只能从事本地劳动力不愿意选择的行业工种。如北京、广东、江苏、上海都有这方面规定，其中以上海限制最为严格，明确规定23个行业工种不准使用外地劳动力，这些行业工作如金融保险行业、各类管理业务员、商场营业员、话务员、文印工、星级宾馆服务员等。允许使用外来劳动力的主要是建筑、环卫、纺织等劳动强度大、条件差的行业工种。最后是流入地政府有关部门主动与流出地政府部门建立某种形式的直接联系或协作，以控制外来劳动力的进入方式和进入规模。上海市劳动局成立了“单位使用外来劳动力中心市场”，规定外地劳动力中介服务机构必须经过上海市劳动局批准，获得“中介服务许可证”，并且成为这个“中心市场”的会员单位，才可以从事外地劳动力进入上海的中介服务活动。又如，广东省劳动局与广西、湖南、四川等省区建立了“九省区劳务协作网”，每年开会一次，协调行动。

在农民流动就业的管理问题上，流出地政府有明确的不同意见：第一，他们不赞成流入地政府对于外地劳动力进入本地就业作出种种行业工种等方面的限制，认为是分割劳动力市场，是“地方保护主义”。显然，他们的立场是站在本地农民一边的。第二，他们也不赞成流入地政府规定的外地劳动力进入要经过层层批准并办理种种证件，认为这样做影响了搞活劳动力商品流通，增加了劳动力流动的制度障碍，也加重了流动农民的经济负担。第三，他们认为更重要的不是管理控制这些农民如何外出，而是保护好这些外出农民的权力和利益，尤其是要有合理的工资水平，较好的劳动条件，保证按时发放工资。

近几年来，各级政府，特别是流入地地方政府在流动就业农民的管理方面已经作出了种种探索性努力，取得了一定成效，但总的来看，效果并不明显，更没有形成一套市场经济条件下灵活有效地管理农民流动就业的体制性措施。

首先，用行政力量进行强制性清退的办法绩效甚差。清退遣返是自20世纪50年代就有的强化城乡分割的行政措施，在这里姑且不说改革开放条件下是否可以继续使用，单从执行效果来看，连牵头执行这种措施的有关部门也认为是不成功的，更不能成为一条长期使用的管理办法。今天清走，明天又回来，有的甚至执行遣送的人员还没有回来，遣送对象已经回来了，令管理人员哭笑不得。

其次，流入地和流出地两种“务工证”制度作用范围有限。执行这套制度的主要是政府劳动部门。在流入地，通过控制发放务工证数量的办法来控制进入本地的劳动力规模，看上去似乎是一种好办法，其实不然：一方面大量外出人员是就业在非正规用人单位，甚至是没有用人单位的自营就业，这部分人员根本无法办证；另一方面那些正规部门的用人单位如国有企业和机关事业单位，则往往采取“多用工少办证”的办法，逃避收费管理。在流出地，所谓“外出务工许可证”的执行情况更差。执行中主要遇到两方面困难：一是广东各地的各种用人单位，除国有企业、大的集体企业、事业单位外，绝大多数用人单位并不执行，甚至连许多乡镇政府也认为是多此一举。二是流动农民本身，反感抵触情绪十分强烈，因为流出地政府部门趁机高收费，农民不堪重负，大都能躲则躲，能拖则拖。

现在看来，在关于农民外出务工的形形色色的证件管理中，只有暂住证的执行情况稍好些。当然，暂住证制度并不是农民流动就业管理的一项特定制度，而是伴随着中国的户籍制度产生的流动人口的户籍管理制度，已有几十年的历史。

本人认为，从长远来看，真正需要得到强化的看来只有这种制度，即把农民的流动主要作为户籍管理，而不是劳动力管理。但是，强化管理的指导思想应当从传统体制的框架中解脱出来，立足于有利于人口流动，有利于发育统一开放、公平竞争的劳动力市场。

三、全国范围的管理努力

1994 年 11 月，国家劳动部颁布了《农村劳动力跨省流动就业管理暂行规定》，主要内容是，要根据用人单位的需求情况，通过输出地区签发外出就业登记卡和输入地区发放流动就业证的办法，调控民工跨地区流动的总量，开展有组织的劳务输出。这是由中央政府的劳动行政部门第一次颁布的关于农村劳动力流动就业的管理办法，使农民流动在宏观管理上迈出了重要一步。

劳动部这个规定的实施效果怎样，目前还无从评价，因为公布的时间很短，处于刚刚启动阶段。从这个规定的设计思想和内容要求看，执行难度是很大的。规定的主要意图是要尽量控制住就业目标不清晰的农民盲目外出，核心的办法是，外出农民必须在有明确的就业需求前提下才能获得外出就业登记卡，有了“卡”才能在就业地区办理“外来人员就业证”，其外出才算具有合法性。这里的问题是，怎样来判断外出者的就业机会是否明确。如果是有正式的用人单位招工，或者是由正式的职业介绍部门介绍，那不难判断。那么，大量的没有用人单位的自营就业者和将要受雇于种种非正规部门的用人单位的外出就业者怎样来认定他们的外出目标是否明确，并进一步确定是否允许这些人外出呢？毫无疑问，社会经济生活的运作是必须有这样一部分就业者的，而且，从国家的产业政策来讲，鼓励大力发展第三产业，这部分就业者大部分就业于第三产业部门。“规定”在这里的两难处境在于，如果认可这部分外出者可以自由外出，不必出示用人单位的种种需求证明，那么试图用控制发放外出就业卡的办法来控制外出就业者的数量的努力无异于水中捞月，如果严格地制止这部分人外出，那么，国家第三产业的发展将会失去劳动力供给的支撑，又回到了改革开放以前的经济生活运行状态中去，对经济发展的影响更为消极。

换一个角度来看，《暂行规定》在思路上陷入的另一个误区是，它把农民的外出就业仅仅看作被动地去填充某一个正缺乏劳动力的就业位置的过程，因而要求没有明确的就业目标就不许外出，或被指责为盲目外出。实际上，劳动者的就业选择与经济生活中的就业增长不是这样一种单向关系。劳动者是经济发展中最有活力的因素，劳动者外出择业，不仅能填充那些虚位以待的现成就业位置，而且，劳动者自己也能在流动中创造出新的就业机会，开拓出新的就业空间。流动本身就是创造就业。一个人外出前可能没有明确的就业目标，但他在流动中完全可能探索出就业位置，这也是劳动力商品不同于一般商品的根本区别。如果没有找好就业目标就不准农民外出，那实际上是在窒息农民的探索和创造，所以在制定强化农村劳动力流动管理问题上，还应当更深入具体地研究问题，进一步调整政府管理思路。

四、改进管理的几点意见

在建立市场经济体制的方向上，如何使政府的管理既有利于增强经济发展的活力，又能推动体制转换的顺利推行，还能有效地缓和正常社会生活秩序受到的冲击，是一个十分重要而且各方面认识分歧较大的问题。主要的危险是，以行政命令和微观管制为特色的管理方式不仅在现实生活的许多领域继续发挥作用，而且在政府部门的管理思想上依然占据重要席位，因此，当改革过程中某些方面出现失序时，人们容易轻率地袭用传统体制下的特有做法。为了避免这种危险倾向现实化，本人认为在实施农民流动的管理过程中必须重点解决好以下几个问题：

第一，不能否定农民流动的自发性。现在，有一种似是而非的说法，认为农民可以流动，但是不应该自发流动，流动都应该有组织，甚至大张旗鼓地提出要反对自发流动，防止自发流动。其实不然。首先，自发流动在理论上是不应该否定的。改革以来的农民流动主要是这种自发形式的流动，这种自发流动已经解决了六七千万农村劳动力的就业问题。毫无疑问，这是应该从根本上加以肯定的社会现实，是一个巨大的历史贡献。没有自发，也就没有流动，也就没有现在这样的农民就业局面。如果农民不通过自发流动来开辟就业空间，而是坐等政府有关部门来组织，那么，现在的农民就业形势将严峻得多，农村经济发展也困难得多。否定了自发流动，实质上是否定了农民的探索创造，否定了实践已经证明成功的农民就业发展道路。其次，自发流动在实践上也是无法“制止”、“防止”的。改革使直接束缚农民流动的人民公社体制废除，农民在获得了耕地上的农业经营自主权的同时，也获得了农外就业包括村外县外等异地就业的权力，或者说，农民已经获得了“自发流动的权力”。除非恢复旧体制，没有任何力量能够把改革所赋予农民的这种流动防止住。“自发流动”也就是自主流动，即由自己决定是否流动，而不是由某种行政力量批准其流动。如果劳动者没有了这种自发的权力，市场经济体制发育将在最具活力的要素领域失去微观基础。解决了关于自发流动的基本思想问题，才可能使政府管理找到更好的着力点。

第二，充分认识现在某些管理制度的临时性。在特定情况下，如农民流动的急剧扩张引发的社会矛盾比较尖锐的时期，政府强化某些对农民流动就业具体行为的干预是需要的。目前正在全国范围推行的农村劳动力流动就业证制度就是属于这样一种政府干预。从当前看，通过证卡发放来控制劳动力市场的供给过度，从而减少流动过量带来的负面影响，是一种积极的努力。也许这个措施的执行效果不理想，但总比不加任何限制好。但是，从长远看，从建立市场经济体制的目标方向来看，这种政府部门直接掌控管理每一个劳动者的就业机会选择和流动区位选择的办法，是有损于经济发展活力的。对个人行为的管理具体细致到了如此程度，以至于谁可以出村，谁不可以出村，谁可以去南方，谁可以去北方，都要到政府部门那里去办理一系列证件，这无论如何也不能说是市场经济目标下政府应该加强的“宏观调控”，相反，这只能是一种旧体制惯于使用的微观管制。因此，这样的管理措施必须随着体制转换的逐步实现和原有特殊问题的逐步解决而尽快停止。本人认为，在市场化就业的体制环境之下，劳动者的区位流动除了个人身份证明以外，不应该有任何其他证明来直接影响其流动就业权利的完整性。其他方面的证明如技能证明、学历证明等，都只能影响其在某个具体就业位置的竞争，而不应该影响劳动者在区域空间上的移动。

第三，重视规范政府部门的管理行为。管理并不意味着可以随心所欲，应当重视对于管理行为的“管理”。现在的问题是，农民流动行为和政府管理行为都处于一种混乱状态。从农民方面说，主要是激励很充分，但就业信息贫乏，区域移动过程中困难较大，劳动关系缺乏规范，侵犯纠纷多。流动就业者迫切需要给予权益保护和信息提供方面的帮助。从管理方面来看，主要是政出多门，四面八方以“有组织”之名将管理之手伸向农民。一个农民要外出就业，从原地要办“外出务工证（卡）”，在就业地要办务工证（外来人员就业证），还有计划生育部门的“节育证（或未婚证）”，公安部门办暂住证，等等。农民自己在流动就业生活中体会出来的逻辑是：管理就是办“证”，办“证”就是收费，没有不收费的证。而且，各种收费均无统一的规定标准，对外宣称是“工本费”，实际上往往高得令人咋舌。一个外出务工证可以高到200元，一个计划生育证明可以收100元，而且还要年检。每年办理，每次都收费。收费项目还在增多，诸如卫生管理费、治安管理费、计划生育保证金等等。一般说来，流动农民不满于政府的各种办证管理，不满的原因主要是收费。许多部门的管理动力在于收费，不仅无助于帮助农民减少盲目性，减少就业风险，而且加大了他们的流动就业的成本。与此同时，也增加了农民直接对政府的不满，形成新的社会矛盾。

第四，强化就业中介组织的管理。近两年，参与农民外出就业介绍的中介组织发育很快，特别是在大量流出和大量流入的地区，农民工的就业介绍受到高度重视。大体上主要有三类中介组织：一是劳动部门下属的劳动服务机构，这种机构原来主要是面向城镇劳动者的，现在也扩大经营范围，为农民劳动力的流动就业提供中介。二是其他一些政府部门和群体组织，如政府的其他局办和青年、妇女组织等，有的是直接出面从事农村劳动力的异地就业介绍，也有的是创办下属的劳动职业介绍机构。这些部门的职业介绍活动主要是面向农村劳动力的。三是一些民营的职业介绍机构，也包括一些专门从事职业介绍活动的中间人。总的来说，这些中间组织的成长对于降低农村劳动力流动的混乱程度是有积极作用的，它将提高劳动者流动就业目标的明确程度，减少盲目流动的数量。但是现在的问题是，这些部门的工作质量还比较低，主要表现在，一是就业信息不准，甚至营造虚假就业需求，有的只是凭报纸广告上的招工启事，不与用人单位直接联系，收了求职者的介绍费以后，再开一个介绍信给用人单位就算介绍成功，甚至凭一条招工信息，反复向同一用人单位介绍。二是向求职者介绍虚假情况，过高地介绍用人单位的工作生活条件和工资待遇，使得求职者签了应招协议后，收了钱就算成功。三是收费过高，存在比较严重的商业欺诈行为。求职者的权益受到损失以后无法通过正当渠道寻求保护，加剧了劳动力市场的混乱，也引发了一些治安问题。所以，现在的政府管理除直接干预农民的流动就业行为外，还应当特别重视对于这些中介机构的规范化管理。

（1995 年 7 月）

专栏文章三：被收容者说①

题记：1995年7月29日，国务院发展研究中心“农村劳动力流动”课题组召开“民工”座谈会。与会民工共8人，其来源地分别是安徽、河南、山东、河北、湖北、北京郊区等省区，目前在京职业分别有建筑瓦工、个体菜商、公司文秘、财会人员等，文化程度均为初中以上，也有个别自学大专生。“农村劳动力流动课题组”组长赵树凯主持会议。会议于从上午9点开始，到晚9点半结束，座谈内容涉及个人外出生活背景和原因条件、外出以来的种种际遇和信念变化，对于城乡两种生活体制的体会评价，对于政府加强外来人员管理的看法建议等。在这次座谈会上，农民工对于收容遣送制度的尖锐批评打动了本书作者等人，并推动了课题组的研究。

以下是根据一个民工的发言整理的：

我在收容站的日子

张远清，男，湖北省竹山县人，现在京收废品。

1993年我第一次来北京投奔妹妹，先在北京站卖冷饮，一月也能挣400块钱。当时我没钱买设备，把冰棍箱捧在手里卖。一天我正

① 本文经赵树凯整理后刊登于国务院发展研究中心内部参阅材料。

在广场上卖，这时过来一人问我："冰棍多少钱一根？"我说"二毛钱。""我全买了。"我看他这样说，就道："我不卖。"他拉我到前面去。我觉得我卖冷饮又没干什么违法的事，把情况了解清楚会放我回去，我就跟他来到治安岗亭，一会儿又把我送到派出所，让我把钱、东西检查一下，逐一登记。随后被关进一间屋里。屋里有不少人，问我怎么来的。那些早来的，将我揍了一顿。我40岁了，从来没经过这种场面。

当晚7点来钟，我们被卡车送到昌平收容站，去了以后，我想妻子妹妹不知我在这儿，就问能不能打电话，看守说不行。下车让我们排队，哑巴来搜身。搜身的哑巴跟我一比画，好像有缘似的，没怎么搜就放过我了。我们这些被收容的，吃的是两个黑面窝窝，还有两碟咸菜。我老家生活条件很差，也没吃过这个，我们实在难以下咽。我一天一夜没吃东西，哑巴知道我是老乡，就把我叫到他屋里给我下面条吃，我很感激他。我也才知道北京有这么多名堂，"五一"、"六一"、9月开"七运会"，都要抓外地来京的闲散人员，我正好碰在火口上，气得不得了。

这时来了几个人，说是什么公司的，要在我们中间挑选年轻力壮的做工，不要老的小的，干得好的，几天会放出来。我想不知猴年马月才能出来，越想越恨，真想死，可是家里两个孩子正在读书，没人养活，父母六七十岁了，我一死，全家都完了。在这个公司，我们一班接一班地干活。干活时不准我们穿上衣，收容站的人拿着棍子棒子，稍不注意就要挨打。我觉得这是强迫劳动，每天干活超过8小时，回去才吃一顿饭，像这样干下去，我的损失太大了，体力承受不了，我想到跑。白天我观察了一下，周围院墙八九尺高，只能顺着杆子爬上墙。

晚上12点左右，我把衣服拿出来，只一件衬衫，刚到门口，被看我们的头头发现了，问："干什么？"我说："上厕所。""为啥还拿衣服？""外面蚊子太多！""你撒谎！想逃跑！"我的动机被发现了，没法跑了。第二天上班管我的工头过来揪住我，一顿棒打脚踢，我被打得鼻青脸肿，身上全是伤，直打了一二十分钟，我实在受不了，求饶道："把我打死好说，打得不死不活的，一家五六口，没人养活。"旁边的人也说："把他打死了，你也不好交代。"工头也打累了，不打了。我横下心一定要逃出这个虎口。那天晚上又要加班，安排我发料，4 人一班，我是早一班，就跟后面的人说："咱们在这儿也是等死，不如跑了吧！要是你们不跑，别报告工头。""你能跑就跑吧，我们绝对不说。"到凌晨 2 点多钟，看周围没人注意，我跳墙跑了。

当时没敢穿上衣，只穿着裤头，刚跑了没几步，听两民警喊："谁？干什么的？"我认为他们在跟我讲，慌忙停下，上前说我是飞达公司的，到那边去叫人吃饭。民警点头同意了。我赶快走，回头一看，他们没有追我的意思，就三步并作两步跑。过了两三百米，我发现后面确实没人追，这才撒开腿跑。分不清东南西北，只知往北京城的方向跑，大概跑了两个多小时，我觉得再也不会有人发现我了，就准备停下来走走。忽然一车子在我旁边急刹车，我一回头是公安的车！我吓得一身冷汗，他们来抓我的！我怎么这么倒霉？只有等死了。车上下来两个警察喝道："干什么的？"我平时挺老实，不会撒谎。这时为了活命，只好编道："我在练长跑呢。"他说："你找死啊，练长跑到人行道上，在快车道上出事怎么办？"我说："你们说得对，我只觉得人行道不如汽车道跑得好。谢谢你们的指教。"说完，我赶紧跑到人行道上。

又跑了一会儿，天快亮了，我还穿着裤头，再让公安联防的看见，准发觉我不是好人，抓到派出所去。就想到户人家找件衣服穿，我还不能说实话，是好人还能进收容站，有衣服也不会借给我。这时我看见一位做饭的妇女，上前说了我的不幸遭遇。她进去给我找了件红衬衣。我感激得不得了，给她作个揖。她说："甭这样，出门不容易，快回去吧。"我打听她的姓名，她也不肯说。我又向卖油条的摊主要了点零钱，这才坐汽车回到家中。

第二次被收容，是在开"七运会"。其时，我买了辆三轮车，开始收废品。那天，我弄了一车废铁和纸板，走到三里屯，一个公安叫我停下来，问："有暂住证吗？"我说："对不起，放家里了。""车子有本吗？""车本也放家里了。您要是不信，我把车子放这儿，回家去取。"他说不用了，一会儿到那边把情况说清楚，就没事了。我信以为真，跟着五六个人到治安办，我一看，完了。又遇到这种事，谁管你？进去只问我住址和老家，没问车子车牌。到晚上 8 点左右，又把我们送到收容站。收容站站长讲："为迎接七运会，北京市的闲散人员都得被遣送回家，所以我们的工作也很忙，希望大家配合。"要将我们遣送回家？这够丢人现眼的，又没干什么违法的事，让老家的人看见了，一辈子遭人笑话，抬不起头来。我宁愿在钱上吃亏，也不能破坏自己的名誉。我感到自己没有活着的勇气了。

我说在北京租了房子，能不能打电话通知家里人。他们说不行，所有进来的人都不能和外界联系。我在里面挺好，哑巴是我老乡，很照顾我，和工作人员一起吃饭。为了和那些带暂住证执照也被收容的人搞好关系，有时把哑巴送我的烟、馒头给这些人。这些带证的人查清以后，就要放了，我托他们给我家里捎个信，让家里想法把我的暂住证执照带来。有个老头确实不错，把信带到了。我妻子和妹妹去了，不让见，这已是第三天。马上要将我们遣送回家，用两大汽车把我们湖北人送到火车站，包了一节车厢到武汉。车厢两头都是武警，每人一座，还发给我们面包。车上有的人和一个武警嚷嚷起来，被打得满脸是血，我们抗议道："你们要是再打人，我们都不听你们管，我们只是被收容，又没犯法。再这样，我们都要跑了。"最后，管我们的头儿把那个武警换了下来。还说："各位兄弟，在路上要注意安全，你们都上了名单，途中若是丢了一个人，你们家来查人找不到，到时我们不好交代，也负不起这个责任。""你们只要不打我们，我们就不跑。"后来果然没打。

天黑下来，大概到了邯郸，我又想到跑，跟旁边人说："你们跑不跑，咱们这样回家乡太寒碜人了。"有人说："回家的路费还要自己掏腰包，家里没钱的，还要他们上信用社贷款。"我说："丢人不够，还要家里掏腰包，还不如逃跑。"又有几个搞装修的说："我们迟早要回去。""你们不跑，给我做掩护，不要通风报信。"我说道。他们说："你能跑就跑，咱不管那么多事，我们绝不会说。"于是我把窗户慢慢向上移了一尺左右，拿着衣服包和临走哑巴给我的 20 元钱，又把窗户往上推了推，嘱咐旁边人道："我跳下去，你们一定要把窗户关好。"他们答应了。这时火车刚启动，即使有人发现我跑了，叫停车已经晚了。我瞅准这个机会，跳下车，向站口跑去。

快到出站口，被一个公安发现了，叫我过去。我说："刚下车，家在附近。"他仍叫我过去，查票。我看不说实话不行，万一真调查起来，我又会被送到收容所。于是我说："我从北京到武汉去，没钱买票，邯郸我有个亲戚，我想去借点路费。""你没买票，混上车的。""不瞒你说，我确实没钱买票，是混上车的。现在家里正忙着秋种，我身上钱不够。""那就罚款，罚 50。"他说。我说连 5 块钱我都没有，他不信从我包里掏出 20 块钱，扯张罚款单。要不是钱被掏走，不吃不喝买张车票到北京还够，这下不行了。我用剩下的几毛钱买点包子吃，还是想法往车上混。终于上了洛阳开往北京的车。我始终相信：中国人大多数还是好人。快到石家庄，车上有人嚷嚷："查票的来了！”我装作突然发现钱、车票被小偷偷走的惊慌样。旁边的人安慰我：一会儿查票的人来了，我们给你作证，再帮你补张票。我感激不尽，让他们留地址姓名，他们都不肯。到北京南站，我用身上仅有的两毛钱，坐汽车回到家中。一家人相见，悲喜交加。从此我每次出门，身份证件都带齐，有时忘了，一定回家取。否则出了问题，有嘴也说不清。

除了头一年不太顺，这两年都比较顺，也有了一些积累，孩子读书不成问题。今年我们两口子定的奋斗目标是争取存 1 万块钱。在北京这可能算不了什么，但比起老家来，简直是翻天覆地的变化。刚从家乡出来时，两手空空，两肩背满了债。统筹款一年比一年重，今年人均 150 元，实打实说，老家一年人均纯收入难上 400 元，孩子要上学，一家人要生活，靠粮食、农特产品和猪，绝对富不了。现在和过去比，一个天上，一个地下，不仅还清了账，还有积蓄，真是越干越有劲。

我们很感激党和人民政府放宽政策，允许我们出来打工，世代待在穷山村里，永远富不了。也感谢大多数北京人能够体谅我们外地人的难处。

4

新纪元

4.1 新的政策起点[①]

2003年1月15日，国务院办公厅颁发了《关于做好农民进城务工就业管理和服务工作的通知》。这个文件有七条，三千余言，核心内容是：取消对企业使用农民工的行政审批，取消对农民进城务工就业的职业工种限制，取消专为农民工设置的登记项目，逐步实行暂住证一证管理。各行业和工种尤其是特殊行业和工种要求的技术资格、健康等条件，对农民工和城镇居民应一视同仁。这是一个重大的政策转折，标志着进城务工经商的政策寒流悄然消退，农民流动就业的春天正在到来。

此前的2001年末，国家计委、财政部发出了《关于全面清理整顿对外出或外来务工人员收费的通知》：从2002年3月1日起，一律取消包括暂住费、暂住人口管理费、计划生育管理费、城市增容费、劳动力调节费、外地务工经商人员管理服务费、外地建筑企业管理费等在内的收费。证书工本费每证最高不得超过5元。比较前些年的收费横行，这已经是巨大进步。局限在于，这个收费禁令的潜在前提是，那些行政审批、证件手续的规定是被承认的，问题只是收费太高太多。如果说，上一次取消收费是对旧管理体制的改良，这一次明令取消各种歧视性限制，则是对于旧体制的革命。我们无法说得清楚，在过去的十来年里，来自不同部门一条条一款款审批办证、收费

① 本文系国务院发展研究中心农村部农民工课题研究报告，完成于2003年3月，原题为《农民流动——秩序建设与政策反思》。

罚款、清退驱赶的文件规定，给千百万农民造成了多少麻烦和破费，带来了多少羞辱和辛酸。

那些专门针对农民流动的限制规定，是90年代中期逐步出台并完备起来的。不管制定者用心多么良苦，我们必须说，这些限制规定深深地并且广泛地伤害了农民，与此同时也阻碍了农村发展。这些旧规定试图建立一种秩序，对于农民的所有指责和限制，都建立在农民冒犯了所谓“秩序”的前提下。将近十年来，关于政策设计的争论也一直围绕秩序问题。现在，政策导向已经转变，但是，意见争执还在继续，秩序的讨论仍有必要。

落实政策任务艰巨。国务院办公厅的这个重要文件，在统筹城乡发展、推进城乡居民身份平等化过程中，显然是一个历史性的里程碑。这个文件的直接目标群体是流动就业的那部分农民，但是，它赋予了全体农民以权利。从权利平等与机会均等的意义来说，进城农民的权益实际上就是全体农民的权益。民工在城市中遭遇的边缘状态，也是农民在中国社会的边缘状态。解决民工问题，本身就是在解决农民问题。

改革的进程显示，制定一个好文件很难。但是，更难的也许是一个好文件的贯彻执行。现在，为广大农民衷心拥护的国务院办公厅《关于做好农民进城务工就业管理和服务工作的通知》，就面临这样的难题。主要问题是：

第一，大量农民还不知道这个好文件的出台，有宣传力度还不够的原因，也有一些管理部门在工作中封锁文件精神的原因。

第二，取消企业用工审批和对于农民的职业工种限制得到了较好执行，但是，取消专为农民工设置的登记项目、实行暂住证一证管理问题难以解决，因为登记和证卡涉及较多收费利益，来自收费部门的阻力较大，近期难以有根本突破。看来应该进一步规定取消登记专项、实行一证管理的具体时间。

第三，收容遣送有所收敛，但问题仍然比较严重。作为一项社会救助，应当明确规定不准动用公安警察从事收容遣送。收容遣送工作应该坚持自愿原则，如果本人没有意愿接受收容遣送，任何部门不得强制。即便是失业流浪，只要没有违法，也没有理由用强制措施来限制公民人身自由。

第四，进城农民的子女就学条件仍无明显改善。这几年的情况是，一方面政府部门发了一系列文件，要求解决这个问题，另一方面非正规农民工子弟学校的学生越来越多。文件精神得不到执行已经是一个老问题。不仅如此，在大量农民工子女就学没有妥善安排的情况下，一些城市政府仍然强行关闭这些学校，造成了新的失学。解决这个问题的措施应该更具体，关键是怎样让城市的公办学校配合政府部署。

第五，拖欠农民工工资，近几年有愈演愈烈的势头。对于拖欠工资的企业和个人，应该加强力度制约。在当前整顿规范市场经济秩序的工作中，规范对于进城农村劳动力的用工应当成为一个重点内容。

当前的农民进城，既面临有效落实已经出台的改革措施的问题，也面临继续推进新的改革步伐的问题，比如，覆盖进城就业农民的社会保障体制，目前基本上没有破题。所以，进一步推进城乡居民平等化的改革进程，是一个长期而艰巨的任务。但可以相信，随着市场经济不断推进和政府体制改革不断深化，特别是随着中央政策被越来越多农民所掌握，整合二元结构、统筹城乡发展的历史进程将不断加快。

（2003年3月）

4.2 新的社会需求[①]

想到写这篇文字，是因为参加了一次聚会。聚会在上月中旬，参加者有 70 人之众，都是些打工子弟学校的校长。他们联系我时，我正在外地出差，表示不参加了。为了等我，他们把时间改在我回京以后。聚会在中央民族大学的一间大教室里，简朴而热烈。老面孔倍感亲切，新面孔一见如故。

20 世纪 90 年代中后期，我组织过几次这些人的聚会，请师范大学的教授给他们讲学校管理。那个时候，打工子弟学校刚刚兴起，社会环境犹如冬天，校长们灰头土脸，言谈中常夹杂着长吁短叹。现在，虽然绝大多数仍然没有拿到办学许可证，但个个脸上都洋溢着“正义在胸，真理在手”的光彩。确实，民工子弟的进城道路，步入了新阶段。回来的路上，我在想这个问题的 10 年演变，似乎有所领悟。

我这里说 10 年，是从标志性事件来看。这个事件就是，在首都北京，为进城民工子女而办的非正规学校，被研究者发现并被媒体公开关注。事件发生于 1996 年 3 月，第一家报道的媒体是北京电视台的《北京特快》节目。两位记者开一辆北京吉普，先到我家，在短暂采访后，我告诉他们学校的大致方位，他们径直而去。这个“学校”在五棵松路西沙沟附近的菜地，仅仅是砖头乱瓦搭建的两间窝棚，坐

① 此文刊于《中国发展观察》，2005 年 10 月，原题为《顽强生存的打工子弟学校》。

落在菜地一隅，最醒目的标志是毗邻一个化粪池和一个石灰池。由此，这个学校的两位教师和他们的40个学生就走进了电视，走进了北京人的生活，也走进了研究者和决策者的视野。这就是后来在这个领域最具知名度的“行知打工子弟学校”。

现在，当年的学童已然成人，我们不知道他们目前的所在，但是，当年的两位老师还在办学，这就是易本耀和李淑梅夫妇。这个学校发现最早，社会关注最多，发展非常快。从我发现时的40来个学生，两年后的1998年秋天就达到800学生，2000年秋季达到2300名学生，2002年秋达到5200名学生。2003年教师节，温家宝总理视察了这个学校在石景山区与教育部门合办的一个打工子弟学校。2003年12月，这个学校被正式注册，注册名称为“行知实验学校”。2004年“六一”儿童节，国务院机关事务管理局举办文艺演出，这个学校派出120名师生参加，他们的2名学生代表被安排向温家宝总理献花并分坐总理左右。

2005年“六一”儿童节前，这个学校写信向温总理汇报工作，温总理在他们的汇报上题词：“向行知实验学校的师生们问好。”这个学校现在有3200名学生，成为这类学校的一个标志和代表。

对我来说，发现这个学校很是偶然，但是关注这个现象非常自觉。20世纪90年代初期，我开始调研民工问题。那几年里，带领课题组人员在广东、上海和苏南等地访谈调查了大量民工，与许多民工成了朋友。在北京，不仅去当时的“浙江村”、“崇文门三角地”等民工聚居地，而且与京郊一些地方的菜农、收废品的“垃圾帮”都有大量交往。为了参与观察，我在苏州曾晚上与民工合住在工棚里，在无锡与“拾荒”的农民一起拣垃圾，在北京为卖菜的农民帮工。那时候，在万寿路西街有一个小菜市场，市场有65个摊位，我经常去那里与卖菜农民攀谈，到后来所有的摊主都成为了熟人，几乎每个人我都可以说出他们的原籍何在、家有何人、何时来京、住在何处等。有一天，我又到这个市场，看到一个山东籍的菜农摊位边多了个八九岁的男孩子，便问起这个孩子在哪里上学。这个菜农告诉我：孩子已经到北京上学，上的是附近一个河南人办的简易学校。这个所谓“学校”，就是菜地头里易本耀夫妇的“窝棚”，即“行知打工子弟学校”的前身。

我决定去探访这个学校，是因为通过与这个卖菜农民的谈话意识到，一个与民工有关的重要社会现象出现了，这就是“第二代移民”的教育问题。当时，政策意见的争论还很激烈。政府部门中一种认为应该限制农民流动的政策主张很强势，与城市市民中妖魔化民工的舆论倾向相呼应，有关限制打击农民进城的管理措施正在大张旗鼓地出台，甚至作为政府工作经验来介绍传播。打工子弟学校的出现说明，农民流动问题已经不仅是一个“劳动力”问题，仅仅按照劳动力来管理农民进城是不行的。劳动力虽然也是生产要素，但不是一般的“物”，他们是一个人群，这个人群的移动，必然要带来更加广阔深远的社会后果，提出对于社会管理和公共物品的深刻要求。颇有讽刺意味的是，当政府内部刚刚关注怎样控制住“大人”的时候，殊不知他们已经拖儿带女地进来了。

探访这个学校的路上，经过一个村边，我面对菜地无所适从，便向一个10来岁的当地孩子询问，这个孩子说：“你是要找那个‘鸡窝’学校吧，就在那里！”他顺手指向村子东北方向的菜地。不到10分钟，我来到了这个地方。这个被本地儿童称为“鸡窝”的校舍，低头才能进去，没有窗户，四面透风也透光。里面居然分成了两间“教室”，易本耀夫妇正在上课。见到外人来，易本人似乎有些紧张，非常客气地让座，并且马上拿出了他的身份证给我看，他大概以为我是来检查什么的。我说他们夫妇办的是大好事，民工的孩子上不起城里的正规学校，自己办学校当然应该。

回来的路上，我很有感触：农民实在是伟大，自己进了城，孩子也要进城，城市学校不让进，就干脆自己办学校。我想起开发大庆油田的口号："有条件要上，没有条件创造条件也要上！"套用到农民进城则是："有条件要进城，没有条件创造条件也要进城！"有感于此，我觉得这个现象在中国改革历史上应该具有标志性意义，所以在北京电视台记者就民工问题采访我时，我积极地建议他们报道这个学校。

发现这个学校后，我明确地推断，在北京肯定还会有不少这样的学校。于是，我组成了课题组，开始在北京寻访这样的学校，先是在三环以外，然后扩展到整个北京近郊。到 1997 年末，共发现了 114 所，学生总量有 1.5 万人左右，我们称其为"打工子弟学校"。随后，我执笔写了调查报告上送高层。当时的中央政治局常委、国务院副总理李岚清将这个调查报告批转了教育部领导。这个调研报告获得了国务院发展研究中心年度优秀研究成果奖。

发现问题令人兴奋，但解决问题充满郁闷。最郁闷的是农民，是那些带来孩子进城，但又进不起城市学校的民工。媒体公开报道，公众舆论关注，诸多社会人士奔走呼吁，使这些学校获得了广泛的支持同情。我的课题组也力所能及地开展了一些行动性援助。我们先是从中国扶贫基金会募集来 30 套旧桌椅给了"行知打工子弟学校"，同时到大学里动员学生来这些学校支教，还分别在朝阳和海淀开了三个培训点，利用周末培训这些学校的教师，后来，又在北京师范大学办这些学校的校长培训班。在这个过程中，越来越多的社会力量加入进来。到 2000 年前后，这个问题已经成为重要的社会热点了，这些学校陆续获得的外部援助不断增多。"行知"受到的媒体和公众关注最早最多，获得的国内外援助最早也最多。易本耀校长在学校的曲折发展中经受了考验，在与媒体和政府的沟通中经受了锻炼，几乎成为公众人物，经常在一些重要场合从容不迫地侃侃而谈。

围绕民工子弟进城，在90年代后期展开了一场艰苦的拉锯战。由于下岗职工大量增多，限制和驱逐政策变本加厉。民工子弟的遭际更加不堪，连能干活的大人都驱赶，不能干活的孩子更不在眼里。那个时候与校长见面，经常听到学校被查封的消息，也不时见到查封的场面。在被查封学校的门口，看到孩子们相拥而泣、泪眼望天的情景，受到极大震撼。在这种情形下，价值中立荡然无存，自己仿佛成为一个民工，成为某一个哭泣孩子的家长。但是激愤之余，又深感无力。虽然呼吁和建议不是百无一用，但是根本的推动力是农民自己。如同家庭承包是农民的顽强推动一样，城市之门渐开也是农民冲击的结果。对抗拉锯战的过程中，农民们咬定进城目标而不弃不离，越来越强硬，越来越理性，势不可挡，逐步获得整个社会支持和政策认可。政策的根本转折点诞生在新一届政府的农村新政中。

从整个民工子弟学校与城市政府的互动过程看，城市政府的行为演变经历了这样三个时期：

首先是无视。其实不是视而不见，是真的没看见，但是看见以后无所作为，便装作没有看见。我们最初在海淀区发现了十几个民工子弟学校，在邻近的一个区也有发现。课题组人员在访谈这个区教育部门负责人时，这位领导斩钉截铁地说："在我们区，所有的民工子弟都进了政府的学校，根本没有你们说的打工子弟学校。"事实是，这个时候我们已经在这个区发现了8所这种学校，其中最大的一所有400名学生，而且这个学校还有一辆破旧的中型面包车接送学生，这是当时我们知道的100余所学校里面唯一有汽车的。这种无视态度的最消极表现是敌视，表现为围剿查封。查封的直接理由是这些学校是非法办学、条件不合格等等。我们当时与政府部门讨论，包括中央领导批示后，我和几个学校校长进中南海与国办秘书局的人员讨论，我的意见是：条件太差者查封当然不是不可以，但是，为这些孩子着想，应该保证这些孩子同时有妥善的入学安排。事实是，那些年的大规模查封，并没有把这些孩子安排好。

其次是应付。这种应付有积极和消极双重内容，但是积极的方面需要充分肯定。面对民工子弟教育问题，通常先是摆城市政府的困难，讲无法解决的理由。最常讲的道理是：义务教育是分级办学属地管理，这些孩子的教育经费在户籍所在地，本地政府没有这个钱，如果他们都进了公办学校，政府负担不起。同时，这个阶段的城市政府部门也有一些积极举措，主要是"发文件"。文件里讲一些原则和道理，比如强调应该在户籍地入学、城市公立学校应该吸收民工子弟、借读费要适当降低之类的要求。文件本身内容就空，城市学校出于本身的利益考虑，基本不予理睬。但是有关政府部门在应对公众、传媒的诘问时便坦然地说："关于这个问题，我们已经发了文件。"仿佛文件发出了，问题就解决了。从积极的角度说，这些文件的发出虽然没有直接解决农民的问题，但是显示了政府的关切，增加了农民的道义。农民可以借文件的话语来表达要求。

再次是积极应对。主要表现为城市政府对于解决民工子弟入学，态度空前积极，工作明显改进。这种良好局面的出现，主要是有两方面因素：一方面是民工子弟入学问题越来越严重，社会关注增加，公众呼声和媒体压力让政府有关部门很尴尬；另一方面，也是更重要的原因，是新一届政府高度重视农民问题，特别是温家宝总理提出了许多明确要求，政策导向发生重大转变。可以设想，如果还是像前些年那样，城市在大规模地收容遣送民工，民工进城还要有那么多的证件、收费和关卡，民工孩子上学问题怎么获得如此青睐。2003 年的国务院办公厅"1 号文件"，专门部署要求对于农民进城消除歧视和改善服务，其中专门一条讲民工子弟的教育问题。从这年开始，中央部署农村工作的文件，不断强调这个问题。民工子弟学校的春天由此到来，这年的教师节前，温总理在北京视察民工子弟教育，北京教育部门首次援助两个影响较大的打工子弟学校（“行知”和“明圆”）各 10 万元人民币。随后，这些学校正式开始为获得办学许可证而努力。现在，包括“行知”、“明圆”在内的三十几家学校拿到了办学许可证。对于那些没有获得许可证的学校，教育部门在学校安全、教学督导方面也开始纳入工作范围，而不再是原来的“不承认，不接触”。早在 90 年代后期，我们就在政策建议报告中提出，学校可以不发办学证，但是教育部门应该介入这些学校的规范管理，因为学校虽然不合法，但是里面的孩子们一样是中国的新一代，都同样是“共产主义接班人”，放任不管不利于这些孩子的健康成长。现在，我们高兴地看到，积极介入的局面基本出现。同样，我们也看到，教育部门分管基础教育工作的官员，与这些学校的创办人也开始了积极互动，可以平等友好地坐在一起相互倾听和讨论。

我在美国做访问学者的时候，作为外来人口也有解决子女就学的经历。我儿子在国内小学毕业，到美国后两年之间在南北方的两个州换了两个学校。美国的义务教育是 12 年，公立学校提供入学保证。在孩子入学的条件中，住房证明和防疫证明至关重要。住房证明主要显示你在哪里住，社区教育当局据此决定把孩子就近安排在哪一所学校。这两个地方的学校都没有重点非重点之分，但是学校之间水平有差距，主要是学校位置不同，可能附近居民的素质和职业有一些不同。防疫证明则直接决定孩子是否可以进入这个学校，我从杜克大学转到哈佛的时候，因为剑桥市教育当局要求的防疫项目比达勒姆市多两项，我的儿子先补打了这两支防疫针，然后才获准进入学校。

我在北卡州的时候，我儿子的同学中有少量非法移民的孩子，主要是墨西哥人，但是这些孩子照常可以入学。与当地美国人聊起来这种事情，他们说当然应该，因为，不论这些孩子是什么身份，如果不让他们入学，他们都会成为美国地面上的文盲，而承担这种消极后果的，不仅是他们本人及其家庭，而且还有整个美国社会，也有的说这是基本人权，不因为是否有合法身份而决定。凡是在学校的学生，不论什么身份背景的学生，只要家庭人均月收入不超过1000美元，均可申请免费的学校午餐。不享受免费者，午餐则要交费，北卡州那所学校每餐是一块五，波士顿那所学校是一块六。我曾经听人们谈起一桩官司，说是加州的某个教育当局起诉联邦某机构，理由是南部边境控制不严，进来很多墨西哥人，这些人的孩子进了加州当地的学校，导致地方教育经费的紧张。但是，在政府部门的争执过程中，孩子的受教育权并没有被损害，当地学校照常在无条件地接受孩子入学，非法移民的孩子没有感觉到问题。由此联想到我们的民工子弟入学问题，分明是教育体制安排的问题，但却把后果落实在这些孩子头上。这可能是我们在建立服务型政府方面存在的差距。其实，根本上不是财政经费问题，是个制度设计问题。

在我发现的那么多办学者中，一些人一路奋斗，挺了过来，办学业绩可圈可点，还有一些人却如昙花一现，很快被淘汰出局。就社会环境来说，所有学校大致相同，挺过来并且发展了的办学者，确实在管理学校、疏通政府、应付事变、经营谋划方面有过人之处。他们遇到了好时代，但是，更重要的是他们善于寻找机会和运作资源。从一个更大的角度来看，所以有这么多人坚持在这个领域，前赴后继地不懈奋斗，最重要的是民工这个庞大社会群体对于基础教育的强大需求。公益精神虽然很重要，但根本上说是市场的力量。在民工子弟的教育需求中，蕴藏着巨大的商机，我亲眼看到了一些校长在办学过程中经济上的成功，办学前基本上是不名一文的农民，目前在北京拥有大面积复式住宅，拥有自己的汽车和司机，有的全家人都买了北京郊区户口。对于这种成功的追求，是办学人前赴后继不屈不挠的根本动力。

听这些校长议论目前形势，基本判断是，现在北京还有这样的学校三百五六十所，学生数约有20万。从近几年看，学生总量依然呈增加趋势，但是增长势头平缓，90年代中期，一个学校平均不过一二百人，现在，平均规模已有五六百人，学生在千人以上的学校有20所以上。但是，行业内部竞争明显加剧，学校之间兼并现象非常突出。竞争的直接后果，是学校的条件显著改善，校舍已经不再是窝棚，同时，也保持了学费的稳定，学校的收费几乎没有增长，一个学期的学费还是四五百元。学费稳定的另一个重要原因，是政府公办学校降低借读生收费。我个人认为，最好的结果应该是，随着公办学校的门槛越来越低，及至完全敞开，这些民工子弟学校就逐步门由庭冷落而关张大吉。到这个时候，我们的基础教育在这个领域就实现“有教无类”了。

这些年来，社会各界一直在支持这些学校，基本原因是，不论这些学校条件多差，毕竟在提供一种学校式教育，对于这些农民来说总比没有强。但从教育体制安排来讲，这样的学校根本上不应该存在。尖锐点说，这种学校存在本身，就是政府在教育方面没有尽到职责的表现。基础教育的平等，是最基本的社会平等，政府有义务为所有孩子提供同样的机会。私立学校当然应该存在和发展，但绝对不应当是这样的私立学校。对于任何公民来说，他可以上不起私立学校，但是，他必须上得起政府的学校。现在的问题是，这些民工的子女，上不起政府的公立学校，倒要来上这些条件很差的私人学校，显然不正常。如果有人有钱，希望上更好的学校，这样的时候可以上私立学校。现在，穷人居然上不起政府自己的学校了，就民工子女入学这件事而言，似乎政府不是穷人的政府。这样的情况，不论从政府存在的法理上，还是从执政党的政治承诺上，都很难讲得通。因此，我们在为这些年政府努力叫好的同时，还要看到政府应该做的事情还很多。下一步要做的，就是应该采取更加有效的措施，无条件地让所有民工子弟都能进入政府的学校。

4.3 就业新问题[①]

自2004年以来，农民工“就业难”与企业“招工难”同时凸显，成为农民工就业形势阶段性变化的重要标志。最近两年，这种现象呈愈演愈烈之势。农民工“就业难”主要有两个层面：首先是找不到工作即无业可就；其次是不能持续、稳定就业，或者说就业质量很低。“招工难”也有两个层面：首先是行业性的，即特定行业的就业岗位无人问津；其次是企业性的，即特定企业招不到工。从根本上说，无论是何种层面的“就业难”与“招工难”，都表现为现存就业岗位的条件与农民工就业需求不能匹配。我们看到，面对这种情况，企业与农民工互相指责，形成对立的声音。对立的实质是，农民工的就业期望与企业和社会对农民工的期望发生了冲突。与20世纪八九十年代或21世纪初比较，农民工的就业选择性显著提升，企业的工作待遇和政府的管理服务也有明显改善，但是，两相比较，两者之间落差悬殊。从根本上说，农民工的就业预期走高是合理的，政府和企业须重新审视农民工，也须重新审视自身的就业管理与服务。本文试图通过描述分析农民工、企业、政府等三方面的行为逻辑，来探索“就业难”和“招工难”的发生机理。

---

① 本文系农民工课题调研报告，完成于2010年5月。2009年7月至2010年3月，课题组在浙江、河南、河北、天津等地进行实地调研，访谈对象主要包括企业管理人员、政府有关管理人员和农民工。

一、农民工自身因素

“就业难”首先可以从农民工自身找原因。与21世纪初比较，既有老问题，也有新情况。

第一，“一技之长”欠缺。2009年11月，我们关于651位农民工的问卷调查显示，农民工并没有把就业难的责任首先推给社会和企业等外部因素。59.1%的农民工认为，自身素质欠缺，包括文化程度低、缺少技术等，是就业的限制因素。靠“一技之长”找工作的农民有23.7%。有“一技之长”的农民工较“纯体力”农民工，确有优势。在建筑行业表现尤为明显，开吊车的月收入为搬运工的3倍还多。于企业而言，有一技之长的农民工是首选，农民工的就业选择也更多。年龄大的农民工，对于“技术”的认知程度与新生代农民工接近，但学习欲望低，“没文化、脑子慢、懒得学”是他们自己常说的理由。农民工具备“一技之长”相当困难。农村教育资源贫乏，想学没地方学、想学没钱学的情况比较普遍。农民工肯定培训的积极作用与意义，但对现实农民工培训多有批评不满。调查中，某日资工厂的几名农民工反映，他们由中专“订单式”分配来到工厂，但学业的完成存在风险，因为学费很难保障。这些人的学费主要由家庭提供，有的靠自己做零活勤工俭学，也有的是依靠学校资助。他们说“不念中专就不能来大工厂”。这显示了中等职业技能教育培训对于新生代农民工就业的重要性。

第二，“代际差异”显著。代际差异成为农民工就业“两难”现象的新兴因素。所谓“代际差异”，即新生代农民工相对于上代农民工，在就业认知、就业能力、就业选择、社会认同等方面均有显著不同。

与上一代农民工比较，新生代农民工受教育程度高，职业期望高，生活享受需求高，自我认知程度高，渴望社会承认度高，但是，工作耐受力低，社会适应能力低，对社会有失公平现象承受力低等。相对于父辈农民工的超常耐受力，新生代农民工的耐受力似乎更加合理。现实中，他们喜欢穿着光鲜，坚信穿着的好坏决定好工作与好生活的开始。他们倾向挑战强势群体，当企业对其有不公平待遇时，他们选择辞职、罢工甚至围攻，但往往造成对自身的伤害，并面临失业、无业的压力。有的新生代农民工由于难以接受工厂的艰苦条件、城市生活的压力等，而产生叛逆心理。新生代农民工成为生活在城市与农村夹缝中的人，自身定位模糊，却执着于追求生活的改变与升级。新生代农民工的需求与期望与城市社会现实形成的强烈对比，将他们变成了“夹生人”。“夹生”是一种矛盾，有所开始却无法完成，具体表现为，新生代农民工对生活预期升高，却寻找不到实现升高的途径；他们渴望自身发展，却没有发展的空间；他们勇于反抗，却无法预测反抗的结果。

过去，农民工在城市就业市场的主要竞争力是要求低、肯吃苦、无论高低贵贱，这种工作倾向填补了城市的非正规、非体面就业岗位。但是，新生代农民工对此类岗位则有所选择与挑剔，拒绝走父辈老路。新生代农民工新选择的特点是，生活时间与空间的相对自由较工资收入更有诱惑力。相对于工作时间超过 12 小时三班倒的劳动密集型加工产业，新生代农民工更倾向于 6 至 8 小时一班倒的商业服务业。有一定物质基础的县城相对于封闭贫乏的乡镇，在就业方面更有吸引力。我们在中部某县调查发现，每月 860 元工资的县城商场与每月 1400 元工资的乡镇集装箱厂，多数新生代农民工倾向于前者。很多加工厂厂主抱怨：“新生代农民工都不在乎钱，贪玩，喜欢轻松体面的工作，都从厂子（加工厂）跑去卖货了。”我们按照厂主提供的线索进行了调研，从加工工人到销售员的流动确是基本事实，而且数量不小。

新生代农民工的转变需要正视，他们拒绝机器般的生活，渴望有较多尊严和更好的社会承认，是合理、理性的转变。地域经济越发达，新生代农民工对于行业的挑剔程度越高。河南较贫困的县与河北较富足的县相比，前者的农民工更倾向于外出务工，即便是带有压榨性质的加工厂。但是，随着经验与资本的积累，离开“血汗工厂”是一种必然。追求更高物质生活，追求在社会中的重新定位，是新生代农民工更倾向于流动的基本原因。新生代农民工需要理解与尊重，也需要引导与培养。

调查发现，不少公司，尤其是销售行业的企业，利用农民工对城市生活的向往和体面就业的渴望，进行欺骗式招聘。部分保险公司是此类企业的代表，通常以下列条件加以引诱：“只要你有责任心，就来我们这里工作，起薪3100元/月，只要肯干，保证月收入不低于5000元。”招聘时，对农民工也是嘘寒问暖，突破农民工心理防线。培训时，则采用“洗脑”与“打强心剂”的方式，让农民工觉得没有干不成的事。但经历过的农民工反映，现实工作就是验证谎言的过程，从充满希望，到完全失望，再到惨淡离去重新就业，成为他们的痛苦经历。因进入欺骗式销售企业而遭到迫害，甚至精神失常变成流浪汉的农民工屡见不鲜。

二、企业因素

在就业市场上，企业占有更大的主动权，是强势的一方。从“就业难”的发生过程来看，用工企业的工作环境、条件、管理机制是更为重要的原因。从企业角度来看，这便是“招工难”。

第一，工资待遇。若干年来，相对于企业利润和政府税收的增长，农民工工资的增长幅度微小。长三角某市某经济技术开发区的某日资电子加工厂，85%的工人为农村户籍，70%以上为女工，由中专或职业技术学校对口而来，年龄集中在19—22岁，超过20岁的都被称为老员工，能在此厂工作超过3年的人为数不多。究其原因，农民工工资3年内涨幅不到200元，但工作负荷有增无减。2009年，这个厂工人月平均工资1200元，组成大致如此：8小时正常工作时间工资加4小时以上加班工资，加班时间内要扣除吃饭时间、休息时间，剩下约3小时。若只上8小时班，工资只有该市最低工资960元。此类加工行业每生产一个产品，其市场价值超过60元人民币，而人工费不足1元。但金融危机时，保障最低工资也困难。

我们调研的另一工厂，某韩资化妆器具加工厂，在订单多时，工人从早7：40工作至晚12：20，采取三班倒。没有订单的时候，工人们则要待工，但待工节余下来的时间，则用有订单时的超过8小时的工时来填补，这样平均下来，工人没有了加班工资，月工资仅840元。公司把这种计算方式称为弹性工时。虽然他们年纪轻，养家的压力不大，但对于发达城市的高消费，他们甚至入不敷出。随着时间的累计，农民工技术日益娴熟，能力不断增长，为公司创造的财富越来越多，但工资仍停滞不前。农民工与工厂没有对话与谈判的能力与权利，愤然之下只有选择离职。但他们特定的技术只能找相似的工厂，忍受相似的命运，若返乡，技术更无用武之地。农民工现实的困惑在于，继续做下去难，辞工返乡亦难。

第二，工作压力。对于绝大多数农民工来说，疲惫是一种常态。订单多的时候连班倒，生病请假不被准许，工长或者线长的理由为，工作太忙，休息了没有人替岗。有的工厂对待请假的方法是，累计时间扣除工资。具体来看，若工人月工资1400元，则用1400元除以每月25个工作日，再除以每日12小时，即每小时4.67元。若请假、误工时间每超过1小时，企业则扣除4.67元，若工人请假一天，工资便减少近50元。因此，有事有病的工人们只得一忍再忍。这种现象在日韩资企业最为严重，其苛刻程度已到对工人吃饭和上厕所时间都进行规定，如果超出规定时限，便按照上述方法扣除工资。2009年12月，我们走访企业时发现，企业在员工宿舍楼门前明文警告："节日来临之际，本厂形势大好，请员工慎重请假，长时间离职者，将自动辞退"等。此种管理模式过于强势甚至有些变态。若不根治，招工难状况将随着农民工的不断觉醒而持续并放大。调研发现，长三角地区某市，仅一村的12家企业存在2500个招工缺口，中部某县某镇企业存在着1200个招工缺口，东部某县就业局统计也存在数千个招工缺口。对此，有地方官员表示，"这种企业就活该招不着工"。

第三，生活支持系统。在工作压力大、工资待遇差的同时，农民工的生活支持系统也显得僵硬、欠缺。问题突出表现在居住方面。

我们考察的某开发区社区里，楼房多为农民工单身宿舍，偶尔几栋公寓楼可供一家人居住的，但只对管理层开放。某跨国公司在某开发区小区租了近3栋楼作为员工宿舍，一间屋子供8人居住，农民工说："现在这里和原来的学校宿舍没什么不一样，就是管得更严了。"某韩资企业，宿舍是简易活动板房，不足30平方米的房子中，摆了近20张床，上下铺共40个床位。床与床间距不足10厘米，许多已婚妇女也居住其中，一周甚至一个月才能回家一次。企业对于农民工的管理，非常严格与封闭。如出入小区要查工作证，没有工作证则要同寝室人来领并登记。出入宿舍楼要到楼长那里登记，每个寝室只有一把钥匙，由寝室长掌管，如果寝室长没有回寝室，则要到楼长那里登记领钥匙。这种僵硬的管理模式，扭曲了工人的正常生活，只会让农民工感到反感与压抑。

一些农民工到了婚嫁年龄，住房成了首要问题。如果找到本地人结婚，则可以解决房子问题，但这对绝大多数农民工来说，是不可能的。第二种情况，在厂内找工友结婚。但是公司不提供住房补贴和夫妻宿舍，只得在外租房生活，而出租的农民房由于离公司较远，环境较差，工人下班过晚，非常不便。第三种情况，也是为数最多的情况。农民工到了婚嫁年龄选择回老家。若农民工在城市滞留时间过长却没有解决婚姻大事，返乡后亦很难解决，更会引起同乡对其人品的质疑。但返乡后，其一工资低了许多；其二以前学到的技术，基本无用武之地。农民工无法完成从农民到市民的转变，也无法回到农村，两难境地令人担忧。

第四，就业岗位竞争。近几年，大学生就业一年难过一年，企业成为大学生与农民工就业竞争的战场，农民工持续稳定就业更加困难。

一般来说，出于企业形象、员工素质等原因，企业更倾向于招收大学生。从我们的调研看，服装加工业、电子加工业、销售业等基础岗位，大学生就业量逐年增加。大学生就业后，工资与待遇，在相同岗位，较农民工更高一些，且享有更多补助，如大学生在外租房有补贴，工资高出农民工的三分之一左右，但技术并不比农民工强。农民工对此愤愤不平。房产公司的房屋销售、社区基层服务岗位，甚至于搬家公司的搬运工，都成为一些大学毕业生与农民工竞争的岗位。这些以前被认为底层、体力劳动、不需要文凭的职位，已成为大学生与农民工展开就业岗位竞争的共同“战场”。

总的来看，农民工对于就业的预期和标准已显著提高，而且更无法阻止农民工对于企业、行业期望的继续升高。父辈农民工的积累，为新生代农民工起点的升高提供了经验与基础。厂方是否提供宿舍，宿舍是否有淋浴和空调，工资多少，补助多少，工时多少，管理如何，都成为农民工就业的基本考虑。这些要求其实并不过分。农民工对于自身的保护，寻求发展空间与保障是正确的选择，更何况他们在过去30年里，为社会的发展忍受了常人无法想象的苦累。与此同时，企业对于农民工期望亦不断攀升，希望高学历、高技能、低要求、无条件等。厂方在工作质量、工作时间、车间秩序、生活状态等方面都给予了较多规范与要求，在劳动报酬上往往另有盘算。经常出现的情况是，企业招工启事上说工资1500—3000元/月，但实际上，进厂的前三个月只有800元/月。新生代农民工多选择短期内离职不干，但供求双方的互斥现象不断升级和蔓延。企业指责农民工给企业带来的损失是，“无法完成订单，再有订单也没法接”。企业的希望是，订单越多越好，廉价劳动力源源不断更好。但是，两种背道而驰的升级，使得两难困境愈发窘迫。

从根本来看，“两难”现象是厂方与农民工双方博弈出现僵局的结果。企业招工难，留住工人更难。若企业对于农民工的认知与待遇不予转变，僵局将继续甚至恶化。在许多情况下，是企业逼走了农民工，却喊“招工难”。

三、政府因素

近些年来，政府在解决农民工就业问题方面做出了若干努力，努力取得了重要成果。但是，我们还要看到，政府的行为取向还存在不足。

第一，公共服务偏好。保民生是政府服务的重要内容，也是政府服务的宗旨。但是，在基层政府的实际操作中，农民工往往不是政府服务的真正对象，企业才是政府服务的首选目标，农民工就业保障往往成为企业利益扩张的附属品。

近五年来，开发区的农民工居住小区成为提倡推广的重要经验。但是，仔细考察农民工小区的发展过程和管理特色，我们发现，其实存在的不是“以人为本”，而是“以企业为本”的政府行为特征。某市开发区建设伊始，引来跨国公司等数家企业，农民工也随企业的出现大量涌现。多数企业不愿在农民工管理方面浪费成本，起初，外来务工人员管理混乱。租来的宿舍也是20余人一间。由于人员多，环境差，打架斗殴、偷盗欺诈现象多发，导致跨国公司付出赔偿。一些企业对于这样的配套环境表示不满，对经济技术开发区是否能够保障企业顺利发展表示怀疑，有的甚至表示要撤资。该市及开发区政府在招商引资、经济发展的指标压力下，决定协助企业，承担农民工后勤管理工作，加大就业环境的整顿与配套设施的建设。随后许多以农民工为居住主体的小区出现了，小区内的楼房由政府出资建成，环境很好，与城市社区表面上没有差别。企业按员工规模租赁房屋，每月按规定缴纳房租、水电费。这样一来，农民工由以前20人一个房间，变为6人左右一个房间。为了有效有力地管理农民工，小区警务室与社区服务站出现了。但问题在于，政府较少考虑农民工生活与发展需求，单纯按照企业的意图来管理农民工。企业希望得到最年富力强的农民工，政府则只建单身宿舍，生活压力迫使成家农民工二次流动或返乡；企业希望农民工一天工作16个小时，政府则要求社区管理人员协助企业控制农民工出入社区的时间。企业与农民工之间的矛盾，逐渐转嫁于基层政府。

另外，从事特定行业的农民工，则被政府忽视，甚至遗忘。家政行业农民工就是这样的群体，他们就业不稳定的关键因素在于行业缺乏安全感。而安全感的缺失源于政府在行业监管与规范方面的职能缺失，同时，农民工没有表达诉求、与政府沟通的渠道。因此，政府围绕农民工的工作机制需要审视与调整。

第二，保护投资环境。近几年，政府高度重视农民工就业与增收，努力保障并稳定农民工就业，取得明显成效。但是，政府所谓保护投资环境中的一些政策措施，直接破坏了农民工的就业质量。有时候，政府为了所谓投资环境，甚至直接要求压低工人工资。

我们调查中发现，某韩资美容工具厂，开厂初期欲给农民工2000至3000元月薪，却遭到地方政府反对，原因为过高的工资将对其他工厂用工造成威胁。最终，韩资企业的工资与其他企业持平于1500元左右。通常，地方政府为顺利招商引资，给予外资、独资企业税收、管理等方面优惠政策，在企业经营管理过程中，特别是在处理企业中的劳资矛盾时，政府更多时候倾向或者偏袒企业。若发生争执，企业往往以撤资为要挟，政府则采取妥协退步，直接结果是出卖了农民工的权利。

第三，就业干预措施。首先是就业促进政策难以到位。在金融危机严重的时候，面对严峻就业形势，政府出台多项措施稳定就业，对企业裁员更有严格要求，规定裁员超过一定数量必须上报，要求一些大型企业采取弹性就业、提前放假、放长假、组织培训等办法“过冬”。但是，企业出于利益考虑，采取规避措施。2008年年末到2009年上半年，某市外来务工人员100多万人，有近20万人由于种种原因离职返乡，但上报数据不足5万人。长远来看，干预企业用人措施，会增加企业经济负担，导致更多企业压低农民工工资或倒闭，更不利于稳定就业。所以，政府某些行为的出发点确实存在偏差，这些偏差无疑导致了农民工的更糟境遇。

其次是就业政策的区域排他性。总的看来，城市或发达地方政府对于外来农民工的就业限制政策已经消除。但考察近几年一些地方政府的就业政策发现，实际存在不同程度的区域排他性。即一个地区出台的政策，偏重于地区本身居民或农民工，对于外来农民工造成了隐性甚至显性排挤。长三角地区某市，上级政府鼓励农民工就业与增收，下级政府却因地方就业率的考核问题，以政策形式造成外来农民工与本地农民工的不平等竞争。某经济技术开发区起建时，征用了大量土地，失地农民就业问题成为当地政府工作的重中之重。上级政府明令要求，失地农民的失业率不得高于 4%，否则不予评选先进政府机关单位等。地方政府为了完成任务，规定："凡企业聘用本地户口农民为职工，政府补贴企业每人每年 6000 至 8000 元"，企业若一年招收 100 个当地农民，便可免去部分税款，企业收益增加。在此类政策驱动下，外来农民工的就业压力也随之增加。显然，政府的排他政策对今天大规模的"用工荒"、"招工难"有直接促进影响。

结语

"就业难"与"招工难"是一个问题的两个侧面。对此，我们不能简单地责备新生代农民工的就业新选择是一种挑剔。改革开放以来，城市居民的生活与就业要求不断提高，农民工的就业条件却改观不大，工资缓慢增长，甚至长期徘徊，这对农民工来说有失公平。新生代农民工频繁地更换工作岗位，有舆论批评这代人缺乏责任感，这种指责显然是不合理的。若城市里新生代的生活追求不受指责，新生代农民工对于改变生活现状与提高就业层次的愿望更应得到尊重与认可。如果说，上一代农民工自改革至今默默地、平和地忍受了不公，那么，全社会再没有理由要求新生代农民工继续这种非常忍受。新生代农民工已对传统的社会认知、企业管理模式、政府管理模式等形成挑战。

4.4 失业新特点[①]

农民工失业是一个无法准确界定的现象，也许比城市失业现象、农村无业现象更加难以把握和描述。因为这些人从城乡两个角度都难以捕捉，观察研究者难以瞄准。大致上，我们主要观察以下两类人群：一类是失去原有工作但未找到新工作者，其中包括失业返乡与失业未返乡者；一类是已经离乡外出但是未找到工作者，其中包括就业形式不确定者。尽管分类简单，但实际上失业农民工的组成成分甚为复杂。在“就业难”与“招工难”、“民工荒”之间，农民工常以返乡待业或留城待业、间断性就业的形式存在，在地域分布、行业分布、就业方式等方面呈变动不居状态。与20世纪八九十年代比较，当下的农民工失业现象又有新特点，失业对于社会的影响也趋于复杂。

一、失业新表现

这种新表现可以简单地概括为，外出不等于就业，失业不等于返乡。基于此，与过去那种找不到工作即返乡，或者农忙和节日的规律性外出和返乡相比，现在农民工流动的规律性已明显改变。与此同时，处在流入与流出之间、就业与失业之间的农民工群体不断增大.

① 本文系农民工课题调研报告，完成于2010年6月。2009年7月至2010年3月，课题组主要在浙江、河南、河北、天津等地进行实地调研，访谈对象主要包括企业管理人员、政府有关管理人员和农民工。

这个社会群体的边缘性色彩更加丰富。

农民工失业的新特点，在金融危机期间有充分展示，但是金融危机缓解后，这些新特点依然存在，只不过数量规模有所不同。据政府统计数字，2009 年初，中国 1.3 亿外出就业农民工中，有 15.3%，近 2000 万农民工由于经济不景气失去工作并没有找到工作而返乡。[①] 城市中失业未再就业亦未返乡的农民工数量无人统计，生活状态无人知晓。实际失业返乡数量应多于 2000 万人。根据我们 2009 年 11 月对 651 位农民工的调查问卷，因失去工作后城市生活成本太高、返乡等待时机的农民工仅占总数的 40.9%，另有 30.1% 因外出务工赚不到钱而返乡。受金融危机影响，家庭装修人员、运输货车司机、货物装卸人员、机械维修人员等，拿不到工钱成为“家常便饭”。但是，失业也不等于返乡，许多失业农民工选择继续在城市寻找就业机会，或靠打零工以维持生计。在外出就业方面，通常的统计方法为，根据农村外出劳动力数量，以确定农民工数量，假定离村外出即为务工就业。但事实上，近两年出现的一种常态化现象是，从农村看，农民已经外出，但从城市看，并未就业。外出不等于就业。

我们的调查显示，已返乡农民工中，59.1% 等待时机再次外出。在无外出计划的返乡人员中，有 52.3% 的农民工已就近就地转移，另有 36.5% 已准备或开始创业。通常，很多人说：“农民工没有失业问题，实在找不着活就回家种地。”但是，现在的农民不是以前的农民，现在的土地也不是以前的土地。农村人均耕地普遍不足半亩，农业收入已经不能满足农民生活需求。多数地区，农民外出务工收入已超过农民总收入的 65%，21.3% 的父辈农民工靠体力活供子女上学。外出就业与农业耕作双管齐下成为农民现实条件下的生存方式。一些

---

① 颜维琦：《千方百计保民生》，载《光明日报》2009 年 8 月 5 日第 4 版。

农民工在城里“混饭吃”，打散工、零工，也不愿返乡。多数农民工就业原则为“先出去再说”。2009年3月25日，国家统计局发布农民工统计监测调查报告指出，农民工返乡再次外出，仍处于找工作状态的约为1100万人。这个数字虽然随着经济增长的企稳回升有所减少，但是，局部地方观察发现，处于找工作状态或者不稳定就业状态的农民一直是比较庞大的。

“失业不等于返乡，外出不等于就业”的新特点，意味着另一农民工群体的出现，我们称之为“隐性农民工”。“隐性农民工”即那些没有正式就业、也没有返乡、就业状态和生活状态不稳定的农民工。这种“隐性农民工”的组成成分比较复杂，主要包括以下几类：失业未再就业也未返乡者、新流入未就业者、未就业农村籍大学生、半失业状态的自由职业者等。此类人随处可见，菜市场里搬菜、卸菜的人，工地搬砖、卸沙的小工，蹲在街边要做力工的人，小区里推车收废品的人，还有一些在网吧上网、混日子的人。根据我们在杭州、天津等地的几个社区街道的调查，“隐性农民工”在一个社区或者街道通常会有几十个，成为社会治安的隐患。这些人中，有的无正常生活来源，或依靠过去积蓄，或依靠亲友接济，或依靠偶然有工可做。也有的人一天做3至4份工作，在社区内做保洁员、收拾废品、在装修队做小工、做送奶工等，但他们的共同特点是，生活工作不稳定，经常处于今天不知明天做什么的状态。

在就业不稳定的农民工中，有一部分采取比较消极的生活态度，即“混日子”。这些人以新生代农民工居多，但并非新生代农民工的主流。新生代农民工对于土地的热情并没有完全丧失，但土地已不能给予他们安全感，更不能带给他们人生实现感。新生代农民工毫无掩饰地承认对于融入城市的向往，但更为理智与清醒地面对难以融入的现实。我们发现，这些混日子的新生代大致分为两种，均很焦虑与矛盾。一种为就过业的，却对就业丧失信心与耐受力；一种为未就过业的，表现为与社会格格不入，难以适应。他们往往因恐惧、慵懒、禁不住诱惑，因美好心理与残酷现实的巨大落差，因缺乏城市认同感与安全感，而不愿工作，有的甚至从根本上排斥并拒绝工作。事实上，这些青年人在农村与城市都很难找到发展空间，但是，城市与农村在物质与精神享受上的巨大差异，使他们默认，与其在村里“混”，还不如在城市“混”。这就出现了规模可观的“混”在城里的新生代农民工群体。

二、失业发生机制

农民工失业原因是多元的，从农民工角度来说，有主动失业与被动失业。主动失业即农民工主动离职，或闲暇无事，或另谋职业；被动失业为农民工在不情愿的背景下，不得不离开工作岗位。两者有重要区别，前者体现了农民工自主选择的权利，而后者往往反映了农民工权利受损。

“结构性失业”是关于失业现象的一般化解释。从国际经验来看，结构性失业主要是由于经济结构（包括产业结构、产品结构、地区结构等）发生变化，现有劳动力的知识、技能、观念、区域分布等不适应这种变化，与市场需求不匹配而引发的失业。另有解释说，在经济发展过程中，有些部门发展迅速，有些部门正在收缩，有些地区正在开发，而有些地区经济正在衰落，这也足以引起一部分人失去工作。而对于年龄、性别和外来人口的歧视也会造成结构性失业。在这种情况下，往往会“失业与岗位空缺”并存，即一方面有活儿无人干，一方面有人无活儿干。结构性失业应是长期、普遍存在的，也通常起源于劳动力需求方。这个理论似乎解释了我国农民工“就业难”与“招工难”并存的现象，但是，农民工失业问题又有独特的复杂性。我们调研发现，劳动力自身文化与技能欠缺，确实影响其就业适应性。但是，中国庞大的加工制造业，对低级劳动力有巨大需求，在这种情况下出现的“招工难”又有明显的特殊性。原因主要是，农民工对于职业与行业的认知与选择，是农民工对于工作条件等考察后的主动放弃，是行业、企业不适应农民工的就业要求，而不是农民工在职业技能等方面不适应这些行业、企业。

在金融危机时期，农民工失业现象明显，被动失业是较为多见的原因。工厂停产、倒闭，老板携款逃跑，大量降薪裁员等，是企业与工厂等常用以维持生计、保护财产的方式。在这个过程中，农民工的利益受到不同程度的损害，劳资纠纷明显增加。除此之外，农民工就业与权益受到企业与工厂新手段的威胁。在这种情况下，农民工失业有两种特殊的机制：

第一，“隐性失业”。隐性失业即工厂开工不足，工人即使上班也不能享受应有待遇。在东部，我们调研的四个工厂中，均存在此现象。基本情况是：农民工平均工作时间远少于金融危机以前，每月最多领取最低生活保障，800 元左右为上限，工资减少三分之一以上。偶有加班，也没有加班费，只计算为调休。金融危机前，农民工在工厂中就像机器，不能随意说话，不能随意喝水，不得接听电话，不得请假，上厕所的时间也有严格限制。当工厂订单减少时，农民工在没有接到通知的情况下不得进入厂房。农民工的处境是，留下难以维持生计，离开再就业希望渺茫。我们调查的一个工厂，用工规模 400 余人，因不接受工厂工资待遇大幅下降而辞职的农民工约有 60 人，其余的均留厂等待开工复苏，但待遇大大降低。原加班时工厂管饭，现在餐费自理，生活成本提高，农民工难有积蓄甚至入不敷出。隐性失业较农民工失业返乡更为明显，数目更为巨大。有的工厂，甚至不按时发放或少发放工资，理由也较为多样，有的以帮助农民工代管为由，有的以帮助农民工积蓄为由，有的则以每月发放必要生活费，其余年底统一发放为由。总之，农民工没有“享受”失业“待遇”的资格，更不敢面对没有收入的生活，被迫处于“隐性失业”状态。现在看来，这种隐性失业状态的出现，政府不无责任，在金融危机时期，有的地方政府向工厂下政策、发文件，要求企业不裁员、少裁员，裁员要向政府提出报告与申请，虽然政府出于好意，但给企业钻空子的机会，致使农民工权益受损。

第二，“软裁员”。即企业不直接裁员，而是通过其他方式迫使工人自动离职。主要做法是换动岗位，将原有较高收入的工人调至较低收入岗位，将技能较低的工人调至需要某项特定技术的岗位，将较清闲的农民工调至工作强度较大的岗位等。这种调换造成了农民工面临克扣工资与受指责的困境，产生抵触情绪，或无法适应，不得不失业。“软裁员”主要是企业针对其不再需要的农民工，特别是那些有职业病倾向的农民工。我们调研发现，稍有规模的企业会对农民工进行年度体检，体检后发现某些有职业病倾向的农民工，先安排其带薪休假一个月，给予最低生活补助，一个月后症状未消退的，将其换岗，“软裁员”再次实施。农民工只得辞职离厂，身体却留下了隐患。企业的这种做法主要是为了逃避职业病为其带来的麻烦与损失。我们调查发现，在长三角地区某600余人的工厂中，70余人在金融危机渐退时因“软裁员”离去。一些四五十岁的农民工也表示，他们在30岁之前大多在电子、服装等加工行业就业，由于长期用眼疲劳，当他们视力下降时，工厂便会将他们调动岗位，甚至找理由辞退。

三、失业的社会影响

世界范围内的通常经验是，社会稳定需要一定的就业增长作为支撑，大规模失业将带来社会不稳定甚至政治动荡。在中国，一种说法，经济增长如果不能保持在8%以上，就业将出大问题，社会稳定也将随之出现问题。但事实上，这个标准并没有严格的实证研究支持。更具体地说，失业如何导致社会不稳定，其发生机制如何，并没有有说服力的经验研究。但是，结合2008年以来金融危机期间农民工失业现象的研究观察，包括在企业、有关政府部门的访谈，及对若干案例的分析，我们发现，失业在三个方面影响社会稳定：

其一，失业导致劳资纠纷增加。在经济不景气的情况下，不论是直接裁员还是软裁员，员工与企业的关系都发生了变化，在此过程中，员工因种种不满与企业发生纠纷。这种纠纷有的表现在农民工与企业之间，有的则表现在农民工与政府有关部门之间，特别是通过政府劳动争议处理部门的工作直接表现出来。以杭州职工法律援助中心为例，2009年直接受理的劳资争议案件比2008年增加了一倍多，有1200余件增至2600余件。另有一部分纠纷则表现在社会组织上，如员工通过老乡、朋友等非制度化资源来维护自己的权利。特别是，劳资纠纷增多时，“土律师”代理案件增多。从政府角度来说，“土律师”代理案件增多的现象是很不愿意被看到的，因为这潜在或直接增加了农民的自我组织程度，这些政府监管体系之外的农民维权体系，对于政府的社会控制有明显的消解作用，对于政府权威也构成潜在挑战。

其二，失业导致违法犯罪现象增加。我们发现，失业或“就业难”现象导致了部分农民工的“非法生存”。一些人在生活无着落时，往往以小诈骗、小偷盗等不正当方式度过生活危机。部分失业或“就业难”农民工被动走上违法犯罪道路。在一些地方，失业与“就业难”农民工是犯罪团伙、传销集团等拉拢的对象，他们有的在威逼利诱下误入歧途，有的则是迫于生计压力。中部某市2009年出现了“凉山盗窃帮”，成员均以“盗窃”为职业，外出犯罪容易被社会舆论等同于外出就业。除此以外，有的外来务工人员失业后，在无法就业、走投无路的情况下被骗、被打，最终成为流浪汉，甚至神志不清。这些现象说明，失业影响社会的同时，更侵害农民工群体。

其三，失业导致群体性事件中的破坏因素增加。近几年，群体性事件有个新特点，即事件的直接参与者成分复杂化。过去，事件参与者是直接利益相关者，现在，参与冲突抵抗的人员出现了泛化现象。实质上直接参与者可以分两类：一类是直接利益相关者，如征地问题上访中那些直接被征地的人，交通事故中的事故当事人；而另一部分并不是事件的直接当事人，甚至与事件毫不相关。这些无直接利益者，经常是事件升级，包括冲突激烈程度升级、冲突规模扩大等的主要推动者。他们参与事件的过程，一般是从围观者、旁观者到直接介入，但介入的程度不同，如直接参与冲击政府人员或办公场所，破坏警车，甚至在混乱中哄抢商店摊点等。从几个事件来看，这些参与者中相当部分是完全无业或者无稳定职业者。当然，这些人本身参加事件的深层动因需要深入研究，但是从身份与社会分层来说，无业或者半失业状态是一个重要特征。

结 语

调查发现，农民工对于失业有自己的看法，他们经常不认同通常的“失业”定义。在他们看来，缺乏保障的进城务工，本来就是间歇性的，不断跳槽意味着一种潜在的保障。失业有时对于农民工而言是调整与重新选择的休整期。许多新生代农民工从加工业进入服务业的过程中，都经历过或长或短的失业期。尽管外出务工或者耕作务农是农民的自由，但在现实条件下，农民需要本地务农与外出就业的双重保障。同时，无论是主动失业还是被动失业，都使农民工变得更加清醒。他们开始更加自觉地拒绝不公正的待遇并争取自己的权利。

农民工对企业或者行业的反感程度存在排序。通常，在外资企业中，农民工最反感的是日韩企业，较有好感的是欧美企业；在民营企业中，规模越大的企业越受欢迎，在外来民营企业和本地民营企业中，倾向于选择本地企业。相对而言，最受农民工欢迎的是国有企业。农民工的选择取向，取决于企业在多大程度上尊重农民工的权利。考察部分加工企业，使人联想起卓别林的电影《摩登时代》，其机械化程度、劳动强度、强迫程度与电影中的工人多有类似。如果农民工在此类工厂中长期工作下去而不觉反感、不思离去，那才是不正常的，甚至说是违背人性的。

农民工不愿在企业的压力下变成机器人，拒绝是在所难免的。但是，由于生活压力与自身条件限制，有些农民工虽然无法离开加工企业，但会在不同工厂之间徘徊、来回跳槽。此时，在一些地方，用工单位对付经常跳槽的员工的方法是，若干不同工厂常联合起来拒绝录用他们。于是一种特殊的经常失业的，甚至不断在不同地方间流动的人群出现了。“民工荒”与“招工难”现象，对于企业和社会来说是一个难题，甚至是一种困惑。但对农民工而言，这不是一个问题，也不费解，是他们理性选择的结果，某种意义上，也是农民工觉醒并重新选择生活模式的开始。所以，企业需要反思用工行为，政府也需要反思监管机制。

4.5 培训新困扰[①]

2003年以来，农民工政策的重要特点是，不仅在平等就业等方面作出系列努力，而且高度重视培训工作。从中央到地方，各级政府都在农民工培训方面投入了相当财力。总的来看，这些培训受到农民工欢迎，取得了相当成效，创造了若干经验。但是，我们调研发现，近几年的农民工培训工作存在矛盾。一方面，农民工对培训的需求日益高涨，另一方面，政府主导开展的培训项目绩效较差。具体说来，农民工需求多样，不同地域、不同年龄、不同就业状况的农民工对于培训的需求各有差异，但缺少有效表达；基层政府扮演角色多样，但角色之间关系冲突，在制定政策、执行政策、监督政策过程中，涉及需要服务、提供服务、购买服务等多项工作；同时，多种类型的培训机构参与其中，构成多重利益结构，行为逻辑大不相同。在培训体系运行过程中，上级政府对下级政府缺乏信任，但又不得不依靠下级政府推进工作和提供情况；下级政府仰仗上级政府资金，工作中有顺从也有抵制。农民工往往成为培训活动的棋子，与培训无法建立有机联系。我们认为，政府重视农民工培训的方向应该坚持，但是，工作机制应有转变。

---

① 本文系农民工课题调研报告，完成于2010年6月。2009年7月至2010年3月，课题组主要在浙江、河南、河北、天津等地进行实地调研，访谈对象主要包括企业管理人员、政府有关管理人员和农民工。

一、培训的农民工体验

根据有关政府部门的数据，农业部自2006年以来投入资金37亿，培训1350万人，培训就业率达85%，人力资源与劳动保障部近三年来，投入资金逾40亿元，培训农民工860万，培训就业率达80%以上。地方也有不少财政资金用于农民工培训。从我们的调查来看，农民工谈到政府组织的培训，不满意主要集中于如下方面：

第一，培训覆盖率低。

在我们问卷调查的651个样本中，参加过各类培训的农民工有28%，其中包括政府、企业、民间组织、教育机构等各类组织举办的培训。不同行业农民工的培训比率存在差异。加工行业培训率为34.1%，家政服务行业为32.4%，建筑行业培训率为23.3%。其中，参加政府组织培训的比率仅有5.2%，免费参加政府组织培训的仅有3.4%。将就业前与就业后培训进行比较，就业前培训较就业后培训更为欠缺，农民工就业前培训率仅为4.1%。而政府组织的就业前各种培训仅有2.3%，培训就业率为28%。虽然，就业前培训内容较多样，其中包括法律知识培训、政策培训、城市生活技巧培训、技能培训等，但最为有用的技能培训多为农民工自觉、自愿、自费参加的培训。农民工渴望参加培训，尤其倾向于免费的实用型培训，但现有培训与农民工愿望相去甚远。

根据我们在河南、河北一些农村的调研，由于培训大多在县城进行，培训消息供给并不对称。参加农民工培训的人可以分为两类：一类是经过乡村干部宣传动员后自愿报名的，另一类是县乡政府工作人员的亲戚、朋友。通常，实际参加培训的往往只有前者。有的培训则基本上是走过场，基层政府工作人员问农民是否有时间去县里一趟，管午饭，有时间的便来到县城，签个到，在县城逛逛，到时间回培训地吃个午饭，下午就回去了。

一些地方的政策规定在某种程度上限制了农民工参加培训。如某市明文规定，农民工培训只针对闲散的、年龄适当的、有明确就业意向的农民工。实际操作过程中，年龄不适当的农民工即使有明确的就业意向也不可能参加培训；年龄适当的，想通过培训增加自身技能，但不确定就业意向的农民工也不能参加培训。另有某市规定，培训对象为“全市18周岁以上本市户籍青年，以及城镇登记失业青年、某市户籍未就业大学毕业生、参加本市社会保险的外来务工青年”。这里的问题在于：参加社会保险的外来务工青年在培训之时大多已稳定就业，并不是急切需要培训的农民工。而那些外来务工，但没有稳定就业、没有签订劳动合同或者没有参加社会保险的农民工就无缘培训。我们的问卷调查显示，农民工中，63.3%的人没有签订劳动合同，77.2%的人没有参加社会保险，也就是说，大部分需要培训的农民工将被培训拒之门外。另外，基层政府培训就业率统计存在偏差，即找已就业的农民工参加培训，得到很高的培训就业率，实则培训并未起到良好效果。

第二，培训效果差。

农民工培训绩效存在的问题可以简单地概括为三个字：短、偏、差。此次问卷调查显示，农民工对于培训的满意率为35.7%，而对政府培训的满意率为23.1%。农民工对培训失望的原因主要有：首先，培训时间短，形式主义色彩浓。政府组织的培训，包括免费与收费培训，平均时间为6天，其中培训时间少于3天的比率为71.4%。其次，培训内容偏离农民工需求实际，想学的内容不教，不想学的内容强行教。再次，课程教学实用性差，传统黑板式授课，缺乏实践机会，培训对就业帮助甚微。接受技术培训的农民工中，

64.3%的人没有实际操作机会，老师讲完课就结束，工作中仍无法解决实际遇到的问题，用工单位也不把此类培训当回事。农民工对于培训的评价是："浪费时间，耽误赚钱。"有的培训则是虎头蛇尾，宣传势头很猛，实际授课很弱；更有甚者，培训机构雇用自家保安冒充授课老师授课。

第三，培训过程戏剧化。

"戏剧化"指培训有如演戏，农民工表演农民工培训。如某街道办事处得到上级政府通知，某月对家政行业农民工培训工作进展情况进行检查。街道工作人员便在几天之内找来参加培训的农民工数十人，这些农民工都是街道、居委会、楼栋长的熟人，借来会议室、活动室、学校教室，请来相关教师。培训时，农民工实行8小时工作制，无论课程内容怎样，都要在教室里坐满8小时，坐足2天。老师讲完课，街道拍了照或者录了像，做了台账便可以结束。为了真实，工作人员会和熟识的农民工打好招呼："如果有人问起培训怎么样，就说在培训后干了家政，工资也挺好的。"但实际上，此人在培训时已从事家政行业良久。还有一些培训，规模更大，通常称为"集中培训"。虽然不是为应付检查而设，但实际效果与表演培训差不多。有的农民工，由于交际范围较广、打工成就较好，一年能参加此类培训10次左右。有的则是企业、工地、社区的基层管理人员客串农民工参加培训。农民工称上述培训为"水货"。在某县座谈会上，一位农民工发了言，赞扬了地方政府培训活动的成效。但同时，他悄悄地塞了一张纸条在我的包里，上面写道："这些都是假的，是县里安排我们这么说的，真实情况你们自己看看就知道了。"戏剧化培训破坏了农民工对于基层政府的信任与依赖。

二、培训的政府运作

在与地方政府有关部门的座谈中，一些有关部门负责人通常用“运作培训”的说法。“运作培训”不仅显示了培训本身的操作过程，而且显示了政府的运作机制存在的问题。

第一，培训项目的发生。

现有农民工培训呈多部门分散管理状态。从县级政府来看，多个部门均有农民工培训项目。这些培训项目大致可以分为两类：一类为有资金的培训，一类为没有资金的培训。两类培训有同有异，有虚有实。有资金的培训项目，资金一般来自上级政府，跑项目成为此类培训项目的第一步。培训资金一般以培训人数来计算，如有的项目培训人次为 800 人，有的培训人次为 300 人，另外，有的培训项目与一定数量的贴息贷款挂钩，如“创业培训”则有每人 5 万元贷款的含义。此类跑项目的主要目的是尽量多要名额，若市里拟定分配 1000 个名额给某县，则县里相关部门则尽量多申请 200 至 300 个。由于跑项目需要花钱请客送礼等，牵头跑的人一般都是政府有关部门负责人。一般原则是，市里培训名额分配取决于各县人口数量，人口多的县得到的培训名额较多，但是实际上情况差别很大，争取到多大的培训项目，取决于跑项目的力度。另一类没有专门项目资金的培训，常被地方官员称为“纯政绩培训”。此类项目通常只有笼统的要求，没有专门的工作检查，如有的县委政府在年初工作计划中部署“加大农村劳动力培训力度，全年培训人数达到 3000 人次”，也会相应地把培训工作量向下分配。与来自上级的有资金项目不同，这类部署往往只表示政府重视这项工作，并没有实质性的工作安排。

基层政府的突出意见是，培训项目计划和管理体制僵化，实际工作中操作困难。通常，省市政府有关部门下发的有关农民工培训的文件，其内容细致入微，课程种类、课程内容、课程时间、开班规模均规定其中，而且下级不可更改。如“指定培训机构开设电焊工、收银员等课程”，想学习挖掘、钳工技能的农民工，基层政府则不能安排。在工作开展过程中，下级政府面对农民工需求向上级政府提出请求，希望改变或增加课程种类，上级政府的答复是不予考虑，理由是“按照规定办事，以便考核”。在培训规模方面，倘若报名人数不满足规定要求也不能开班。某省规定要求开设农民工创业培训班，并规定参加人数不得少于40人，某县到报名截止时，只有20余人报名，培训班只得延期。地区发展和农民需要的多样性，特别是就业岗位本身的变化，需要灵活的培训机制，现在自上而下制定的计划性培训，虽然严密周全，但缺乏现实适应性。

第二，培训项目的执行。

参与培训的政府部门众多，相互之间关系复杂，定位不清，培训内容多有重复，资源浪费严重。在县（市）层面，许多部门承担来自上级与本级政府的培训任务，如农业局、劳动局、教育局、林业局、科技局、妇联、共青团等，但项目内容多有交叉。培训操作过程中，有的部门缺少教学力量与条件，如妇联没有技术教师和教学场地，需要与教育局、劳动局联合，劳动局没有生源，只得与教育局联合等。背后的问题是，资金如何支付，收益如何分配，业绩如何计算等。这往往导致各部门间难以达成共识和一致行动，协作不顺利，造成培训流产或者事倍功半。同时，这种多部门联合培训，往往造成不同项目的资金支出，其实只培训了同一批农民工，但这几个部门均用此次培训向上级汇报业绩并获取经费。上级不同部门来考核检查，其实看的也是同一件事情。但在培训人数统计时，参加培训的农民工数量却扩大了数倍。

有关政府部门有的直接充当培训主体，也有的选择与专业培训机构合作。在指定培训机构方面，第一类为政府自己所属单位或培训机构，第二类为当地的职业技术学校。我们调查的一个中等城市，财政局与劳动保障局确定的53家培训机构中，32家属于前者，21家属于后者。第一类培训机构很少组织培训，只是多挂块牌子，有地方官员将这类机构称为“充数”，“充数”的深层含义为项目资金方面更容易操作，即资金不出政府系统。第二类培训机构是农民工培训的主体。这类培训机构为节省成本、提高效率，往往与各部门协商后，实行统一招生、统一培训。有时，培训机构为了应付培训，甚至利用在校学生充当农民工。企业方面，由于企业招工通常会开展岗前培训，政府有关部门则与其事先沟通，将岗前培训算为政府培训的一部分。由于这样的工厂工人岗前培训后便正式上岗，基层政府又将其算为培训就业率的一部分，可谓“一箭双雕”。在这种情况下，为了促进就业而开展的农民工培训，其培训对象实际变成了已经就业的工厂工人或者在校学生。

第三，培训运作的偏差。

首先，培训对象的逆向选择。从农民工流入城市来看，依据一些城市的培训规定，那些最需要培训的人反而难以获得培训机会，而那些容易获得培训机会的人往往是工作稳定并且有良好技能的人。可以说，在培训对象的瞄准机制上，其实存在一个盲区。其次，放权培训机构，培训机构双向谋利。某市政府计划向外来务工人员发放教育消费券，符合条件者每人600元。实际操作中，基层政府将消费券按人头数直接交给培训机构。政策规定：“不向参加培训的学员收取任何费用。”但得到消费券的培训机构则规定：“学历未达到高中层次，报名参加学历教育文化课培训的，每人1200元；学历未达到高中层次，报名参加技能培训和‘双证制’学历教育文化课培训的，每人1700

元。”整体而言，这种“运作”既实又虚，所谓“实”即政府“运作”过程很实，形式上很圆满，但培训实际效果很“虚”。

三、培训的绩效管理

绩效管理正在成为政府管理的重要环节。农民工培训绩效管理的新特点是，考核越来越量化，越来越细致。但我们发现，这种严密的绩效管理有严重的副作用。

第一，过程控制。

主要问题是监管不合理。上级政府对培训过程进行细致入微的监管，从开始到结束，各个环节无一遗漏。有的地方农民工培训，从报名到开班，要经过12道程序才能完成。主要流程为：相关部门或培训机构在得到政府认可指定后，开始进行培训宣传、动员；得到消息且有培训愿望的农民工，填写培训登记表；登记表统计验证后，由主办机构上报至区有关部门，由区上报至市劳保部门，再由市上报至省厅，省级相关部门统一审批，批准后开班，批准后对报名农民工发放培训券。截至这些步骤完成，时间已经过去近两个月。有的地方培训券发放采用实名制，登记详细个人信息、贴了照片后再按手印确认，农民工也有反感，说：“就跟卖身契似的。”

培训开始后，有的劳动保障部门要求老师课前必点名，劳保部门工作人员到场监督，对于没有来上课的农民工，需打电话询问情况。培训结束后，培训考核与就业率直接挂钩。一名参加美容美发培训的农民工在培训结束后被推荐就业，在一段时间内接到主管部门的定期监督电话，约半月一次，询问其就业状况。倘若他对推荐的单位不满意而离职，也会受到主管部门的盘问。如果参加培训的农民工没有就业，经主管部门核实后，不予发放补贴。这种监管方式看上去严格，实际上问题也很大。这种貌似严格的监督方式缺乏公开性与规范性，无法根本杜绝培训造假现象，倒是为考核监督人员的腐败创造了机会。

第二，考核验收。

从县级政府来看，这种考核分别来自省一级和市一级，考核内容包括两方面，即效果审查和资金审计。省市两个层次检查分工不同，通常，具体考核程序与内容由省里发文件规定，省里与市里分级检查。培训结束后，县里将培训材料报至市里，以文字材料为主，其中又以台账为主。市里审查合格后将材料报至省里。调查发现，省里的审查要求高于市里。自 2004 年以来，审查内容逐年趋于繁杂。以前省里与市里只检查培训台账，2009 年开始，除培训台账外还需要农民工姓名、身份证复印件、文化程度登记表、培训教案、培训效果评估表，有的还需要有媒体资料、参加培训人员的 10% 的电话，即若培训 1000 人，则要有 100 人的联系电话。

基层反映，这样复杂的要求规定使得文案与资料筹备工作量逐年加大，促使考核与检查的文字游戏升级，但并未真正提升培训效果。在考核资料筹备过程中，基层政府相关部门都要集中忙上一段时间。有的县劳动保障局为迎接农民工培训考核，用公车拉着复印机下乡入村，找到乡村领导召集村民，条件是复印身份证并签名的村民则每人给 20 元钱，有的部门则是用笔记本或者脸盆等物品换取村民身份证复印件。对于这些情况，上级政府并不是毫不了解，有关工作人员说："我们下去检查时，发现签名笔记都一样，还挺漂亮。"检查与被检查成为"心照不宣"的游戏。

第三，资金审计。

农民工培训的项目资金审计，主要是指省里对市县，省里对县里，市里对县里，审核农民工培训项目经费的落实及使用情况。政府组织的农民工培训一般实行先培训后拨款。为了能够保证培训进行，培训机构通常采取先收钱再退钱的程序，即先收农民工的钱，培训后，资金到位，再将钱退还农民工。但是，收钱后不退钱或者不退全部钱的情况经常发生。

上级政府通常要求基层政府“资金配套”。实际上大部分没有配套。根据一个县的调查，农民工培训资金仅为上级政府向基层政府拨付的农民工人头款，即农民工的培训费、教材费、考试费，每人为350元。若一个县今年争取来的培训名额为1000个，他们所能得到的经费为35万元，而培训管理费、教学费、各类办公经费均不再另行拨付。根据上级要求，农民工培训的工作量很大，从培训宣传至培训开始，再到课程管理、资料准备、培训考核、检查验收，如果每个环节都认真做，费用很大。再加上跑项目等的花费，培训成本很高。这样直接导致的结果是，基层政府不仅不配套，还要让上级拨付款项有所盈余。那就只有“花小钱干大事”，通常只有五分之一至三分之一的培训资金用于培训。这也解释了“运作”的另一含义，即多报账少干活，甚至只报账不干活。

来自上级政府部门的资金审计并不难应付。通常，县里的审计人员在上级来检查之前，已与上级审计人员进行沟通。沟通后的审计很容易通过。也有的基层部门，因为难以应付这种种检查考核，而主动放弃培训项目。基层政府放弃培训项目的理由通常是，本地需要培训的农民工数量很少，或者本地大部分农民工除就近就地转移外，已成功向外输出。实质上，基层政府对于培训政策有明显抵触情绪，特别是不满意上级政府繁琐复杂的考核检查。

讨论

政府重视农民工培训是必要的，特别值得肯定的是，政府在预算中有了具体安排。过去对于解决农民工问题，往往只说空洞的好话，没有具体的预算支持。但是，接下来的问题是，有了预算，政府该以何种理念与机制推进工作。

第一，资金配套问题。现在，不仅在农民工培训领域，在若干方面，上级政府都要求下级进行资金配套。目的当然很好，但实际结果适得其反。不仅配套资金难以到位，就是上级拨来的资金也发生挤占挪用。合理的情况是，上级政府给下面多少钱，就要求下面做多少事，不应给一块钱要求干两块钱的活，结果可能连五毛钱的事也做不出来。实质上，配套资金问题显示了不同层次政府在事权划分上的混乱，也体现了上级政府对于下级政府的不信任。

第二，政府工作机制问题。政府在农民工培训中应发挥何种作用，需要重新定位。现在，政府不仅掌握项目资金，还自己设计课程、组织民工、安排教学、检查监督等。大包大揽，封闭运行，这是全能政府的典型特征，不仅降低了培训效率，也滋生了自身腐败。新公共治理经验证明，出路在于探索政府如何购买服务，而不是政府自身封闭运作。政府检查考核中的“特殊”模式，或者轰轰烈烈的“运动”模式，都不可取。

第三，政府与农民的关系问题。培训是面向农民的服务，但农民的参与权、监督权缺乏保障。一些培训扭曲为：“培训”需要农民工，而不是农民工需要“培训”，农民工在培训中难以表达权利。农民工培训的关键是要尊重农民。政策制定应有政府以外的力量参与，而政策执行的监督与政策效果的评估更应完成于政府之外。

4.6 纵观三十年[①]

农村改革的30年，也是农民流动的30年。观察这30年，可以从两个侧面进行：一个是农民的表现，一个是政府的表现。从政府表现的角度看，这30年大致可以分为三个阶段：第一个阶段是从改革开始到20世纪90年代前半期，具体说是1978年到1993年，基本上是“无政策”时期。第二个阶段是90年代后半期到21世纪之初，具体说是1994年到2002年，政策纷纷出台，但政策导向以限制为主，包括出台了若干新的歧视性政策规定。第三阶段是2003年至今，政策导向发生根本转变，新的政策以促进平等对待、重视保护权益为基本特点。本人认为，最近几年是改革以来解决农民工问题进展最好的时期。

农村改革启动以后，如同没有预料到乡镇企业异军突起一样，政府也没有预料到民工潮会汹涌而来。20世纪70年代末，随着家庭承包制度的推行，人民公社制度解体，原来对农民几近军事化的身份约束不复存在，农民获得了劳动的自由，开始出现少量流动就业的农民。最初，这部分农民主要以走街串巷的能工巧匠为主，在商业经营和工业领域则相当少见。80年代中后期，随着对外开放和城市改革的深入，东部沿海地区经济快速发展，局部地区的劳动力需求趋于旺盛，拉动了流动农民的规模不断扩大。于是，越来越多农民参与流

① 此文刊于《中国发展观察》，2008年1月。

动，从不发达地区进入发达地区，从中西部地区进入东南沿海地区，从乡村进入城市，流速不断加快，流域不断扩大。直到1989年初春，几百万农民南下爆发性集聚游动，成为“民工潮”爆发的标志性事件，交通部门不堪承受，社会舆论为之哗然。1992年以后，随着邓小平同志南方讲话的发表，中国经济发展进入了新一轮增长期，到90年代中期的几年间，农民工在规模上急剧扩张，达到了新的高峰。

大致上，70年代末到80年代末，虽然民工潮在持续涌动，但是，政府对于这个重要的社会经济现象，并没有给予特别关注，更没有政策积累；80年代末和90年代初期的几年，由于民工潮规模急剧增长，政府开始关注这个问题，也制定相应政策应对，但政策应对的主要表现在缓解交通和城市基础设施的压力等方面。或者说，这个时期的政策努力，主要是社会秩序角度的，还不是就业角度的。进入90年代中后期，城市面临农民进城、城镇新增劳动力就业、下岗失业人员再就业“三峰叠加”的严峻形势。这个时候，关于农民工的政府管理、就业成为主要视角。但是，也正是在这个时候开始，关于农民工管理在政策上走上了歧途，主要表现在，这些政策努力坚持了城乡分割、歧视农民的思路。

本文之所以把1994年作为政策转折的标志，是因为这年的11月劳动部公布了《农村劳动力跨省流动就业管理暂行规定》。这个文件把此前几年一些地方政府局部性的农民工限制措施上升为全局性政策规定，严重地扭曲了在城乡统筹方向上解决农民工问题的历史进程，也直接损害了农民的权利。这个文件的主要内容是，用人单位若招用外省劳动力，需经劳动部门核实确为当地无法招用到工人的工种、行业。被用人单位跨省招收的农村劳动者，外出之前，须持身份证和其他必要的证明，在本人户口所在地的劳动就业服务机构进行登记并领取外出人员就业登记卡；到达用人单位后，须凭出省就业登记卡领取当地劳动部门颁发的外来人员就业证；证、卡合一生效，简称流动就业证，作为流动就业的有效证件。这个政策规定集中体现了当时用计划经济的思路处理就业问题、用分割城乡的思路处理农村问题的政策倾向。

具体来看，最早从限制的角度处理农民工问题的是一些流入地的地方政府，如长江三角洲、珠江三角洲等发达地区，北京、上海、广州等大城市。主要方法是，其一清理遣返。这是改革以前就经常在社会控制中使用的行政措施，现在由于农民的过量涌入，则进一步增加了这种清退的力度，扩大了清退规模。其二是建立外来农村劳动力"务工证"制度。广东省的这项工作起步较早，基本做法是：规定广东的企业招用省外劳动力要先报请劳动行政部门批准，由劳动行政部门审批核准其使用外来工指标，企业凭此招用外来务工者，应招的外来劳动力必须持有原地政府劳动部门开具的外出务工证明，招用后再在广东当地办理"务工证"等。江苏、上海等地也制定了类似的制度。其三是出台了一套严密限制使用外来劳动力的规章细则，核心内容是外来劳动力进入本地只能从事本地劳动力不愿意选择的行业工种。如北京、广东、江苏、上海在当时都有这方面规定，其中以上海限制最为严格。

这些政策规定执行的结果，第一是加重了农民的经济负担。因为外出要审批，办证要交费，而且收费名目多，等于农民在花钱买"流动权"。特别是，这些审批活动与特定政府部门的利益相结合，在罚款收费等方面缺乏监督和节制，成为经济上盘剥农民的重要手段之一。第二是限制和侵犯了农民的就业自主权，成为对农民新的身份管制，尤其是在这些政策烘托下的收容遣送愈演愈烈，制造出若干人间悲剧。这是对于全体农民的巨大伤害。

限制性政策的执行本身在政府系统中也受到了抵制。面对农民流动，流出地政府却是另外一种表现。起初，流出地政府同流入地政府一样，对于这种流动未加留意。但是，当越来越多的农民异地就业产生了巨大的经济效益，甚至成为该地区经济发展的重要生长点时，流出地政府态度大变，由不予理会变为大加赞赏，有些省和县的领导公开发表讲话文章，号召鼓励本地农民走出去就业。一些地方政府把劳动力输出作为一项重要的产业来对待，积极动员社会力量，为外出就业拓展信息渠道，提供交通方便。因而，流出地政府总体来说并不认同种种以限制农民流动为主要目标的政策安排。但是，流出地的某些部门，出于本部门利益的考虑，却往往是另外一种态度。他们对于流入地的某种规定给予配合协作，种种证件收费成为重要的部门收入，甚至成为增加预算外收入的重要渠道；收费罚款成为促使流入地和流出地政府部门联手加强管理的胶合剂。

在以限制和歧视为政策导向的七八年间，农民流动的脚步依然浩浩荡荡，农民的抵抗也愈加激烈。实际上，进入新世纪的时候，这些限制性政策开始被矫正，并迅速衰落下去。在 2001 年，有关部委就联合发出《关于全面清理整顿外出或外来务工人员收费的通知》规定：从 2002 年 3 月 1 日起，一律取消包括暂住费、外地务工经商人员管理服务费、外地建筑企业管理费等在内的收费，证书工本费每证最高不得超过 5 元。这与之前的收费横行相比是巨大的进步，但是，这些改进是以那些行政审批、证件手续为前提做出来的，因此政策上对农民工就业和流动的限制和歧视并没有根本性转变。2005 年初劳动和社会保障部发出《关于废止〈农村劳动力跨省流动就业管理暂行规定〉及有关配套文件的通知》。这些限制性规定存在了 10 年之久。我们无法说清楚，在那些年里，这些审批办证、收费罚款、清退驱赶的文件规定，以及在这些政策规定指引下的蛮横行为，给千千万万的农民造成了多少麻烦和经济损失，带来了多少屈辱和辛酸。

政府既要提高经济效益，又要维护社会安定，又要维持本地人口中较高的就业率。因此，试图对外来人口进行管理与控制是可以理解的。但是，实践表明，并非有了限制规定、有了收费罚款，就实现了有序。实践还表明，单靠处罚、取缔维系的有序，往往会不断制造新的无序和冲突，反而对于维持真正理想状态的有序却无济于事。

本文所以说2003年标志着农民工政策导向的根本转变，不仅因为这一年开始的新一届政府推出了系列惠及三农的政策措施，不仅因为这一年收容遣送制度被废除，而且因为，这年年初，国务院办公厅颁发了《关于做好农民进城务工就业管理和服务工作的通知》。这个文件有七条，三千余言，核心内容是：取消对企业使用农民工的行政审批，取消对农民进城务工就业的职业工种限制，取消专为农民工设置的登记项目，逐步实行暂住证一证管理。各行业和工种尤其是特殊行业和工种要求的技术资格、健康等条件，对农民工和城镇居民应一视同仁。这是一个体现市场经济和城市化发展方向的重要文件，标志着农民流动就业政策的重大转折。这个文件的直接目标群体是流动就业的那部分农民，但是，它赋予全体农民以权利。从权利平等与机会均等的意义来说，进城农民的权益实际上就是全体农民的权利。从统筹城乡发展、推进城乡居民身份平等化的历史过程来看，从根本上解决农民工问题的角度来看，这个文件具有历史性里程碑的价值。

在新的阶段，政府看待农民工的视角发生了变化，政策制定的指导原则发生了转变。不再是从保护城市人特权的角度看农民工，或者说为了城市人的需要来管理农民工；不再从某种既定秩序破坏者的角度看农民工，或者说是为了所谓社会秩序的需要来管理农民工。而是从农民权利的角度，从农民发展的角度来看农民工。这是一种真正"农民"的视角，是以人为本的视角。有了这样的视角，农民的问题就获得了"正视"，那些过去堂而皇之的限制性政策规定及其说法就显出了荒唐。有了这样视角，农民工问题就获得了全面重视。于是，若干重要问题的解决，如居住身份问题，工资拖欠和工资标准问题，工伤等基本医疗保障问题，子女教育问题，甚至养老问题，都取得了实质性的巨大进展。

2006 年 1 月，国务院颁布《国务院关于解决农民工问题的若干意见》。这是一个在新的政策导向上系统解决农民工问题的重要文件，是对 2003 年国务院办公厅文件内容的深化发展。《意见》涉及农民工工资、就业、技能培训、劳动保护、社会保障、公共管理和服务、户籍管理制度改革、土地承包权益等各个方面。《意见》要求，建立城乡统一、公平竞争的劳动力市场，搞好农民工的就业服务和培训；解决农民工的社会保障问题，将农民工纳入工伤保险范围，优先解决大病医疗保障问题，逐步解决养老保障；切实为农民工提供子女义务教育、居住条件改善等公共服务；保障农民工享受民主政治权利、土地承包权益等。

这个文件的出台，标志着解决农民工问题已经到了系统操作和全面启动阶段。虽然，新政策执行还是刚刚开始，现在面临的问题还很多，政策的执行情况并不尽如人意。特别是，农民工权益被侵害的问题仍然严重，例如工资待遇低、拖欠工资、超时劳动、没有节假日休假的权利、工伤和职业病多发、缺乏社会保障、子女就学难、居住难、看病难、民主权利缺失等。但是，最重要的是，农民工政策开始走上了正确的方向。可以设想，如果在政策规定上继续坚持对于农民工的限制歧视，那是多么大的历史悲剧！而这样匪夷所思的历史悲剧，就刚刚发生在数年之前。

与此同时，我们也看到了一个令人欣慰的现象，就是出现了民工荒。民工荒的出现，对用人单位来说不是好事，但是，对于民工来说却是大好事。因为民工荒的出现起码说明，民工的就业有了更大的选择。关于民工荒的成因，社会各界很关注，分析意见很多，本人认为，短缺的根本原因即农民工的“权利荒”，如工资待遇偏低，劳动条件恶劣，劳动时间过长，没有社会保障等。继续教育的缺失，忽视农民工的技能培训，也使得产业、企业升级后必然出现劳动力的结构性短缺。权利缺失和只针对年轻时期的浪费性使用，导致劳动力紧缺的提前到来。

“民工荒”表明农村剩余劳动力的供求关系正在发生变化，“年轻劳动力的无限供给”不再存在。民工荒的出现是认真反思和解决农民工问题的重要契机。

我们还高兴地看到，地方政府在解决农民工问题的积极探索创新，也让农民得到鼓舞。如一些地方已经明确取消暂住证，实行居住证，享受同城待遇。2006 年 9 月，浙江省省政府正式提出，“改革农民工登记管理办法，加快相关立法修改，逐步在全省范围内取消暂住证制度，转而实行居住证制度”。根据 2007 年 11 月新近发布的《浙江省居住证申领办法（征求意见稿）》，居住证将与社保、就业、教育、居住等挂钩，使持证者享受与同城市民一样的服务，而且还在子女就读、计划生育、劳动保障方面享受到与浙江省内市民一样的优惠政策。此外，有若干地方把农民工改称新市民，如无锡、青岛、西安雁塔区等。西安雁塔区政府下发《关于规范“新市民”称谓的通知》，外来务工人员从此改称“新市民”。新市民在低保、义务教育、法律援助等方面与原本地居民相同。

改革开放以来，农民流动的发展是伴随着激烈的政策意见争论的。流动初期的主要问题是，农民是否应该流动。曾经一段时间，有舆论指责农民：“不在家里种地，跑出来干什么？”甚至说农民不务正业；后来的一段时间，虽然承认农民的流动，但是转向指责农民的流动方式不对，说是“无组织”、“盲目流动”，应该“有组织流动”、

"有序流动"。于是政府部门设计了种种组织制度来约束规制农民，包括用审批、证件等行政手段来约束农民，甚至用收容遣送来对付农民。这些问题的根本，可以归结为一句话是，农民是否有权利流动。即便是盲目流动，难道农民就没有"盲目"的权利吗？流动既属于基本人权，更为中国宪法法律所允许，只要不是违法犯罪，"盲目流动"又有何不可？

改革开放以来，农民流动的道路不平坦。30 年时光，说长不长，说短也不短。这证那卡，这收费那罚款，还有噩梦一般的收容遣送，曾经如影随形地笼罩着农民。对于许多农民工来说，曾经有过的辛酸遭遇，既恍若隔世，又宛如昨日。对于政策和政府来说，难道农民的所有这些苦痛都是不可避免的吗？或者说，难道那些限制、歧视和打压都是正确的吗？答案显然不是肯定的。那么，这些不快的发生说明了什么。本文认为，这些情况首先说明，在政策思想上，并没有解决如何正确对待农民的问题。

早在 80 年代，我党就提出，农村改革的基本经验就是尊重农民的首创精神。因为，当年对于家庭承包制度，对于乡镇企业，政策上都发生过不该发生的打压。但是，在农民流动的问题上，这种农民与政策的对立和拉锯再度发生。这里面有深刻的反面经验需要总结吸取。

现在我们终于高兴地看到，农民的选择和创造终于获得尊重，或者说政策终于顺应了农民。但是，我们有必要深思，在今后的改革发展进程中，该建立怎样的体制机制，来保证这样的政策弯路不再重复，保证农民的伟大创造更加顺畅地成为政府的政策选择。

4.7 组织新分化[①]

与农村经济社会改革相伴随，村级组织体系正处在持续演变过程中，其突出特点是不同类型的组织在功能和形式上逐步分开，即通常所称的“政经分离”。虽然，基层政府对于村级“政经分离”的态度、举措不尽相同，但是，农村经济社会发展进程本身，具有促进村级组织体系逐步走向分离的内在动力。因此，村级组织的“政经分离”，客观上是一种必然趋势。这个过程对基层政府的治理能力提出了要求和挑战。

2016年上半年，本课题组在北京郊区农村开展了村级组织状况调查。在实地个案调研基础上，课题组形成了对北京市农村“政经分离”的基本印象和初步判断。以“政经分离”作为分析视角，当前北京市的农村村级组织，主要存在四种类型。村级组织“政经分离”的主要动力是集体经济组织改制、城市化进程和村民内部矛盾。村级组织体系演变还在进行中，但演变方向是清晰的。深化农村改革，政府需要在这方面有所作为。

一、“政经分离”问题的发生背景

改革以来，村级层面的公共组织主要是三类：村党组织（包括村

---

① 本文系与米健博士合作完成，刊于《中国经济报告》2018年第2期。

党支部、村党总支）、村自治组织（包括村委会和转为社区之后的居委会）和村集体经济组织（包括村经济合作社、村经济合作联社、村农工商公司，也包括这类经济组织改制后的股份制公司）。就全国而言，绝大多数地方的村集体经济组织没有实际性运行，有名无实，由村党组织和村自治组织代管。通常，这种经济组织与党组织、自治组织合并运作的状况被称为“政经合一”。

在经济社会发展过程中，特别是进入新世纪以来，村党组织、村自治组织与村集体经济组织合一的情况引发了诸多问题，主要集中在三个方面：第一，在经济发达地区和大中城市郊区，村集体常常依靠出租土地、厂房和自办企业等方式获得大量收入，由于参与分配的集体成员资格不清晰，这些利益的分配常常引发矛盾。第二，由于村党组织、村自治组织和村集体经济组织的负责人常常是同一批人，村干部的权力过度集中，又缺乏有效监督，村干部贪污腐败、铺张浪费、滥用职权等问题比较严重。第三，村民身份体系混乱，内部冲突增加。通常，村民的户籍不仅是集体经济收益权的资格，还是享受农村公共服务的成员资格。为保留集体经济收益权，村民排斥外来人口落户，也不愿将户口迁出。这对城镇化和公共服务城乡统筹进程造成了很多矛盾。

近些年来，为解决“政经合一”造成的种种问题，一些经济发达地区的政府，开始探索村级“政经分离”改革，比较早的是广东佛山市南海区和温州市等。2010 年 12 月，南海区政府制定实施《关于深化农村体制综合改革的若干意见》，明确规定：村党组织和村自治组织领导成员，不能与村集体经济组织成员交叉任职；村集体经济组织领导成员任期年限从 3 年调整为 5 年，且集体经济组织独立选举自己的负责人。政经分离后，南海区村两委成员仍是村集体经济组织理事会成员，有监督及建议的义务，但没有决策权。到 2012 年，南海区村集体经济组织中完成独立选举的比例为 98%，基本实现“政经分离”。

与南海区类似，2011年浙江温州市政府出台第81号文件，明确要求终止村委会代理行使村集体经济组织财产所有权的职责，各村成立资产清查小组负责集体资产的清查，清查完成后，原来由村委会管理的账户移交到村集体经济组织，由村集体经济组织管理。另外，村集体经济组织明确界定了成员身份，被确立为集体经济组织成员的人员，不论在以后的工作、生活过程中户口怎样变动，都不会影响他们在集体经济组织中享有的集体经济产权。

二、北京市农村“政经分离”的主要类型

根据村党组织、村自治组织和村集体经济组织之间关系的不同组合，本文将北京市农村基层公共组织的关系类型概括为四种，分别称为“三合一”模式、“一带二”模式、“纽带式”政经分离和“独立式”政经分离。

（一）“三合一”模式

“三合一”模式是指，村级三种组织，即村党组织、村自治组织、村集体经济组织的领导成员高度重合、决策权高度统一的运行模式。此种类型的典型表现形式是，由同一个人担任村党组织、村自治组织和村经济组织的负责人，即支部书记、村委会主任和村经济联合社社长由同一个人担任，也被称为“一肩挑”。

以房山区青龙湖镇晓幼营村为例，该村党支部书记、村委会主任、村集体经济组织负责人是同一个人，各项工作都由同一个人领导。晓幼营村作为北京的远郊村，能够利用的经济资源不多，现任村书记长期在基层工作，也有经商的经验，能够有效整合各方面力量。

在他的统一领导下，晓幼营村整理了原有工矿企业用地，并申请了上级政府补贴，为村民提供了统一的新住宅，完成了农村社区化。晓幼营农村社区采用民居建设和产业建设同步，在水、电、路、气、暖、通讯、供排水、污水处理、绿化美化等基础设施同步建设的基础上，还建设了幼儿园、社区医院、邮政储蓄所、农贸超市等公益服务设施。目前，村民对农村社区建设满意度较高，但现任村书记年纪较大，几年后就会退休，新的村领导能否有这样的治理能力，村民有疑虑。

“三合一”模式是现在大部分农村基层公共组织的运行模式。在经济不发达地区，“三合一”模式有一定优势。如果能力强的人成为领导，则可以在各方面资源相对不足的情况下，集中力量发展本村经济，改善公共设施，提高村民生活水平。

但是，“三合一”模式的权力集中，难以避免“政经合一”存在的制度性难题。对于经济发达地区，村集体经济组织掌握大量资产，而权力高度集中会导致集体资产的分配方式不够透明，经济决策也不够民主，容易引发基层干部的贪腐和干群矛盾；同时，经济发达地区受到城镇化影响大，很多村民由于征地、招工、参军等原因转为居民户籍，又有外来人口大量进入本地居住，“政经合一”使得本地村民不愿意迁出户口，而外来人口由于没有户籍，无法享受公共服务。这使得村庄治理面临诸多难题。

（二）“一带二”模式

“一带二”模式是指，村自治组织和村集体经济组织的领导成员并不交叉任职，但村自治组织和村集体经济组织的领导成员都是村党组织成员，村党组织统一领导村自治组织和村集体经济组织。在这种模式中，虽然村委会和村集体经济组织相对独立运行，但是，这两个组织负责人都是党支部成员，支部书记可以通过党组织的运行来直接领导村委会和村集体经济组织。

“一带二”模式中村党组织的书记，常常担任村集体经济组织的负责人，但不在村自治组织中任职。在“一带二”模式中，村自治组织和村集体经济组织已经实现了分离，但村党组织还在直接指挥。现在看来，“一带二”模式似乎是走向三者分离的过渡形态。但是，这种过渡将经历怎样的过程，这个过程多长，现在还看不清楚。

丰台区南苑乡石榴庄村属于“一带二”模式。2001年初到2002年底，石榴庄村的集体经济组织改制为股份合作制公司，村委会在城镇化过程中转变为社区。石榴庄村党总支的工作方式是“分工不分家”，党总支成员分别负责股份合作制公司和社区具体工作，但每周二联合开党总支扩大会，统一协调工作。村党总支分工是：党总支书记兼任股份合作制公司董事长；党总支副书记兼任股份合作制公司党务监察部部长；原村委会主任担任股份合作制公司人力资源部部长；一位党总支成员担任社区书记。

石榴庄村集体经济组织改制为股份合作制企业即金石公司后，金石公司拥有11万平方米的产业建筑。这些产业建筑主要被用于大型超市、休闲娱乐、餐饮购物、写字楼和酒店等。目前，金石公司主要收入来自于商业地产租赁。

在集体经济获得较大发展同时，石榴庄村也随着城镇化改为社区。社区居民的总数增加，社区需要提供的公共服务种类也增加。社区的办公经费远不能满足实际工作需要，且社区工资较低难以留住工作人员。为解决这个问题，金石公司对社区工作人员发放补贴，在办公经费和办公场地上也有很多支持。金石公司还出资聘请一些人员参与社区工作，以解决社区编制不足的问题。社区工作中的人员和办公经费的大部分是由金石公司承担。除此之外，金石公司对社区老人还有生日、节日补贴，社区居民可以成本价使用金石公司场地办婚礼、酒宴等。

“一带二”模式也面临一些问题。社区党组织和金石公司党组织同属于一个党总支，金石公司对社区工作的各种补贴都没有区分受益人是否属于公司股东，这实质上是把公司股东的一部分收益拿来用于社区全体居民。当金石公司的股东都是原石榴庄村民，且在社区居民中占绝大多数时，由公司出钱资助社区建设遇到的争议比较少。但是，随着社区里非公司股东的居民越来越多，金石公司承担社区建设所需的资金越来越多，金石公司的股东们就开始不满意自己承担公共服务成本，而外来居民免费享受补贴。由此可见，“一带二”模式也存在一些内在的矛盾冲突。

（三）“纽带式”政经分离

“纽带式”政经分离模式是指，村自治组织和村集体经济组织的领导成员并不交叉任职，且村自治组织和村集体经济组织分别有自己的基层党组织并在不同的基层党组织领导下独立运行，但三个组织之间还有一根相对有力的联系纽带，即村集体经济组织在人员、资金、场地等方面支持村自治组织的具体工作。

在“纽带式”政经分离过程中，村党组织常常会分离为两个基层党组织：其中一部分党组织成员负责集体经济组织的经营，成立经济组织的党组织；另外一部分则转为村或社区工作负责人，成为村或社区党组织。在基层党组织随着“政经分离”而发生组织形态分离之后，村或社区自治组织在人员和资金等方面确有困难，一些集体经济组织会在资金、人员、场地等方面对村委会或社区工作提供支持。这种分离的特点是，农村基层公共组织在组织形态上已经实现了完全的“政经分离”，但在具体工作上还存在密切合作关系。

以丰台区南苑乡槐房村为例，其集体经济组织已经改制为股份合作制公司并开始集团化运行，村委会也在城镇化过程中变成了社区。

目前槐房村主要负责人员及分工是：原村党总支书记，转为股份合作制公司董事长；原村党总支副书记，转为社区党支部书记；股份合作制公司总经理根据需要从外部招聘。

在村集体经济组织和村自治组织分离过程中，槐房村党组织也一分为二，分别参与股份合作制公司或社区的工作。槐房村集体经济组织已经改制为股份合作制公司即盛世公司并开始集团化运行，公司业务涉及地产、物业、文化、体育等多个产业。在2016年建立槐房社区之后，原槐房村党总支副书记主持社区党组织工作，社区党组织和股份合作制公司党组织独立工作，不再联合开会，实现了完全的分离。但分离之后槐房社区没有足够的办公经费和工作人员。为解决这些问题，盛世公司在办公经费和办公场地上对槐房社区有支持，除此之外，盛世公司对社区老人过生日、节日、体检等方面也有补贴。

“纽带式”政经分离与“一带二”模式面临类似的问题，即随着社区居民多元化，社区内集体经济组织成员会不再愿意由经济组织承担社区公共服务的成本。长远看来，政经分离之后的村自治组织，无论是村委会还是居委会，都需要地方政府公共财政的投入，实现公共服务的城乡统筹。

（四）“独立式”政经分离

“独立式”政经分离是指，村自治组织和村集体经济组织的领导成员并不交叉任职，两者分别有自己的党组织且各自独立运行，两者之间不发生直接经济联系，通常情况下，经济组织不对自治组织提供资金支持。

朝阳区十八里店乡十里河村属于“独立式”政经分离。在政经分离之后，十里河村集体经济组织已经转制为完全由个人持股的股份有限责任公司即十里河集团，没有保留集体股份。十里河村两委与十里河集团没有直接的经济关系。十里河村的政经分离给集体经济组织带来了活力。目前，十里河集团拥有商街总营业面积近100万平米，年流通额逾100亿元。但另一方面，由于缺乏规划和资金投入，十里河村的公共设施水平停留在了原来的村居时代。十里河地区，无论是北部的商业街区，还是南部的村民居住区，主要的道路设施还是原来村落居住时候的设施，违章建筑也很多。在上下班时间段，人流车流非常密集，在商业街出入口、幼儿园等重点地段，车辆拥堵严重。十里河地区的基础设施水平显然与经济发展不匹配，这种状况与十里河集团不再向社区提供公共设施的经济支持有关。

“独立式”政经分离对改制之后集体经济组织的发展有明显好处。集体经济组织完全成为企业后，不再承担村级公共服务的各项成本，可以聘请更合适的人才而非照顾本村人就业，有利于建立现代企业制度实现更好发展。但是，“独立式”政经分离也给村自治组织带来了挑战。在“独立式”政经分离条件下，村自治组织不能继续从集体经济组织获得必要的资金和人力物力支持。发达地区的农村通常有大量的外来人口居住，需要提供的公共服务种类和数量也更多，需要更多工作人员，也需要更多的基础设施建设，这些都需要大量资金。如果地方政府不能给村自治组织提供资金、人员等方面支持，在失去集体经济组织的经济支持后，这类村自治组织无力提供足够的公共服务。

三、村级组织“政经分离”的动力机制

“政经分离”是近年来一些基层政府比较明确的农村改革目标。历史地看，农村改革带来的村级组织分化由来已久。不论地方政府是否有意识地把“政经分离”作为改革目标，“政经分离”本身都是这个历史过程的伴生物。

从北京市来看，这种动力主要来源于三个方面，即集体经济组织改制、城市化进程和村民内部冲突。改制使村集体经济组织获得了独立法人地位，赋予了个人股完整所有权，并使个人股与户籍脱钩，这些改革都为村级组织分化创造了条件。城市化改变了村集体经济组织的产业结构和规模、村民的就业方式和村自治组织公共服务供给方式。在集体经济组织改制过程中，一些村集体经济组织成员内部会出现冲突，这些内部博弈影响了最终的改制方案，推动了村民的经济权利与户籍、就业方式分离。政经分离的基本功能表现为，调整并协调村庄内部权力利益关系，包括村级组织之间、村级组织与村民之间，村民与村民之间的权力利益关系。

（一）集体经济组织改制为村级组织分化创造了条件

北京市的农村政经分离起源于集体经济组织改制。改制的主要内容是将村集体经济组织（一般称为村经济合作社或村农工商公司）改造为股份合作制或股份制公司。在改制过程中，根据工龄等标准把一部分股份的收益权量化到村民个人，以股份作为村民获得集体经济组织分红的标准。

丰台区东罗园村，是北京市最早实行股份合作制改革的村庄之一。1993年7月，丰台区、南苑乡和东罗园村派出代表到广州市天河区考察股份合作制改革的经验。同年10月，东罗园村通过了社区股份合作制章程。1994年1月，丰台区工商行政管理局向东罗园农工商联合公司颁发了企业营业执照。东罗园村集体经济组织改制的基本特点是：（1）改革方向是股份合作制企业，正式名称为东罗园农工商联合公司；（2）公司股东仅限于现有农村集体经济组织成员；（3）改制后集体股为主；（4）个人股按照劳动工龄进行量化；（5）个人股只有收益权，没有所有权，不可以继承转让；（6）为在职干部设置干部贡献股。

在东罗园村开始改制之后，丰台区和北京市其他区县的集体经济组织改制也陆续展开。在改制不断推开的过程中，一些在东罗园村没有遇到的问题凸显出来，这些问题包括：（1）个人股份没有所有权，不能转让和继承，容易带来纠纷；（2）集体股所占比例过大，而集体股的代表权和收益分配方式都很不确定；（3）设立干部贡献股容易引起普通群众的不满；（4）原有集体经济组织成员转为居民户籍后没有股份，带来不同成员之间的矛盾。为解决这些问题，丰台区果园村、万泉寺村、菜户营村、东管头村、成寿寺村、石榴庄村等进行了更加深入的集体经济组织改制探索，积累了新的经验。

2002年，丰台区石榴庄村进行了股份合作制改革，石榴庄农工商联合公司改制为北京市金石庄源投资管理有限公司（以下简称为金石公司）。石榴庄村集体经济改制的基本特点是：（1）个人股股东占85%股份，根据股东工龄全部量化到股东；集体股占15%，属于股东共有股份，这使金石公司成为由个人股东控股的企业；（2）个人股股东拥有所有权，股份可以继承和转让，且转为居民户籍的成员也可拥有股份，这使得个人股与户籍脱钩，村民政治身份与经济权利出现分离；（3）没有设立干部贡献股。

从历史进程看，北京市农村集体经济组织改制的本意并非“政经分离”，但实行股份合作制改革，客观上为村级组织分化创造了条件。股份合作制改革以前，村集体经济组织长期被村党组织（村党支部或党总支）和村自治组织（村委会或改社区后的居委会）代管，股份制改革后，集体经济组织获得了独立的法人地位，得以从其他村级组织代管的状态中分离出来。村集体经济组织改制，也使村民的权益得到了明确并量化为个人股份，赋予了个人股，包括继承、转让和收益在内的完整所有权，并使得个人股可以在脱离农村户籍后保留。这就为村民的经济权利与户籍的分离创造了条件，为村经济组织和自治组织确立了不同的成员范围。

（二）城市化推动村级组织分化

进入21世纪，北京郊区的城市化进程开始加速。在此过程中，土地和资产大幅增值，工商业地产迅速发展，村集体经济组织有能力也有动力从其他村级组织中脱离出来。城市化提供了交通基础设施和收入更高的就业机会，使村民可以更便利的实现非农就业，能够将工作、生活方式与其拥有的农村集体财产权利分离。城市化使地方政府愿意对农村进行土地整理以获得建设用地，同时也对农村进行社区化改造和提供公共服务，促进了村自治组织转为城市社区，自治组织与村集体经济组织互相分离。

从北京市来看，城市化推动“政经分离”主要表现为三个不同的模式。

1. 旧村改造模式：指地方政府对村集体经济组织和村自治组织进行整体性改造，并使两者互相分离。在城市化进程中，北京市一些近郊村被整体性改造，内容包括：（1）腾退集体土地，全部土地变为国有，村集体和村民个人获得安置性住宅和商业地产；（2）村民户籍转为居民户籍，逐步撤销村委会并建立居委会。在旧村改造过程中，原有的村集体经济组织通常会与村自治组织完全分离。

以丰台区槐房村为例，2011年9月开始旧村改造，2012年6月基本完成土地腾退，之后槐房村村民3000余户先后回迁到益嘉园、德鑫家园、御槐园等小区。在土地腾退过程中，原有村民95%转为城镇户籍，2016年7月槐房社区成立。在旧村改造过程中，槐房村的村集体经济组织改制为盛世公司，盛世公司不参与槐房社区工作，盛世公司与槐房社区的负责人也由不同的人担任。槐房村在旧村改造之后，实现了村级组织“政经分离”。

旧村改造之后，村集体经济组织从村自治组织独立出来，减轻了为本村提供公共服务的负担，也获得了更多发展机会；同时，村自治组织转为社区后，地方政府承担了公共服务职能。但是，在通常情况下，村集体经济组织也给予社区组织一定的经济支持，如支付部分社区工作人员工资补贴、社区活动免费使用场地设施等。看来，旧村改造模式背景下的村级组织分化，既有较好的经济表现，也有较好的公共服务。

2. 产业升级模式：指村集体经济组织的职能从农业转为商业，不断发展壮大并脱离了村自治组织。北京市一些交通便利、临近城市中心的村抓住城市化加速的机遇，在集体土地上开发工业或商业地产。这些村的集体经济组织一般改制为公司，在发展中完全脱离了农业生产经营，转为经营工商业地产。其中，一部分村集体经济组织在改制和壮大后，逐渐脱离村自治组织。

朝阳区十里河村，位于北京市东南三环，地理位置优越，村集体经济组织在改革开放之后发展较快。1999 年，十里河村成立北京创新世纪家居装饰市场服务管理集团有限公司（以下简称为“世纪公司”）。2007 年，世纪公司改制为以投资人为股东的民营企业。2008 年，世纪公司正式更名为北京十里河投资管理集团有限公司（简称“十里河集团”），十里河村经济合作社在世纪公司的股份完全退出，十里河集团成为完全由原来的社员个人持股的有限责任公司。至此，十里河集团和十里河村委会已经实现了完全的分离。

在村级组织分化过程中，集体经济组织会带动本村的产业升级，并提供大量就业机会；但由于经济发展会带来人口大量集聚，村集体经济组织独立后，通常不为本村公共服务提供足够的资金和人力支持，村自治组织无法提供足够的公共服务，而地方政府也不会对村自治组织有更多投入。产业升级模式带来的村级组织分化过程中，村集体经济组织通常有较好的经济表现，但是，村自治组织提供的公共服务则明显不足。

3. 征地拆迁模式：指征地拆迁使得村集体经济组织的资产规模萎缩而失去重要性，村自治组织则转变为社区居委会。在城市扩张过程中，一些近郊村被大规模征地，集体土地不断减少，而征地之后的村民绝大多数转为居民户籍，同时村委会也转为社区并建立居委会，原来的村集体经济组织被取消或者因为规模很小而不再重要，从而出现村级组织的互相分离。

海淀区肖家河村有过两次比较大的征地拆迁，第一次是在 2000 年前后中国农业大学征地，被征地的村民转为居民；第二次在 2010 年之后，北京大学大规模征地。经历过多次征地和拆迁之后，原来的肖家河村集体经济组织留下的土地和集体资产很少，目前只有少量的房屋出租。肖家河的户籍人口中绝大多数已经转为城镇户口，肖家河村也转为肖家河社区。肖家河社区与原村集体经济组织不再有关系，完全分离。

从经济后果来看，征地拆迁模式与产业升级模式相反。征地拆迁使得村集体经济组织的资产规模大大减少，以至于不再重要；而村自治组织则转为社区，继续承担基层公共服务。村集体经济组织在失去重要性之后，与新建的社区实现完全分离。在征地拆迁模式中，由于地方政府承担社区的公共服务投入，社区比之前的村自治组织能够更有效服务辖区居民。

（三）村民内部利益冲突推动村级组织分化

在北京市农村集体经济组织改制过程中，一些村集体经济组织成员内部出现利益冲突，这些冲突推动了村民的经济权利与户籍、就业方式分离，推动了村民获得个人股的完整所有权，从而推动了村级组织分化。

2002年，朝阳区十里河村进行了农村集体经济产权制度改革，直接目标是实现集体资产的保值增值。当时，并没有考虑历史上已转为居民的原集体经济组织成员的权益，结果引发了内部矛盾。这些矛盾没有被村里重视，引发了已经转为“居民”的村民大规模上访，最终导致十里河村的第一次股份制改革失败。矛盾激化之后，朝阳区政府总结教训，在改制中重视了对已经转居的原集体经济组织成员权益的保障。到2007年，十里河村最终完成了集体经济组织改制。在最终的改制方案中，村民个人无论是否保留本村户口都具有村集体经济的股份。这样一来，十里河人的村民身份和股民身份就发生分化，分别属于不同类型的村级组织。

四、如何看待“政经分离”

通过对北京市农村“政经分离”的调查分析，并结合广东佛山南海区和浙江温州市农村的“政经分离”历程，初步形成如下判断：

（一）“政经分离”是大势所趋

为了化解在经济发展中出现的矛盾，地方政府和村党组织、村自治组织常常进行两方面的改革：其一是把集体经济组织收益权与本村的户籍脱钩，从而允许历史上因为参军、就业、外嫁等原因离开本村的村民继续享受分红和其他权益；其二是将村集体经济组织和村党组织、村自治组织分离，让村集体经济组织成为独立运行的企业，避免村干部集权带来的贪腐问题。这两方面改革的实质都是指向“政经分离”，即在组织层面将村集体经济组织与村党组织、村自治组织分离，在村民层面将集体经济收益权固化为股份，并与本村户籍脱钩。

地方政府和农村基层组织推进政经分离改革未必是主动和情愿

的，但为了化解大量的村民内部、村干部与村民之间的矛盾，其采用的政策不得不向着“政经分离”的方向调整。在这个意义上，农村基层组织“政经分离”是大势所趋。越是经济发达地区的农村，“政经合一”的内部矛盾越是突出，“政经分离”的要求就会越强烈。

（二）应该主动推进“政经分离”

在经济发达地区，地方政府主动推进“政经分离”有多方面好处。首先，无论地方政府是否主动进行“政经分离”，农村基层组织“政经合一”带来的大量矛盾都需要“政经分离”来化解，因此主动推进“政经分离”，能够更早也更好地化解基层矛盾，有利于实现良好治理。

其次，发达地区农村集体经济组织拥有的土地、物业等具有更高的市场价值，也更容易利用区位优势进行投资经营。“政经分离”可以让集体经济组织成为独立的企业，可以通过市场手段募集资金，招聘更优秀的员工和管理层，建立完善的公司治理结构，这些都有助于集体经济组织发展壮大，有助于地方经济发展。

（三）推进“政经分离”要讲究方法

从北京市农村改革的历程来看，村级组织分化是一个长期的历史过程。在这个过程中，基层党政领导部门要注意改革策略设计，讲究工作方法。从北京的工作历程来看，主要经验包括：保持改革敏感性，及时回应基层农村出现的新问题，特别是要重视发现分析新情况新问题；坚持多样化试点，由点到面稳步推进，特别是鼓励支持不同情况的村进行新的尝试，不断总结经验，逐步推广；重视总结基层创新，及时出台相关政策，可以赋予改革合法性，保障了改革成果的可持续性，也为改革经验的推广提供了便利；通过培训、讲座、考察等方式交流经验和凝聚共识。

专栏文章四：卖菜者说

题记：本文为作者在1993年7月的一篇民工访谈手记。比较现在的民工状态，可以发现政府管理的巨大改进，也可以发现还有许多问题需要继续努力解决。

万寿路并不繁华，西街更有几分僻静。浓可蔽日的绿树下横卧着一个小菜市场。

夏日的午间，街上行人依稀，市上冷清如许。卖菜者有的手里捧着馒头或包子在吃饭，有的趴在摊位上打瞌睡。我便与他们聊天，从家里聊到田里，从村里聊到城里。这样过了许多天，渐渐地都成了熟人，有一些甚至成为很好的朋友。

一、市场，“游击战”之花

西街原本没有菜市场，居民买菜都要去翠微路。

说不清是从什么时候开始，街上经常停着三几辆卖菜的板车。因为不是指定的市场，工商管理人员就来干涉，我曾许多次看到卖菜者被掀了摊子，收了车子，罚了款。但卖菜者似乎看准了这里，工商一走，他们便又回来。如此来来走走地“拉锯”，敢于“进犯”的卖菜者竟越来越多，经常出现十余个摊车。去年（1992年），工商所就干脆划出一块路段来做市场，卖菜者的“游击”行为遂告合法。今年

（1993 年）夏天，又在街南侧筑起一排水泥板的摊位台子，于是小市场就颇有些正规了。

这两年我目睹了卖菜者在这里和工商管理人员展开的“游击战”，也曾无数次参与那种“不合法”的交易。现在每每从这里走过，想起这个市场的来历，便由衷地赞叹进城卖菜的农民们自己开辟市场，解决就业的眼力、魄力和韧性。这些人是开拓这个小市场的“先驱者”。他们发现了这个好去处，而且冒着风险去开掘它，几年之间硬是冲出了这样一块地盘。可惜的是现在的摊主中没有当年的“先驱者”了，如果他们知道了此地已有今日，定会另有一番感慨，并从心里生出几分自豪来。

由此我想到，进城谋生的农民，有相当一部分并非是单纯地来填充某些虚位以待的工作机会。恰恰相反，而是在创造一批新的就业位置。譬如这卖菜，譬如各种各样的小修理、小服务，那是政府部门可以计划、组织出来的吗？

二、朋友，你从哪里来？

这个市场共有规划摊位 62 个，比较稳定的卖菜者有 40 来人，包租着 30 来个摊位。另外还有少量每天临时来卖菜的。

虽然卖菜人数不多，却是真正的“五湖四海”，有黑龙江、吉林、河北、河南、湖北、湖南、山东、安徽、浙江、四川等 10 余个省市。其中最多的当数四川，有近 20 人，其次是河南和安徽，分别有六七个人，其他各省都只有三两个人。这些卖菜者中，有 2 位是黑龙江伊春某林业局的职工，这对青年夫妇因企业发不出工资而毅然来北京卖菜。其余都是进城来的农民。卖菜者的队伍基本上是一支农民的队伍。

这些从天南地北汇聚西街的卖菜者看似分散，内部却有浓密的自组织特色。一是同乡多，来自四川的近 20 个人，大都集中在达县、完县的某两三个村，有的在家乡时是邻居，有的是亲戚，其中有两对夫妇是哥哥一家和妹妹一家。安徽的五六个小伙子都是阜阳人，其中有兄弟，也有当兵时的战友。其二是夫妇多，这个市场摊主中有十几对夫妇。夫妇合作的方便不仅有生活上的，还有经营上的。卖菜很适合以家庭为单位经营，男的上菜，女的守摊，必要时分摊销售，是一种很合理的劳动力组合。单个人经营，不方便就多，有时甚至饭都吃不上。

他们怎样选择了卖菜？一部分人在家乡时就策划好进京卖菜，先来者介绍后来者，四川人大都属这种情况。依据他们对自身各种条件的分析，卖菜是最佳选择。一部分人是从别的行业转移过来的，这些人以单身居多，原来大都是打工族。一河南商城来的中年男子原来是建筑工，他说又苦又不自由，虽然老板包吃，但经常吃冷饭冷菜，质量又差，身体受不了。有一对青年夫妇分别来自河南和湖南，两人在一家商店打工时认识恋爱，结婚后尝试独立经营，便来到了这里。还有一种情况就是自产自销。首先是种菜人，同时也经常出摊卖菜。但是他们不是当地人，而是外地来京承包菜田的农民。我经常遇到有两对夫妇，一对是河北张家口的，一对是河南驻马店的。

三、“不回家的人”

故乡那么遥远，卖菜人是一些常年不回家的人。

严格些说，他们在北京也有一个家，一个临时的家。说是个家，因为他们能在这里进行最基本的家庭生活活动。说不是家，因为这只是个临时租用的住所。

这些卖菜者大都是租住农民房。位置大体在沙窝、丰台一带。夫妇同在者一般一家租一间，也有两家合租一间的，如这里就有两对夫妇合租一间，中间拉一个帘子，加一个孩子共五口人。单身者既有同乡或朋友合租一间者，也有一个人租一间者。房东住正房，他们住偏房，房东住新房，他们住旧房。房租依据地段、大小、新旧程度不同而不同，一般每间房每月在 100 至 200 元之间。安徽那几个小伙子租了一间每月 160 元，吉林的一对夫妇租了一间则 120 元。这些人中住的最便宜的是每月 80 元。

卖菜者在北京只有一种有代价的借住。他们要到公安部门办临时户口和暂住证。暂住证收费每人每月 10 元或 15 元不等，有的甚至更多。那位和湖南妹子结婚的河南小伙子说，他们半月前才迁到现在的住处，原来的暂住证每人每月 15 元，还有三个月才到期。住下后到派出所签字，说不行，要重办。这个派出所办暂住证每个每月收 19 元，说还包括了 4 元卫生费。这样一来等于有一个月办了双重的暂住证。但是回到住处，村委会又来收每月 10 元卫生费，接着村民小组又来收走每月 10 元卫生费。现在实际上每人每月的暂住费、卫生费就达 39 元。更让人不明白的是，住房在同一个院里变动，搬完后到派出所申报住所变化，结果还再收 10 元搬家费。

这位小伙子恳切地说，我们住在北京适当交费是应该的，但是能不能有一个统一明确的规定，不要随心所欲，而且一个地方一个标准。我们挣点钱不容易，这样东一笔西一笔地收费实在受不了。有些收费就和抢劫差不多，我们既不敢怒又不敢言。报纸上经常宣传要制止乱收费，但好像只是制止对城里人的乱收费，而对进了城的农村人乱收费就没有人管了。

一位来自四川达县的小伙子说，我生活在北京开销是很大的，每月房租 80 元，暂住证 15 元，摊位费 50 元，税收 90 元。不吃不喝每个月就必须支出二百四五十元，所以我必须每天都出来做，不能偷闲。

在卖菜者中，也有极少数人有特殊条件，不必自己租房，是住北京亲戚的房子。在这个市场，有一位河北妇女、一个山东小伙子、一对湖北的青年夫妇是住这样的房子。

四、“雨天才是星期天”

卖菜者每天的生活轨迹清晰而简单，从住处到批发市场，从批发市场到菜市场，从菜市场再回到住处，岁月在这样的奔波中运转。

每天的第一场战斗是上菜。如果不是离批发市场很近，清晨四五点就要骑着板车往那里赶。批发市场一般每天都要去，或者全部上新菜，或者补充品种。从批发市场出来，就直奔菜市场。如果是从岳各庄上菜，要骑半个小时，如果从大钟寺上菜，要骑一个多小时。早饭和午饭都在摊位上吃，买几个馒头、烧饼就解决了。离住处近而且又是夫妇组合的，有的中午轮流回去吃。一天之中，上午和中午的生意一般很清淡，下午三四点以后才会多起来。菜卖得差不多了，天色也黑下来了，于是收摊回去。有时天黑了菜还剩不少，那就再转到翠微路的夜市上继续卖。如果夜市上仍然卖不完，那就次日一早去赶罗道庄附近的早市。对于这些卖菜者来说，晚上收摊回到家里一般都要八九点。他们中的大多数人，每天劳作十四五个小时。

卖菜者几乎没有闲暇，更谈不上有什么业余消遣和娱乐。一位安徽界首的小伙子说，为自己干活，也没有星期天。对我们来说，下雨下雪天才是星期天，每天摸着黑出门进门，晚上吃过饭就困了。自己没有电视，也不便到房东家看，除非过节什么的。我问他们是否去过故宫、颐和园甚至长城等地方。他说来北京大半年了，从来没有出去玩过，连商场也极少去。一是忙着做生意，舍不得花费那个时间，二是衣服脏乎乎的，也不便去那种热闹的地方。

这些农民虽然生活在城市，看到了也感受到了城市文明，但是实际上他们过的是另外一种生活。

五、批发市场很无奈

从货源来看，卖菜者可分为“倒菜”和“自产”两类。大体上十之七八为倒菜者。倒菜人要去批发市场上菜。

谈到批发市场，卖菜者们一致感叹，那是一个艰险的地方。一是经常发生短秤，一筐菜短十斤八斤时有发生；二是质量的伪装，好的在上面，次的在下边，上菜的人不准往下翻看，否则就必须买。为上菜吵架打架是常有的事。有不少人上菜时就揣上刀子。三是小偷多，提包挂在车把上，或者一箱菜放在车上，转身之间就被拿走了。卖菜人感叹，上菜总是提心吊胆。问到他们的要求，第一条就是希望能把批发市场的秩序搞好，免除令他们忧虑的种种凶险。

那位吉林妇女说，去年冬天他们初到北京，一天去批发市场上韭菜，货和价都说好了，卖菜的又给放了两捆烂的，她丈夫不要，对方上来就是一个嘴巴，她丈夫拔拳还手，对方一下子上来四五个人，情急之中，她丈夫拿出刀子，那四五个人才住手。这几个人去找来市场管理人员，她丈夫被扣住，训斥半天，还被罚了一百块钱。她说，那时来北京不久，不知道批发市场的那些人都是“勾”在一起的，如果不和他们打，忍下那一巴掌，也不会罚款了。“我们出门在外，势单力孤，处处小心，不愿招惹是非，即使这样，仍然有不少吵嘴的事。”

也许人们更关心的是他们一天能赚多少钱。我曾花了一定功夫帮一个小伙子一起卖菜，试图直接观察了解他们能挣多少钱。在同一个市场上，不同的卖菜人收入是很不一样的，同一个卖菜者每天的收入情况也很不一样。首先是地段的关系也很重要，这个市场和翠微路市场就不一样；其次是卖水果和卖青菜很不一样，卖比较贵的菜与卖普通菜很不一样。卖水果和贵菜利润高，但是风险大，从进货、保管到出售，都需要比较高的智慧。从这个小伙子来说，如果一天下来赚30元，那就非常振奋了，平均起来每天能收20来块。

六、板车上的“摇篮”

摊前摊后总有一些孩子在戏闹追逐。他们是卖菜者的子女。

这个市场上有七八个孩子，最大的8岁，最小的不到1岁。以四五岁的居多。去年冬天我见到最小的一个是位9个月的女孩，北风号寒中被捆在妈妈的背上。她的妈妈是一位身材不高的四川籍妇女，这个孩子几乎每天的大半时间都生活在妈妈的背上。现在这个孩子一周岁多了，已经从她妈妈背上走了下来，晃晃悠悠地跑着玩。她也不再是这个菜市场上的最小的孩子，因为就在前不久，这里又增加了一位才10个月不到的小“湖北佬”。

从春到夏，从秋到冬，这些孩子在菜摊前生活，在市场上成长，早上乘板车同来，晚上乘板车去，饿了在摊上吃，困了在摊上睡。板车是他们的“摇篮”。

我曾和孩子的父母们探讨过入园入学问题。事情简单又不简单，那就是钱的困扰。他们说，正规的幼儿园那是不能想象的，小的街道幼儿园收费仍然承受不了。没有办法，只有大人受点累，孩子吃点苦了。据我所知，这个市场上只有一位家长将她的孩子送进了一家幼儿园，每月收费100元。至于在北京上学，困难就更大。那个8岁孩子在家时是二年级的小学生，他父母曾试图送他进住处附近的一所小学，但学校一年要收1000元借读费，而且一次收足6年。目前别无办法，只有再送回老家去。

这个市场上的孩子有三四个接近或超过入学年龄，他们的父母都说准备送回老家去上学。这些家长很为培养自己的孩子担心，但迫于处境，苦无良策。他们说，孩子放在老家，父母在这里很不放心，教育和生活上的照顾都管不了，是一桩心事。“在城里的农村人，许多都有这个问题，政府为什么不帮助想想办法呢？孩子都是国家的接班人嘛！”说者神情凄然而殷切。

七、不想“超生”也烦忧

人们对农民流动的微词，不少集中在计划生育问题上。流动显然给政府增加了生育控制的难度。

从卖菜者的介绍来看，各地的管理差异很大。吉林的妇女称，他们那里人出来就不管了，她的第二个孩子就是超生，但不是生在本村，而是在本县的一个镇上。本人既然不在村里，所以就没有人来追究。一个四川完县妇女称，他们出来一年要交600元计划生育保证金，如果在外地超生了，不仅没收保证金，而且还要拆家里的房子。“我们总不能永远不回去吧，所以不能超生。”另一位四川达县的妇女则说，他们那里管得严，每个季度都必须往乡计生办寄计划生育检查单。检查单上要有检查医院盖章，还要贴照片、记上本人身份证号。他们在北京，每季度都要去检查一次，每次一块钱。不仅如此，每三个季度还要求本人回去一次，在乡里检查。

另一位四川妇女讲了一个欲哭无泪的故事。去年3月她第一次出来，在河北保定的一家餐饮打工，工作蛮顺心。刚做了一个多月家里就来信，说是乡里要搞计划生育检查，一定要回来，不回去就当作超生处理。于是只好回去，一来一回，刚找好的工作丢了，一个月的工资花完了，还贴进去 50 元。没有别的去处，才来这里卖菜。她说："计划生育是要抓紧，我们也赞成，可是能不能换个抓法呢？比方说人在哪儿归哪儿查，归哪儿管。我们出来挣钱这么难，有谁愿意多生，为什么非要变着法折腾人呢？"

八、关于农民进城的随想

改革使农村发生了许多变化。农民在田里搞了家庭承包制，又在乡下办了乡镇企业，如果说这些举动还没使城里人有多少亲身感受的话，那么，农民几年来浩浩荡荡地挺进城市，却使城里人最直接地领略了来自农村的冲击。

城市处处有农民。据估算，现在北京有 150 多万人，上海有 200 万人之多。他们是一个特殊的社会群体，在就业、生活方式、权利地位等方面都不同于城市人。他们进城所引发的问题，既是城市问题，也是农村问题。或者说，是城市中的农民问题，也是城市中另一种市民问题。

在农民进城面前，城市舆论失于公允。历史上形成的城市统治农村和几十年的城乡分割体制培养起一种难以名状的市民情绪，或者说一种市民优越感。他们以高等公民的眼神看农民，一方面默默地享受着他们带来的种种方便，另一方面愤愤地指责他们带来的不方便。脚上穿着进城农民修好的鞋子，嘴上抱怨修鞋农民有碍市容观瞻，家里用着农村来的阿姨，嘴里却抱怨农村人进城增加公共汽车和地铁的拥挤。他们是在要求进城的农民能成为"田螺姑娘"，需要时无处不在，不需要时无处可见。

以城乡流动为主的农民跨区域流动仍然方兴未艾。千百万人的问题，绝不应当是一个可以忽略的问题。社会应当正视他们的存在，重视他们的要求，关心他们的发展，尽可能帮助他们解决困难，改善他们异地创业的体制环境和社会环境。

后　记

20世纪80年代后期以来，本人持续地调研农民工问题。这种调研既是工作职责所在，也是个人兴趣所在。本书是此项调研的集成之作。

本人生长于农村，八九岁即开始在生产队做辅助性农活，为家里“混工分”。70年代初中期，具体说是从“批林批孔”运动开始，成为一个近乎狂热的文学少年。入大学之初，“作家梦”初衷依旧。但是，“思想解放”的潮流改变了我阅读思考的方向，农村刚刚开始的剧变吸引了我的职业向往。毕业前，学校征求从业志愿，本人郑重向班主任凌南申老师提出到农村去当公社干部。凌老师慨然允诺。但是，公布分配方向的前夕，凌老师找我谈话：“分配方案中，没有到农村做公社干部的名额，北京有一个单位也许适合你，如果你愿意，可以申报。”公布分配方向的时候，我看到了“中共中央书记处农村政策研究室（1名）”，便问凌老师“可不可以去这个单位”，凌老师没有正面回答我，只说：“你想去的单位就可以填报，可以按顺序填三个单位。”于是，1982年7月，我离开校门进入皇城根下的九号院，由此步入农村研究。

至今，我非常感谢凌南申老师，并不是因为他分配我进入中央机关，因为班里我们这些年龄小、没有家世拖累的同学基本上都分在中央机关。我感激的是，凌老师顺着我的志愿安排了我的工作分配。我甚至不能想象，我去做了公社干部以后，现在会做什么，也许会做个乡镇书记，也许会做不成。我甚至不知道在地方的官场能否坚持下去。

转瞬之间，进入农村研究已是半个甲子。半百之年，顾后瞻前，悟出研究乃是宿命。宿命之下，是否努力，可以自我评定；表现如何，则是外部评说，与自己无关。

当年进入九号院之后，我很想专心投入研究工作，但是，若干年都在做秘书类工作，开始是值班秘书，后来为几位非现职领导做秘书，再后来为现职领导做秘书。参加的各种场合很多，调研机会很多，做文字工作量也并不少，但是，这些都不是本人理想中的“研究”。有段时间，“秘书”工作令我不满甚或忧郁，曾两次申请转到研究或者编辑岗位，但是没有获准。现在看来，那也许是一种特殊的研究训练和学术砥砺。

农村研究是一个宽泛的体系，研究不仅有经济、社会、政治的视角之别，更有很多不同的专门领域。大致来说，我在 80 年代介入的研究领域，包括家庭承包、乡镇企业、农村税费、农村文化教育、土地规模经营和农业机械化、农村劳动力转移等。1989 年春天，“民工潮”爆发，高层领导开始高度重视。这个时候，本人开始倾注较多精力在民工研究上。在几乎整个 90 年代，本人的主要研究工作在这个方面。社会上，人们通常会说农村问题专家或者说三农问题专家，但在农村研究业内，任何专家其实都有重点领域，没有那种每个领域都擅长的专家。对于本人来说，也就是从研究农民工开始，在内部有一些研究报告受到中央领导重视，在社会上有系列的研究文字发表。本人由此而勉强混迹农村问题“专家”之列。因此，回顾在这个领域的研究经历，再读四分之一世纪时间内的写作，不论满意抑或不满意，都有一种热情在内心激荡。

世纪之交，本人研究领域扩展，重点亦转移，主要研究村民自治、农民上访和社会稳定、基层民主与政府改革、地方治理等问题。但是，因为所有这些研究都要聚焦在农民这个社会群体，或者说以农民本身的研究为基础，所以，农民工研究依然属重点题目。进入2008年前后，国际金融危机爆发使得农民工问题受到更多关注，本人在一段时间内，又集中精力于农民工调研，完成数篇研究报告。

在编辑本书过程中，重读80年代的文章和调研报告，感觉内容空泛以至乏善可陈，颇为惶然，故统统略去。目前收集在本书中的，是从90年代之初到2010年之间的对农民工研究的文字。这些文字大部分是内部调研报告，基本上都刊于国务院发展研究中心内部报送的“调查研究报告”或者“摘要”。而后，在保密期过后，部分由报刊公开发表，或收入公开出版的“国务院发展研究中心优秀研究报告选”。本书也收入少量直接为报刊写的文章。收入本书时，不少文章有所删改，特此说明。

现在，研究农民流动的著作可谓车载船装，本书只是其中一本。如果说这本书的特点何在，也许可以从中看到两种东西：一方面是农民流动的发展过程和行为机理，另一方面是政策纷争和政策进步的过程，或者说展现了政策演变的轨迹。

这些年来，我的研究工作得到过若干同事和同仁的帮助，借此机会致以衷心谢意。本书能得以出版，非常感谢商务印书馆常绍民先生的支持。我也感谢我的家人，感谢我的父母，也许是父亲少年时代闯关东的经历给了我许多研究灵感；特别感谢我的妻子吕绍清，她曾经是我的同事，也一直在研究农村问题。她给予我的支持和关照是全方位的，没有她的支持，现在这点成绩难以期待。

赵树凯

2011年7月28日于北京

修订版后记

《农民的新命》初版于2013年12月。

2014年8月，在第21届北京国际图书博览会上，商务印书馆与德国施普林格（Springer）出版社举行战略合作签约仪式，商务印书馆授权施普林格出版“农民三部曲”（《农民的政治》、《农民的新命》、《农民的鼎革》）英文版。2017年8月，在第24届北京国际图书博览会上，商务印书馆与施普林格出版界举行“农民三部曲”英文版发布会。

本次修订《农民的新命》，增加文章一篇，为《组织新分化》。部分文章有个别文字调整。

值此，本人向常绍民先生、丁波先生等出版社同仁谨致谢忱。

赵树凯

2018年3月9日于北京